清華科史哲丛书

媒介史强纲领

媒介环境学的哲学解读

胡翌霖 著

2019年·北京

图书在版编目(CIP)数据

媒介史强纲领:媒介环境学的哲学解读/胡翌霖著.—北京:商务印书馆,2019
（清华科史哲丛书）
ISBN 978-7-100-17112-0

Ⅰ.①媒… Ⅱ.①胡… Ⅲ.①传播媒介－环境科学－哲学 Ⅳ.①G206.2

中国版本图书馆 CIP 数据核字(2019)第 034746 号

权利保留,侵权必究。

清华科史哲丛书
媒介史强纲领
——媒介环境学的哲学解读
胡翌霖 著

商 务 印 书 馆 出 版
(北京王府井大街36号 邮政编码100710)
商 务 印 书 馆 发 行
北京艺辉伊航图文有限公司印刷
ISBN 978-7-100-17112-0

2019年5月第1版　　　　开本 880×1230　1/32
2019年5月北京第1次印刷　印张 9⅜
定价:46.00 元

总　　序

科学技术史(简称科技史)与科学技术哲学(简称科技哲学)是两个有着内在亲缘关系的领域,均以科学技术为研究对象,都在20世纪发展成为独立的学科。在以科学技术为对象的诸多人文研究和社会研究中,它们担负着学术核心的作用。"科史哲"是对它们的合称。科学哲学家拉卡托斯说得好:"没有科学史的科学哲学是空洞的,没有科学哲学的科学史是盲目的。"清华大学科学史系于2017年5月成立,将科技史与科技哲学均纳入自己的学术研究范围。科史哲联体发展,将成为清华科学史系的一大特色。

中国的"科学技术史"学科属于理学一级学科,与国际上通常将科技史列为历史学科的情况不太一样。由于特定的历史原因,中国科技史学科的主要研究力量集中在中国古代科技史,而研究队伍又主要集中在中国科学院下属的自然科学史研究所,因此,在20世纪80年代制订学科目录的过程中,很自然地将科技史列为理学学科。这种学科归属还反映了学科发展阶段的整体滞后。从国际科技史学科的发展历史看,科技史经历了一个由"分科史"向"综合史"、由理学性质向史学性质、由"科学家的科学史"向"科学史家的科学史"的转变。西方发达国家大约在20世纪五六十年代完成了这种转变,出现了第一代职业科学史家。而直到20世纪末，我国科技史界提出了学科再建制的口号，才把上述"转变"提上日程。在外部制度建设方面，再建制的任务主要是将学科阵地由中国科学院自然科学史研究所向其他机构特别是高等院校扩展，在越来越多的高校建立科学史系和科技史学科点。在内部制度建设方面，再建制的任务是由分科史走向综合史，由学科内史走向思想史与社会史，由中国古代科技史走向世界科技史特别是西方科技史。

科技哲学的学科建设面临的是另一些问题。作为哲学二级学科的"科技哲学"过去叫"自然辩证法"，但从目前实际涵盖的研究领域来看，它既不能等同于"科学哲学"（Philosophy of Science），也无法等同于"科学哲学和技术哲学"（Philosophy of Science and of Technology）。事实上，它包罗了各种以"科学技术"为研究对象的学科，是一个学科群、问题域。科技哲学面临的主要问题是，如何在广阔无边的问题域中建立学科规范和学术水准。

本丛书将主要收录清华师生在西方科技史、中国科技史、科学哲学与技术哲学、科学技术与社会、科学传播学与科学博物馆学五大领域的研究性专著。我们希望本丛书的出版能够有助于推进中国科技史和科技哲学的学科建设，也希望学界同行和读者不吝赐教，帮助我们出好这套丛书。

吴国盛

2018 年 12 月于清华新斋

自　　序

本书由我2014年在北京大学完成的博士论文改写而成，该文由吴国盛老师指导，当年获得了北京大学优秀博士论文的荣誉。

当然，博士论文评为优秀，我是有些惭愧的，这篇论文有许多缺陷。最大的缺陷不是内容上的，而是体例上的。我的博士论文分两大部分，第一部分偏重哲学，而第二部分则是若干重要人物的研究，这两部分当然是有所呼应的，但粗看起来多少会有前后脱节的感觉。而在挨个讨论这些大人物时，我的行文也受了许多束缚。

哲学其实是一个"自说自话"的事情，当引用他人的言论时，大哲学家往往也是"六经注我"，最终都指向个人观点的表达。但对于哲学学生而非大哲学家来说，我们尚没有资格或功力去驾驭他人的思想，往往做不到"借他人之口言说"，只能"替他人言说"。由于我论文中的"他人"有好几个，我在串联这些资源的同时，很难不被掣肘。但我又不甘愿只作为他人思想的研究者，而仍然要借助这些资源阐发我自己的想法，这或多或少是有些托大的。因此，整部论文可能显得不那么流畅，而是呈现出某些缠绕和碎片化的结构。这种写法未必全是坏事，它会让文章拥有更多解释余地和回旋空间，但对于学位论文的评审老师而言却是痛苦之源了。也多亏评审老师们善良且惜才，没有因为写法而刁难我。

我曾计划以《技艺与记忆》为题，全面改写博士论文，减少"媒介环境学"诸人物的篇幅，改以我自己的论述为主。但后来发现改写的工程浩大，倒不如另起炉灶。至今这部《技艺与记忆》仍在谋划之中，尚未成型。

虽然动了推倒重写的心思，但并不意味着我放弃了博士论文中的任何观点，我相信我的工作仍是有价值的。即便是后半部分对媒介环境学派若干名家的梳理，我相信对国内学界而言仍有一定的意义。在我博士毕业之后，这几年来在国内又新出了不少对媒介环境学派的优秀译介，但我相信我的工作仍能为这一领域添砖加瓦。更重要的是，虽然我也欢迎传播学或媒介研究领域的学者阅读和批评，但我的这部作品首先是写给技术哲学领域的同行看的。而至今国内的科技哲学学者对媒介环境学派的关注仍是比较欠缺的。

因此，我很乐意先把这部不太成熟的作品修订出版，与国内同行分享，以求抛砖引玉。修订的幅度并不大，主要是在一些环节处理得更流畅一些。

由于改动不大，我仍然以博士论文的标题作为书名，但《技艺与记忆》这个尚未用上的书名仍然能够暗示出我这本书的真正主题。本书表面上看，是试图在媒介环境学与技术哲学之间架设桥梁，把媒介环境学派的学术资源引入技术哲学领域。而实质上，我是试图在物质与精神、外在与内在、客观与主观之间架设桥梁。

目　　录

第一章　对媒介环境学的重新定位 …………………… 1
　　一　成为传播学的第三学派是好事吗？ ………… 1
　　二　传播学学派还是史学纲领？ ………………… 5
　　三　历史与哲学的双重纲领 ……………………… 6
　　四　"环境"还是"生态"？ ……………………… 11

第二章　媒介存在论 …………………………………… 17
　　一　存在论就是媒介论 …………………………… 17
　　二　媒介即讯息 …………………………………… 19
　　三　媒介是"人的延伸" ………………………… 22
　　四　媒介的发现 …………………………………… 25
　　五　将媒介作为媒介反思 ………………………… 26
　　六　从日常生活世界出发 ………………………… 31
　　七　媒介先于媒介的对象 ………………………… 35
　　八　"介入" ……………………………………… 37
　　九　人的媒介性 …………………………………… 41
　　十　媒介是一面镜子 ……………………………… 45

第三章　媒介史作为先验哲学 ………………………… 49
　　一　"……作为……" …………………………… 49

二　美诺诘难 ……………………………………… 53
　　三　康德重提先验哲学 …………………………… 55
　　四　三重综合 ……………………………………… 60
　　五　滞留的循环 …………………………………… 63
　　六　遗忘与媒介 …………………………………… 66
　　七　历史的轮回 …………………………………… 70

第四章　提出一种媒介史的强纲领 …………………… 73
　　一　媒介决定论 …………………………………… 73
　　二　原则一：因果性 ……………………………… 77
　　三　原则二：公正性 ……………………………… 81
　　四　原则三：对称性 ……………………………… 84
　　五　原则四：反身性 ……………………………… 85
　　六　第零原则：实践性 …………………………… 89

第五章　技术与文明史——芒福德的视野 …………… 97
　　一　技术史作为人的历史 ………………………… 97
　　二　从技术史中激活文明的可能性 ……………… 104
　　三　有机的技术 …………………………………… 109
　　四　城市与历史 …………………………………… 114
　　五　媒介环境学的先驱 …………………………… 123

第六章　媒介的经济史——英尼斯的"偏见" ………… 126
　　一　媒介史的开辟者 ……………………………… 126
　　二　从交通到交流：经济史到传播史 …………… 128
　　三　偏见：历史和历史学 ………………………… 133
　　四　正反合：历史的循环 ………………………… 139

	五 纸的历史	144
第七章	媒介的自然史——麦克卢汉的方法	152
	一 文学风格还是研究方法？	152
	二 "自然—史"的四重内涵	155
	三 媒介作为环境	157
	四 界面的方法	165
	五 历史的动因	171
	六 存在论的追思	187
第八章	媒介的革命史——爱森斯坦的实践	194
	一 范式就是共同体的媒介环境	194
	二 媒介史中的范式革命：口语—书写—印刷	202
	三 自然观、史学与科学方法	210
	四 从史学的兴趣出发关注自然	217
	五 自然成为标准的原版	223
	六 自然成为公开的知识	227
	七 媒介环境学的实践	230
第九章	媒介的教育史——波斯曼的立场	232
	一 媒介的说教家	232
	二 认识论：二元对立和本质主义	238
	三 印刷术：童年的历史	243
	四 电视：视觉还是触觉？	249
	五 电视：疯癫还是生活	260
	六 历史与教育	265

第十章　媒介的进化史——莱文森的批评 ………… 268
  一　对悲观论者的批评 …………………………… 268
  二　谁选择技术？ ………………………………… 272
  三　如何选择技术？ ……………………………… 275
  四　用什么评估技术？ …………………………… 279
  五　技术的生灭 …………………………………… 283
  六　玩具—镜子—艺术 …………………………… 286

第十一章　反身考察——本书的媒介环境 ……………… 289
  一　反身性的自我应用 …………………………… 289
  二　网络时代 ……………………………………… 290
  三　汉语写作 ……………………………………… 293
  四　书籍与专著 …………………………………… 295
  五　论文与期刊 …………………………………… 298
  六　书写到"字处理" ……………………………… 300
  七　大学与口语传统 ……………………………… 305

第一章　对媒介环境学的重新定位

一　成为传播学的第三学派是好事吗？

"媒介环境学"（media ecology）20世纪后半叶在北美兴起。它奠基于以英尼斯（Harold Innis，1894—1952）和麦克卢汉（Marshall McLuhan，1911—1980）为代表人物的多伦多学派。1970年，波斯曼（Neil Postman，1931—2003）在纽约大学创建了媒介环境学博士点，形成了纽约学派的学术据点。1998年，以纽约学派为中心创建了"媒介环境学学会"（Media Ecology Association）。

本书试图从哲学，特别是技术哲学的背景出发，探讨媒介环境学的定位、范式和意义。本书的任务不仅在于归纳和转述相关学者的思想和论点，而且还要把它当作一门方法或学科，作为整体进行梳理、评价和吸收。

按照媒介环境学学会副主席林文刚所言，"媒介环境学"这个概念在创立三十余年后仍然默默无闻，"这个研究领域仍然处在传播学研究的边缘地带"[①]。而传播学研究的传统一般被认为有两

[①]〔美〕林文刚："绪论：媒介环境学的思想沿革初探"，载〔美〕林文刚编：《媒介环境学：思想沿革与多维视野》，何道宽译，北京大学出版社2007年版，第3页。

派,即管理(或经验)学派和批判学派①,前者关注媒介的内容和效果,后者关注媒介的控制和所有权。而按照何道宽等国内学者所说,媒介环境学试图"三分天下""成为继经验学派和批判学派之后的第三大学派"。②

这一努力似乎取得了成效。何道宽提到:"到了世纪之交,媒介环境学会(MEA)终于打进北美传播学的主流圈子。学会的发展过程留下了三个显著的地标:1999年成为美国传播学会(NCA)的分会,2002年成为美国东部传播学会的分会,2003年成为国际传播学会的团体会员。"③

但这一定位是有问题的。虽然媒介环境学号称具有跨学科的多维视野,但实际进行解读时,往往只是被定位于传播学之内。事实上,即便媒介环境学真能发扬光大,与传播学中的另两个学派鼎足而立,也并不见得就达到了最恰当的位置。关键在于,媒介环境学并不仅仅是以媒介为对象进行研究的一个专门学科,"媒介"不如说是思考的出发点,而其真正关注的领域远远超出了传播学的范畴。

按照媒介环境学的"官方"定义,媒介环境学指的是"对媒介环境(media environments)的研究,其观点是技术和技艺、信息模式

---

① 〔美〕林文刚:"绪论:媒介环境学的思想沿革初探",载〔美〕林文刚编:《媒介环境学:思想沿革与多维视野》,第3页。
② 何道宽:"何道宽中文版序",载〔美〕林文刚编:《媒介环境学:思想沿革与多维视野》,序第2页。
③ 何道宽:"异军突起的第三学派——媒介环境学评论之一",《深圳大学学报》(人文社会科学版)2006年第6期。

和传播编码在人类事务中扮演着主导角色"[1]。

我们首先可以注意到,除了"信息"和"传播",媒介环境学也关心一般的"技术和技艺",以麦克卢汉为代表,媒介环境学家普遍持"泛媒介论"——"媒介"的范畴不仅包括报纸、电话、电视等,更包括语言、文字、道路、服饰、城市、时钟等。如果说人类的存在总是"寓于技术"的"共在"(海德格尔的语言),那么所有人类生存于其间的技术环境都可以算作"媒介"。

无论如何,媒介环境学的"媒介"概念远远超出一般传播学的范畴,甚至比一般的技术定义还要宽泛。

其次,媒介环境学的基本命题是"媒介即环境"或"环境即媒介",媒介是人类生活于其中进行感知、理解和行动的背景。同时,人类之所以有可能感知、理解和行动,也是因为人们总是处在文化之中,因此也就是处在某个技术环境之下。

为了说明"媒介"的意思,波斯曼举例说:"在皮氏培养皿那里……所谓媒介的定义就是培养皿中的一种物质(substance),能够使培养的微生物生长的一种物质。如果你用技术(technology)这个词来取代这种物质,这个定义就能够成为媒介环境学的一个基本原理:媒介是文化能够在其中生长的技术。"[2]也就是说,媒介就是"作为文化之环境的技术"。

---

[1] Lance Strate,"Understanding MEA,"*In Medias Res*,Vol. 1 No. 1,1999. 在媒介环境学学会官网上引用,见 http://www.media-ecology.org/media_ecology/index.html(2018 年 1 月 9 日浏览)。

[2] 〔美〕尼尔·波斯曼:"媒介环境学的人文关怀",载〔美〕林文刚编:《媒介环境学:思想沿革与多维视野》,第 44 页。

因此，与其说媒介环境学关注的是媒介问题，不如说在"技术环境"之内的"人类事务"或"文化的生长"才是它真正的关切。

作为多伦多大学的文学教授，麦克卢汉后来的据点是"文化与技术研究所"，而波斯曼创立媒介环境学专业之前隶属教育学院。至于其他先驱或代表人物，英尼斯的领域首先是经济史，芒福德(Lewis Mumford, 1895—1990)是以城市史著称的通才作家，法国学者埃吕尔(Jacques Ellul, 1921—1994)以社会理论家和神学家著名，哈夫洛克(Eric Havelock, 1903—1988)是古典学家，翁(Walter Ong, 1912—2003)以研究中世纪文学史起家，爱森斯坦(Elizabeth Eisenstein, 1923—　)是法国史专家……

总之，除了在媒介环境学建制化之后被波斯曼等培养出来的第三四代人物外，媒介环境学领域的几乎所有著名人物都不属于"传播学"的学科范式之下，也从不以"传播学家"著称。

既然如此，为何羽翼丰满后的媒介环境学，偏要投入传播学的怀抱呢？在包括部分媒介环境学家在内的学者看来，媒介环境学原本就属于传播学，只是因为主流传播学家的忽视和偏见而曾经游离于外。因此，羽翼丰满之后，理应被吸纳回去。

但在我看来，"成为传播学的主流学派之一"对于媒介环境学派而言，不是拔高，而是贬低。关键是，媒介环境学原本就不属于，也不应归入传播学的名下。

当然，麦克卢汉等人的思想对传播学界造成了巨大的影响。但他们的思想对其他学术领域也造成了不小的影响，这并不证明媒介环境学就一定要借势杀入传播学之内占山为王。就好比说许多物理学家还受到宗教信仰的影响，这并不意味着宗教应成为物理学的一部分。

二 传播学学派还是史学纲领？

把媒介环境学归入传播学名下，恐怕是基于某种误会。这类似于把科学史这门学科归入理科名下。乍看挺顺理成章，但事实上，科学史虽然以科学活动为研究对象，本质上却应该属于历史学。即便由于背景知识和学科传统的独特性，科学史在建制上往往会独立于历史学，但就其学理定位而言，它理应属于历史学。

当然，学科建制的归属有其学术政治方面的机缘，例如在中国，科学史这门学科就阴差阳错地被归入理学一级学科，与物理学、化学、生物学并列。而具体到各院校来说，科学史领域的学者又经常栖身于哲学院、人文学院、社科学院等机构。这些建制上的隶属关系显然不总是符合学理逻辑上的从属关系。学者们不得不屈从或利用现实的学界版图，但在学理讨论时却不该受限于此。

波斯曼在纽约大学设立媒介环境学研究计划，最后争取到了"文化与传播系"（Department of Culture and Communication）系主任的位置，成为媒介环境学建制化的里程碑，但后人不应把好不容易争取到的学术资源变成束缚自己的枷锁。波斯曼可以隶属传播系，但媒介环境学不必隶属于任何系。

本书愿意提出一个与众不同的观点，与其把媒介环境学归入传播学，不如把它归入历史学。本书希望为它在史学领域确定一个更恰当的定位。

这也不是说媒介环境学应当成为历史学下的一个分支部门，

比如说历史学下有技术史,技术史下再有媒介史,我并不是这个意思。我想说,媒介环境学不是为历史学提供了一个新的领域,而是提供了一条新的纲领。

好比说,我们有思想史、社会史等不同的编史风格,有计量史学、年鉴学派等不同的编史学流派,而媒介环境学也能成为"一种技术史"乃至"一种历史"。这种历史学秉持某种特别的技术哲学观念,从而把一般的人类文明史叙述为技术史,把技术史叙述为媒介史。简单来说,就是一种从媒介出发梳理历史的编史纲领。

这种意义上的媒介史并不是把媒介当作研究的"内容"或"对象",而是把媒介当作研究的"环境",亦即背景、语境、方法等。

我们可以特别注意到,那些被媒介环境学追认的著名学者几乎无一以传播学家著称,但又无一不是以历史学家著称。从芒福德的《技术与文明》到哈夫洛克的希腊哲学史,从英尼斯的《帝国与传播》到莱文森(Paul Levinson, 1947—)的"信息革命的自然史与未来"[①],不仅都是在做历史,而且都不限于媒介的发明史,而是着眼于思想史、文化史、社会史等广阔的历史视野。

三 历史与哲学的双重纲领

历史材料浩如烟海,而编史显然并不是随机去拾取材料然后罗列起来。究竟哪些材料更重要,哪些可以忽略,哪些材料之间有某种线索串联起来,这就需要有特定的编史学方法。

---

① 〔美〕保罗·莱文森:《软利器》,何道宽译,复旦大学出版社 2011 年版。

每一种编史学在某种意义上都蕴含着一种历史哲学。我们既然把媒介环境学引入历史学或技术史的领域，那么也就顺理成章地诉求一种与之相配的哲学或技术哲学思想。

在一些大力引介媒介环境学的传播学家看来，媒介环境学与技术哲学的关系无非是"寻根"，顶多是"攀亲"的关系，但根本不属于"同一个话语体系"，不应该"拉大旗作虎皮"①。所谓"寻根"，是鉴于芒福德、埃吕尔等被追认为媒介环境学先驱的学者同时也以技术哲学家著称，不过随着媒介环境学的发展，看起来与技术哲学分道扬镳、渐行渐远了。

于是，我将媒介环境学定位于技术史的同时，还要重建它与技术哲学之间的亲缘关系。这好比科学史与科学哲学之间的姊妹关系——"没有科学哲学的科学史是盲目的，没有科学史的科学哲学是跛足的"，这句话放在技术史与技术哲学这里也同样成立。

这种编史纲领同时也是一种哲学纲领，甚至可以说首先是一种哲学纲领，所谓从媒介出发，同时也是从某种媒介哲学出发。这种"媒介哲学"之于哲学，与"媒介史"之于历史学一样，也并非哲学中的一个专题部门，而是某种哲学进路本身。它并不是将某种现成的哲学框架沿用于媒介问题，而是本身提供了一套基本框架，也蕴含着对"知识何以可能""人是什么"等最基本的哲学问题的独特洞见。这类似于黑格尔以降的"观念史"，马克思以降的"唯物史观"——同时是编史学和哲学意义上的纲领。

---

① 李明伟：《知媒者生存——媒介环境学纵论》，北京大学出版社2010年版，第61页。

也许这的确是某种"拉大旗作虎皮"的工作,但我无意拉哲学的大旗来刻意拔高媒介环境学的地位。相反,我试图把媒介环境学作为一面旗帜,或者说作为一种纲领,引入到哲学领域中来,激励起一条独特的哲学进路。

哲学的基本问题无非是人的自我追问:"人是什么?"古代哲学家往往把这一追问引向本质主义的抽象概念,试图在理念世界中确立一个人的理想原型。但现代哲学,特别是现象学——存在论哲学,已然打破这种虚妄的幻想,而承认人的有限性和历史性。下文将提到,人的有限性换言之就是媒介性,人总是要通过某些实际的媒介环境才能够认识或改造世界,而媒介既是人的能力的延伸,也是人被局限于其中的命运。因此,追问人之处境,亦即是追问"媒介环境"。

最基本的哲学三问无非是:我是谁?我从哪里来?我要到哪里去?而"媒介、历史、环境"这三个词恰好是对基本哲学问题的回答,或者说我们只能从它们之中追寻自己所要的答案。

而媒介、历史、环境三个概念,归根结底强调的是同一件事情:人的实际性,或者说有限性。

媒介提示出人总是需要"通过什么"而达成什么,人需要借助肉体和器具才能感知世界并有所作为,而这些不得不被借助的东西,都是现实的,是不理想、不完美、有所欠缺的。

历史提示出人的"命运"、人的时间性。人总是有始有终的,不可能去实现所有的可能性。某些事情发生了,而另一些没有发生,这是我们的历史,我们被抛入某个历史境遇之中。我们所拥有的,并不完全听任于自己的选择,而是由历史偶然而又宿命地给予的。

环境提示出人的限度。人总是身处环境之内,换言之,我们始终被我们所处的世界裹挟着,我们始终是自己世界的中心。

我的哲学立足于存在论技术哲学。这条技术哲学路线以"海马主义"作为指导方针。其中,"海"的一面,即以海德格尔(Martin Heidegger,1889—1976)为代表的现象学传统,开启了一种对技术的存在论解读的路径。而"马"的一面,即马克思的"实际性"思想,或者说所谓的"历史唯物主义"①,换句话说,就是"历史性"。注意到,马克思在根本上是以历史学家而非哲学家来定位自己的。可以说,之所以海马主义中光靠"海"的一支还孤掌难鸣,欠缺的就是史学的维度。当然,海德格尔本人重视历史,受海德格尔影响的现象学家往往也重视历史。但海德格尔毕竟只是一个哲学家,他强调用具的概念,也追究概念的历史,但并未涉足用具的历史,甚至极少拿具体的技术举例。后来的德雷福斯、伊德等现象学技术哲学家们虽然开始更多地关注具体的技术,但也大多是把具体的技术物作为静止现成的案例来取用,而很少进入技术之产生、发展、变革的历史之中。

现象学的要旨是对现成性思维的超越,在现象学家看来,有待反思的事物并不是现成地摆在那里让人客观地观瞻,但也不是像怀疑论者那样,认为真理总是某种掩藏在可见的事物背后的永不可见的东西。现象学家把事物看成"生成"的——既不是绝然的无,也不是明显的有,而是在事物自无而有的"显现"之中,我们才

---

① 吴国盛:《技术哲学讲演录》,中国人民大学出版社2009年版,第145页。

可能洞察到真理。而要对事物进行反思，就要设法重现并追究这一"显现"的"发生"。

这样的反思可以有两种形式，一是对个人——自我——经验的反省：我并不是自始至终都处于自然态度，客观的视角并不是一开始就能够呈现的，我通过学习和训练，通过特定的操持和摆置，在特定的"环境"（语境、背景）下，事物才会以如此这般的方式向我呈现。那么现象学家就不是去分析这一已然现成呈现的事物的具体细节，而是要去分析使这一呈现得以可能的"背景"，也可以说是"环境"或海德格尔所谓的"林中空地（Lichtung）"。而这所谓的"环境"，既不是有也不是无，而是使得"有"（内容）之所以能够被呈现出来而必须通过的媒介。

而另一种形式的反思则不再立足于个人经历，而是去追溯整个人类的"经历"，即历史学——考察几何学发展史与反省几何概念在我个人心目中的生成过程有着类似的意义。而且，个人的生活也总是历史性的，不通过历史学的追究来揭示个人的有限性，有益的反思也难以展开。

从哲学出发去追究历史时，历史事件本身与其说是有待解释的对象，不如说是提供解释的材料。而真正有待解释的是哲学的问题——归根结底，就是形如"我是谁？我从哪里来，要到哪里去？"这样的大问题，具体来说，就是例如"我如此这般的观念/视角/知识/生活方式何以可能？"这样的问题。

那么，从哲学的关切出发，我们为何追究到了媒介史，而媒介环境学派于此又有何教益呢？我在稍后会详细展开。我们首先将从"个人—自我—经验的反省"这一层面，确立"媒介"问题的存在论地位,存在论正是对"个人——自我——经验"的反省,对"存在"的追问即是对存在者之显现的追问,而显现总是"通过……",亦即寓于媒介之中,因此存在恰好就是媒介。随后,我们将引入历史问题,论述为何媒介史作为先验哲学而探究:先验哲学追问知识何以可能,而技术作为外化的记忆是完成综合的必经环节。最后,我们将阐明何谓媒介史强纲领,并把媒介环境学解读为对这一纲领的实践。

四 "环境"还是"生态"?

在进入哲学讨论之前,还需要做一个重要的辨析。在之前的讨论中,"环境"一直是关键词,这在汉语中自然是顺理成章的,但如果考虑到我所谈论的"媒介环境学"对应于英文的"media ecology",这就似乎是一个明显的错误,准确的直译当然是"媒介生态学"。那我为何要说"媒介环境学"呢?

首先,"媒介环境学"一词当然不是我的创造,而是汉语学界的现成用法。这一名称被何道宽、李明伟等相关领域的主要译者和研究者所采纳,而且也被美籍华人、现任媒介环境学学会副会长的林文刚所支持。

在何道宽之前,学界也有许多不同的叫法,如"惟技术决定论(张咏华)、技术哲学(蒋宁平)、媒介生态学(崔保国)"[1]。而何道

---

[1] 何道宽:"异军突起的第三学派——媒介环境学评论之一",《深圳大学学报》(人文社会科学版)2006年第6期。

宽与李明伟等商议后指出:"根据该学派的根本性质和主要追求,media ecology 应该定名为'媒介环境学',而不采用几年来已经在使用的'媒介生态学'。我们先后考虑过的其他译名比如媒介哲学和媒介形式学都一一放弃了。"

林文刚对这一译名表示认同,他认为"媒介环境学的思想源头和范式源头超越了'生态'的生物学隐喻,用'生态学'直译媒介环境学不能涵盖它的全部范围。我们用'媒介环境学'来翻译英语的 media ecology,主要是因为波斯曼(1970)在首次公开就这门学科的定义和范式发表的讲话中就做了这样的表述:媒介环境学把环境当作媒介来研究。"①

其次,为何这一名称的译法会出现争议呢?一方面是由于中文传播学界本来已有"媒介生态学"一说,这是一个在本土较有影响的概念,但其背景和理路与北美的"media ecology"大为不同,为避免混淆,因而改变了译法。这有点像"science studies"一词的问题,这个词直译过来可以是"科学学",但这个概念已经是一个在中国本土较有影响的学科进路了,而此"科学学"与彼"science studies"旨趣迥异,于是学者们为"science studies"设计了许多译法,如"科学论""科学研究""科学元勘"等。

同时,与"science studies"类似,"media ecology"定名的多元化未必只是因为某个已有的本土名词"从中作梗"的缘故。事实上,这个概念本身在西方学界也从来不是界限明晰的。许多时候,

---

① 〔美〕林文刚:"林文刚中文版序",载〔美〕林文刚编:《媒介环境学:思想沿革与多维视野》,序第 3 页。

"science studies"都与"科学技术与社会研究(STS)""科学知识社会学(SSK)""科学史与科学哲学(HPS)"等领域相互重叠,本身就没有一个精确的范围。一个学者完全可能身处"科学技术与社会研究中心",拿着"科学哲学"的学位,研究着"科学知识社会学"的问题,最后被学界认同为属于"科学元勘"的传统。

"媒介环境学"的情况也是类似的。"media ecology"是在波斯曼主持下,在纽约大学所建立的学位点和教学计划的名称,这一名称的选取本身也是与校方相互妥协的结果。在 1970 年代,"生态学"正好是一个颇为时尚的概念,波斯曼借用这一概念更容易争取到校方的支持,但未必在学理上就是最佳选择。好比在中国,"自然辩证法"曾是一个学科领域的官方名词,这有其时代环境的缘故,但是用"科学技术哲学"等概念去介绍和整理中国自然辩证法学界的传统,可能是更加恰当的。

因此,"媒介环境学"并不只是对 media ecology 这一英文词组的翻译,而是对一个特定学术脉络、学科传统的指称。事实上,我们也可以用"媒介理论""媒介形态学""媒介决定论"乃至诸如"技术与文化研究"等各种概念去界定这一传统,这一概念的选用不仅仅是一个翻译问题,本身也体现着对这一学派特征的把握。

前文已经谈过,理想的学术理路不应当受限于现实的学科建制,如果我们要做的仅仅是对波斯曼所创立的那个教学计划的名称进行翻译,那么最佳的翻译自然应该是"媒介生态学"。但如果说更重要的事情是找到一个最能突出关键的词组,去把握相应的一系列学理思想,那么相比"生态学","环境"一词更加切中肯綮。

媒介环境学把媒介作为人类生活、思想和文化的"环境"来考察。所谓环境，包含背景、语境、条件等含义，这些都是"生态学"一词所不具备的。麦克卢汉提到过，"环境（environment）的希腊词源是perivello，其意义是四面八方同时来袭。环境不仅是容器，它们还是使内容全然改变的过程"①。用麦克卢汉喜欢的概念来说，"环境"是一个"听觉—触觉世界"的概念，而不是"视觉世界"的。视觉偏向于疏离，因为目光是主动的、界限分明的、无限向外射出的，而耳朵则是被动地承受从四面八方而来的影响。

而"生态学"一词由海克尔在1866年所造②，在20世纪后半叶被发扬光大。从一开始它就是一个专门术语，指称一门科学领域，把生物体及其环境作为一个整体系统进行科学研究。

生态学的概念也蕴含着对"环境"的考察，但"生态学"一词比"环境"包含更多的科学性的意味，这一点恰恰是多余的。正如林文刚所言，媒介环境学更强调人文关怀："之所以选择媒介环境学来翻译英语的media ecology，还有一个同样重要的原因。这个词本身体现并唤起环境保护主义（environmentalism）的观念和实践；反过来，它使人看清媒介环境学人文关怀和身体力行的一面，说明它是一种实践哲学、一种社会思想学说……'践行'媒介环境学和'研究'媒介环境学，具有同等重要的意义。媒介环境学的天

---

① 〔加〕马歇尔·麦克卢汉：《麦克卢汉精粹》，何道宽译，南京大学出版社2000年版，第412页[275]（这本书同样是2000年第1版，第1次印刷的版本和2006年第3次印刷的版本页码不一样，为方便读者检索，我同时标注了边码）。

② 林祥磊："梭罗、海克尔与'生态学'一词的提出"，《科学文化评论》2013年第2期。

然使命是促使这个世界成为更加适合人生存的地方和环境。"①

注意到,环境一词看起来更偏向某种意义上所谓"人类中心主义"的意味。环境一词蕴含着一个"中心"的存在,相对于这个中心,环境才称之为环境。的确,环境是人的环境,是人的"周围世界"。

"人类中心主义"似乎已经成为一个臭名昭著的罪名,人们认为它导致了人类在自然面前盲目自大,肆意征服,最终造成环境危机。但是媒介环境学意义上的"人类中心",却是一种谦卑的态度。它强调的恰恰是人类的有限性,也就是说,人并不是全能的上帝,我们只能站在我们所处的位置,在我们的历史环境和生活环境所提供的有限的条件下,通过这些并非万能,并非透明,而总是有所偏向的媒介环境,才能认识和改造世界。人并不能僭越地获得俯瞰一切的上帝视角,人的视角总是从它自己有限的背景出发的,我们不断超越自己的狭隘,但永远不可能最终摆脱自己的历史性,也就是说,人类自始至终只能作为有限的"我"与世界打交道。在这个意义上,我们永远都处于中心。

而在生态学的视野下,人似乎不再位于中心,而是与万物相并列。但这恰恰要求一个超然俯瞰的视角——所谓"科学的""客观的"视角,即把人类和万物都作为研究的"对象"来审视。但这种对象化仍然是有条件、有背景、有媒介的,我们只有从自然科学出发才完成了这一对象化。也就是说,在生态学视野中,虽然作为研究对象的人不再是"中心",但科学家又成了新的"中心"。如果这一

---

① 〔美〕林文刚:"林文刚中文版序",载〔美〕林文刚编:《媒介环境学:思想沿革与多维视野》,序第 4 页。

宿命般无法逃避的"中心"的存在未曾得到反省,那么人们可能陷入更深的僭妄,事实上当代科学的问题严格说来不是"人类中心主义",而是"上帝中心主义"——人,或者准确地说是科学家,取代了上帝的位置成为超然的出发点。而媒介哲学恰恰要把人从云端拉回"中心",把世界或万物从摆在人类对面的"对象"变回围绕着我们身体的"环境"。

下面我们将从哲学出发,讨论"媒介"的意义,阐明媒介哲学所揭示的人的有限性和历史性。也就是说,媒介环境学恰恰要正视"人类中心"这一命运。既然如此,"环境"当然比"生态"更为恰切。

第二章 媒介存在论

一 存在论就是媒介论

前面说到,我们将要讨论的这种媒介史纲领,同时也是一种媒介哲学纲领。而所谓媒介哲学,并不只是"从哲学出发研究媒介",而是"从媒介出发研究哲学"。

那么就哲学而言,最核心的领域是什么呢?无论如何,"存在论"大概是一个绕不过去的基地。

所谓"存在论"(Ontology),从古至今哲学家的理解各有不同。在古代哲学的语境中,这个概念经常被译作"本体论",因为讨论的主题往往是"万物的本原",但在现代哲学的语境下,古代哲学的本质主义的存在论往往被整个放弃,针对"存在",不同的哲学家提出了各不相同的追问方式。

所谓存在论,首先是对"存在"问题的追问,这向来是西方哲学的核心主题。媒介存在论的提法首先表明了这一哲学进路旨在用媒介的概念去回答存在的问题,媒介存在论首先是一种存在论而不单是一种媒介理论——不是针对媒介问题的存在论思考,而是借助媒介概念进行的存在论思考。

同时，通过"存在论"的概念，我们将引入海德格尔的存在论[①]。海德格尔区分了存在与存在者，人们与之照面打交道的现成对象是存在者，而存在者的存在是它们的出场和呈现方式。那么，如果说存在者总是通过某种形式的媒介向我们呈现，那么可以说这种媒介形式也就是事物的存在方式本身。在这个意义上，存在论就是媒介论。

最后，在狭义上，存在论也意指一种"存在主义"的立场。所谓"存在主义"，按照萨特给出的经典表述，其基本口号是"存在先于本质"。也就是说，"人首先存在着，遭遇他们自身，出现在世界之中，然后再规定他们自己。我们首先只是存在，然后我们也不过是成为我们自己把自己造就成的东西"[②]。

换言之，人没有什么本质，或者说人的本质是"无"，是"可能性"，而不是任何规定性。然而，这并不是说人能够毫无局限性地规定和塑造自己，究竟通过什么方式"遭遇"自己？又是通过什么来"造就"？媒介存在论给出了回答，媒介是人的延伸，人在媒介中遭遇自身，通过媒介来造就自身。

[①] 本书中关于媒介存在论的探讨，我主要借助海德格尔哲学，特别是借助他在《存在与时间》中展示的某种"用具存在论"，这种思想也可以看作"存在论的技术哲学"，进而，我将之解读为"媒介存在论"。当然，海德格尔的思想是丰富而充满张力的，即便只看《存在与时间》，其前后两部分的旨趣也未必完全一致。这里只是断章取义地借用一些海德格尔的言论作为后援，目的是为后文作好铺垫，提供一个重新理解媒介环境学的哲学视野，而并不意图深入地评析海德格尔的思想。

[②] 〔美〕撒穆尔·伊诺克·斯通普夫：《西方哲学史——从苏格拉底到萨特及其后》，匡宏、邓晓芒等译，世界图书出版公司2009年版，第421页。

二　媒介即讯息

在日常语言中，"媒介"一词在狭义上指的是"打交道"的工具，在广义上而言也可以指任何工具、背景、手段、方法，"以……为达成……的媒介"亦即说"通过……而……"，任何这样一种"被通过"的东西，就称为媒介。

即便在日常语言中，作为媒介的东西也未必是具体有形的实物，例如"言语"被看作是一种基本的交流媒介，而它并不是一个器物。而在存在论的层面中，"媒介"这一概念所蕴含的，首先也不是那些具体的传媒器物，而是媒介之媒介性本身，亦即"通过……而……"的指引结构。每一种具体的传媒器物或技术中介都蕴含着特定的指引结构，不同的媒介物提供着不同的通达方式，但人总是要通过什么而达至什么，这就是人之存在的基本状况。下文将揭示，所谓存在论在某种意义上就是媒介论，我们不妨将这一重新阐释的存在论叫作"媒介存在论"。媒介存在论并不是存在论的一个分支问题，而是对存在论的一种理解方式。

在许多时候，媒介与"技术""工具"等概念可以通用，我们可以把媒介看成是一种广义上的工具，也可以把工具看作一种广义上的媒介。但无论如何，媒介一词比起技术或用具等概念而言，更凸显其"在……之间""通过……而达""向……呈现"等涵义，这里要强调的就是这样一种居间性的指引概念，这也是海德格尔以"用具"为核心阐发的"基础存在论"所强调的。

然而，要进一步展开存在论的思考，我们也必须扬弃对媒介的某种日常的理解方式,那就是把媒介理解为"传递讯息的中性管道"——管道的一边有一个现成的主体,而另一边有一个现成的客体。有待传递的信息也是现成的,问题只是如何更快和更完整地传递这些信息。而"存在论"首先就必须要打破这样一种主客二分的、本质主义的思维方式。

并不是说"主客二分"是错误的,而是说这"二分"终究是某种发生着的或有待发生的动作或过程。"媒介"概念的居间性指引的特色暗示出它的基础地位——并不是预先有了两岸(主体、客体),然后再借助媒介在两端之间架设起桥梁,不如说是先有了"桥梁",我们才在其尽头处发现了"两岸"。

正如麦克卢汉所说,媒介"不是人与自然的桥梁,它们就是自然①"②。并不是说有一个客观的世界,还有一个主观的世界,媒介作为其间的中介把客观世界的事物传递到人类感知中来。存在论从不谈论那种超验的本体世界,因为人们所能"谈论"的,已经是"言语"这一媒介技术所规定的结构了,谈论某种超越于任何媒介之外的世界是毫无意义的。人所能够理解、把握和谈论的,都必然是"通过媒介"。媒介的意义并不是把具有如此这般规定性的事物之规定性传递给人知道,而是说正是媒介才使得事物具有了如此这般的规定性。

我们大体上不得不承认康德哲学的"哥白尼式的革命"及其"物自身"的概念。也就是说,事物的各种规定性都是由认识方式

---

① 西文中"自然"(nature)一词同时有"本性"的意思,这句话的意思也即媒介不仅是人通过它而认识事物本性的途径,媒介就是"本性"。

② 〔加〕马歇尔·麦克卢汉:《麦克卢汉精粹》,第407页[272]。

第二章　媒介存在论

确保的,而非在"物自身"中蕴含的。在第三章我会批判性地发展康德的先验哲学,不再把"认识方式"局限于先天的认识形式,而是放到技术环境之中。在这里,我们暂且不继续深入,而只需要在非常肤浅的领域应用这一哥白尼式的转换——我们把视线从"内容"转向"媒介",即便暂且不讨论有没有脱离一切媒介的"纯内容"的存在,仅就"媒介"扮演的角色来看,无论如何,它不是一个中性的管道,而是也提供了某些规定性。

麦克卢汉说道:"媒介是一种'使事情所以然'的动因,而不是'使人知其然'的动因。"[1]这句话的意思也可以理解为,媒介理论是一种"存在论"(追问事物之所以如此存在的缘由),而不是一种"认识论"(追问如何让人知道事物的缘由)。麦克卢汉更著名的格言"媒介即讯息"也蕴含着类似的意思。

而如果说媒介本身是讯息,那么人们通过媒介传达的内容是什么呢?当然,媒介的"内容"也是讯息,但同时也还是"媒介"。麦克卢汉说道:"任何媒介的'内容'都是另一种媒介。文字的内容是言语,正如文字是印刷的内容,印刷又是电报的内容一样。"[2]作为某一种媒介的内容而呈现的东西,总是在另一种场合下指引出另一种事物的媒介。这种媒介与媒介之间连环嵌套的思路,不仅适用于狭义的传播媒介,事实上,海德格尔所谓的"用具指引网络"表达了类似的意思,一种用具指向的也是另一种用具,锤子指向钉子(锤子用来砸钉子,钉子用来牢固椅子,椅子用来坐

---

[1]〔加〕马歇尔·麦克卢汉:《理解媒介——论人的延伸》,何道宽译,译林出版社2011年版,第67页。

[2] 同上书,第18页。

在桌前，桌子用来承载菜肴，菜肴用来填饱肚子，填饱肚子则又有力气去抡起锤子⋯⋯用具之间互相指引，分环勾连，张开了我们的生活世界。

三　媒介是"人的延伸"

一种媒介所指向的目标往往是另一种媒介，但这条指引的射线的起点是什么呢？似乎就是"人"了，在形如"人通过媒介达到某事物"这样的媒介性结构中，人是起点，是通过媒介最终够到（延伸到）目的的东西，

在这个结构中，与其说人是"主体"，不如说人是"被延伸者"，因为它不是一个始终固定在原位的端点，在某种意义上人是那条射线本身。比如说，在"人通过筷子吃饭"这样一个结构中，吃饭的是人，而不是筷子。"人吃饭"这件事的本质是"借助筷子的人吃→饭"，而不是"让→筷子吃饭"。借助筷子这一媒介，人延伸了自己，从而"够到"了饭，这就是媒介的意义，筷子这一媒介的意义是延伸人，而不是"吃饭"，是"借助筷子得以延伸的人"能够吃饭，而不是说"筷子"能够吃饭。

麦克卢汉通用"媒介"与"技术"二词，并定义它们为"人的延伸"。当然，更早的哲学家就已经提出了类似的命题，例如马克思称自然界是人的无机身体，这其实就蕴含了人通过技术实践延伸自己的身体的思想；另外，最早提出"技术哲学"这个词组的卡普（Ernst Kapp，1808—1896）也正是以"器官投射说"著称。然而，我们也应当注意到媒介存在论所说的"人的延伸"的说法，同"无机身

第二章 媒介存在论

体"或"器官投射"等说法间有着微妙但重要的差别。所谓"无机身体",显然与"有机身体"相对立,而"投射"的概念也蕴含着两个截然相分的范畴,一边是人体,另一边是技术。这样二分的视角暗示了某种现成的人性观,预先接受了一种人与非人之间确定的边界,所需讨论的似乎只是在这边界的两端如何相互关联和对应的问题。而"媒介是人的延伸"这一命题却并不蕴含这一现成的分界,至少并不是一种静态的分界。

所谓"人的延伸",先从日常的角度来理解,无非就是说技术总是人体的某种或某些官能的延长、扩大或强化。比如,眼镜是眼的延伸,轮子是脚的延伸,衣服是皮肤的延伸,城市和社会也是人体的防御和平衡机制的延伸,等等。在麦克卢汉看来,"人的一切人工制品,包括语言、法律、思想、假设、工具、衣服、电脑等,都是人体的延伸"[①]。

进一步说,人的延伸不仅仅是延伸了人的能力,同时也是人性的一种外化的"表达"。作为对象的媒介技术就成了某种外化或者说对象化的人性,理解技术也就是在理解人自己——人能够,也只能够通过外化的技术才能够直观到自己(传统哲学所谓在意识之中的内省说到底也无非是对语言和概念这些人造的媒介技术的探究)。

不过,日常的理解毕竟默认了某种刻板的分界,即把"人"界定在"人体"的范围之内,而把"技术"理解为人体之外的"物"。然而,

[①] 〔加〕马歇尔·麦克卢汉:《麦克卢汉如是说》,何道宽译,中国人民大学出版社2006年版,第192页。

如果我们以更广义、更全面的方式来理解"技术",那么就不好说"人"就恰好是那坨被皮肤包裹着的东西了。在这里,用"媒介"的概念替换"技术"是有益的,我们把"人通过……而达成……"理解为通过某个媒介而延伸了自己的可能性。但是这里的"延伸"却不再有一个固定的起点。

当我说"我用望远镜看月亮"时,"望远镜"是我通过它而达成目的的媒介,它延伸了我的双眼。但是我也会说,"我用肉眼看望远镜",此时我的眼睛变成了被通过的媒介,它延伸了我的感知能力。我还可以说"我通过镜子看我的眼睛""我通过眼睛看我的镜子"……在这些结构中,相应的媒介的确都揭示出了某种两分的界限,一端是主体而另一端是对象,然而其中的分界却是游移不定的。

不过,说其中的分界游移不定,其中暗含着对于某种固定不变的主体或确定不移的客体的坚持。在传统哲学中,人们总是试图把某一个"端点"固定下来,要么是设置一个绝对的主体,例如,"精神"要么是设置一个绝对的客体,"物质"然后试图以此为基础来理解人或世界的本性。于是,当人们注意到主客体之间那游移不定的分界时,主客体之间如何可能沟通起来变成了一个大难题。但事实上恰恰是因为人们非要把自己束缚在某个固定不移的端点上,其间沟通的"媒介"才会显得飘忽不定、不可捉摸。而媒介存在论则不再试图从"端点"出发,不再是预先认定某种固定不移的主体或客体,然后又要在其中千方百计建立"沟通";媒介存在论注意到,"沟通"本身恰恰是在先的,"沟通"带出了主体和客体。

四　媒介的发现

媒介存在论从现实的媒介，而不是空想抽象出来的绝对端点出发，来推进对人性的理解。这当然不会成为一种虚无主义（把人性论建立在某种臆想虚设的基础上才导致了虚无主义），媒介存在论承认知识的语境性和历史性，亦即是说知识的依赖于特定的媒介环境。而通过对相应媒介进行的反思，媒介存在论仍然在试图回答古老的知识论问题——我们究竟何以可能拥有如此这般的知识？我们的知识究竟源于何处（在第三章将进一步展开这一讨论）？媒介存在论仍将继承古典哲学寻求确定性的传统，坚持知识并非随心所欲的虚构，而总是有着确实的根据的。

要继承并超越古典哲学的传统，就必须面对近代以来西方哲学传统的各种进展与困境。事实上，西方哲学传统在近代所发生的种种变革，归结起来说，恰恰就是"媒介"的发现。

所谓"媒介的发现"，指的是人们开始意识到，我们永远不能"直接"同对象打交道，而总是要"通过什么"才能触及对象。近代哲学开始于培根、笛卡尔的时代，第一个标志是"方法论"的自觉。这就是说，我们并不是直接从自然界获得知识，而总是要通过某些特定的途径。所谓的"认识论转向"，指的也是这一回事，人们发现在讨论事物本身之前，不得不讨论以何种方式才能去认识事物。

到当代的所谓"语言学转向"，更是发现了人们表达观点、陈述知识乃至于进行知识论的讨论本身也总是必须"通过语言"来表达。人们一旦发现知识的媒介，首先就想着如何去改进它，以便更准确和高效地获取知识。随后,对媒介的怀疑也就不可避免了——媒介总是现实的,也就是说,总是历史性的和局限性的,那又如何保证确定性呢?于是,一些人试图设计一种绝对可靠的媒介,例如笛卡尔的方法论和逻辑主义者的形式语言;而另一些人则干脆否认人可以获得外部世界的知识。

这些反应方式其实都未能真正面对媒介性作为人的存在方式的必然性。在人们眼中,媒介似乎总是某种多余的东西,人们仍然虚幻地设想着一个现成的主体与一个现成的客体之间的"直接"接触,而媒介就像是一圈密不透风的墙壁,把"人"禁闭于其内。于是,人们总想要打破墙壁,想要让媒介变得透明。

然而,按照媒介存在论的思路,这样一堵墙壁本来就不存在。一种介隔也总是一种通达方式,而任何一种通达也总是表现为某种介隔。并不是媒介阻断了沟通(中断也是一种沟通方式),而恰恰是媒介产生了沟通。当然,并不是说媒介并没有阻隔或妨碍了,而是说某种阻碍同时也总是某种条件,好比说空气既是飞行的阻力,也是使得飞行得以可能的环境。媒介存在论真正将媒介作为媒介而展开反思,而不是把媒介当作烦人的妨碍来排除。

五 将媒介作为媒介反思

那么,究竟如何将媒介作为媒介而进行反思呢?简单地说,媒介作为媒介,正是出于其通达性,我们可以通过它而达到它所呈现的对象。当它被如此"通过"的时候,它也呈现出它本身的意义,而一旦当我们把它本身当作触目的对象来分析时,它就已经不再作为原本意义上的媒介了。

因此,将媒介作为媒介来思考,就要求某种超越对象性的反思方式。这种反思方式恰好是现象学的方式。

但我们知道,现象学的起点是意向性学说,而意向性说的是"每一个意识行为,每一个经验,都与某个对象相关联。每一个意向都有其被意向的对象"①。那么,如果说现象学强调的是每一个意向都是对象性的,那么又从何处来超越对象性的思维呢?

事实上,所谓超越对象性的思维,并不是指把对象取消掉,而是把对象"悬搁"起来,把对象中立化,转而注意对象何以被意向的方式,去关心让我们得以通达对象的媒介,

用海德格尔的话来说:"一切现象学的行为分析都这样去观察行为:分析并不真正地亲证行为,并不探究行为的专题性意义,而是使行为本身成为主题,并借此让行为的对象及其如何被意指的方式一同成为主题。这指的就是,被感知者不是自身直接地得到意指,而是通过其存在方式得到意指。"②

我们看到,现象学一方面发现了媒介,发现了被感知者并非直接,而是通过某种媒介而得到意指的。但同时,现象学又强调,"得到意指"的东西的的确确就是被感知的对象,而不是媒介(例如观念、感官)。当我们说我们通过触觉接触到一块石头的时候,我们就是在接触一块石头,而不是在接触触觉。我们不会被经验的媒

---

① 〔美〕罗伯特·索科拉夫斯基:《现象学导论》,高秉江、张建华译,武汉大学出版社2009年版,第8页。

② 〔德〕马丁·海德格尔:《时间概念史导论》,欧东明译,商务印书馆2009年版,第132页。

介性封闭在心灵世界之内。把媒介当作对象来分析是导致近代哲学陷入"自我中心的困境"①的原因,因为一旦把媒介作为对象来分析,则为了通向这一新的对象又总是要通过另一种媒介,如此无限后退,最终非但不能"突破"媒介而认识世界,反而离现实的世界越来越远。

现象学是一种对我们如何通达我们所意指的对象(内容、存在者)的"通达方式"(媒介)的反思。而这样一种考察并非"不再与存在者发生关系"②,而是既保持与内容(存在者)的关系,又转而着眼于通达存在者之媒介(存在)。这种现象学的态度与自然态度相对,在自然的或日常的态度中,我们直接与存在者打交道,而存在者的存在是隐而不显的。换言之,我们直接与内容相接触,而"媒介"是透明的,我们不知媒介的存在而径直通向对象。而现象学态度把这个我们通常"看穿"的东西即媒介性提了出来,我们把媒介所传达的"内容"悬搁起来,而去反思媒介本身的性质和结构。

举例来说,我通过眼镜(眼睛、望远镜等)来看物体。在日常态度下,我的眼镜是"透明"的,我并不觉察到我的眼镜,而是直接"透过"眼镜与物体打交道;接下来一种情形是在日常态度和反思态度之间的不自觉的交错,比如说我看不清东西了,便开始反省看东西的方式,发现眼镜出了问题,于是把眼镜拿下来检查擦拭。在检查眼镜的过程中,我的意向已远离了之前的观看对象而指向了眼镜本身。在这个时候,眼镜并不是作为眼镜而呈现,它不再作为媒

---

① 〔美〕罗伯特·索科拉夫斯基:《现象学导论》,第8页。
② 〔德〕马丁·海德格尔:《时间概念史导论》,第132页。

第二章 媒介存在论

介,而是作为一个现成的物、作为另一个经验对象被检视。在这种检视下,眼镜其实成了另一层媒介下之内容——例如,我们需要把眼镜摘下而移开一定的距离,只有"通过"特定的距离来审查眼镜,作为对象的眼镜才能够恰当地呈现出来。

但还有第三种态度或方式,那就是既保持眼镜作为眼镜的存在,又同时来反省眼镜本身的方法。那就是说,我仍然戴着眼镜,仍然在透过眼镜观看对象,但此时我所关注的已经不是我透过眼镜看到的内容是什么,而是关注着"我透过眼镜看"这个活动本身。我仍然需要去观看眼镜后面的对象,然而这种观看不再是为了去追究那些对象的内容,而是为了帮助我调试或者帮助我理解眼镜的功能。我透过眼镜观审各种对象,而思考的并不是那些对象本身的性质,而是那些对象通过眼镜而呈现所包含的可能性,换言之,通过佩戴眼镜,可以给我的世界以什么样的可能性?只有在这种特殊的观看活动中,眼镜一方面扮演着作为眼镜本身的角色,一方面又受到了反思和考察,只有通过如此的活动,眼镜的存在才被揭示出来。而它的存在之意义,最终作为"通过它向我展开的可能性"而得到理解。

再举例来说,我现在正在写文章,这篇正在被操作的文章摆在我的面前,它就是我现在所面对的对象。然而同时,我却是"通过电脑"来写作的。我敲打着键盘,运行着软件,开启着显示屏……甚至于门口的电闸和千里之外的发电站都是我通过它们才得以写作的媒介。然而在我写作的过程中,它们并没有成为我的意识对象,我只是径直使用着它们,"直接"面对我的文章。而假如说我的键盘突然出现了故障,我便要放下我的文章,转而去修理键盘,此时键盘成了我的对象。另一种情况是，我对键盘这样东西不太熟悉，我需要去把握它，进而熟悉它。那么，办法仍然是用键盘来打文章，我仍然把某些文字作为操作着的对象，我仍然面对着文章，但此时文章对我而言是中立的，它的具体内容被"悬搁"了。但我仍然关注着它的内容，而不是乱打一气，但同时也关注着"用键盘打字"这一行动。只有通过这样的操练，我才可能把键盘作为键盘来把握。

一个更简单的例子是当我面对扩音器或电话时，第一种方式是我只关注说话的内容，第二种是我只把它当作器物去观审其物理结构，但第三种方式发生在我对着它说"喂喂喂"的时候：在这个时候，我既没有把话筒当作一个现成的物理对象，也没有专注于说话的内容。"喂"本身并没有什么含义，但我的意识关注的的确是这个"喂"。而这关注与我实际开始讲话时对话语的关注不同。在"喂喂喂"时，我恰恰就在关注扩音器作为媒介的媒介特性——放大或延伸了我的声音。

也许有人会说，这里所谓的第三种情况无非是前两种方式的混合，只是在前两种方式间来回切换或者叠加。也就是说，我一会儿把文章作为对象，一会儿把键盘作为对象，或者是同时面对键盘和文章两个对象，这样说也没错。我们确实总是通过不断地来回切换主体与对象的边界从而增进对世界的把握的。无论如何，领会或把握的过程，应该是这样一种具有多重层次结构的动态的过程，现象学反思就像是对事物的重新学习，是一种动态的过程而不是静止的状态，一旦把这一过程定格下来，再去反思和分析这一反思过程本身，那么它也难免显得生硬了。

后面我们将揭示出，媒介环境学对媒介的关注也恰恰是在这第三种意义上的，它既不是关注媒介物本身的机制和结构，也不是关注被传达着的内容，而是通过对媒介的历史影响的考察，揭示媒介作为媒介的意义。这种媒介史聚焦于媒介环境发生"切换"之时，考察媒介的影响。

六　从日常生活世界出发

上述的事例似乎过于浅白和平常，而哲学关切的是真理、实在、本质等，谈这些对于日常器物的把握和反思方式对于真理的学问而言又有何益处呢？问题在于，究竟该怎样追问实在？哲学追思的起点是什么？——当我们重新审视哲学的任务时，发现这些生活世界中日常操持的事物恰恰就是哲学运思的起点。媒介存在论的"基础"就是人们日常生活中的操持事物的经验，而不再像传统哲学那样总想从一个离人类经验最为遥远的抽象概念（如上帝、灵魂、原子）出发构建一个静态的理论体系。

日常的或传统哲学的思维总是把现象与实在相对立，仿佛在现象世界背后还存在一个实在世界，与这个实在世界相符合的现象就是真理，而不符合的就是假象。这个"实在世界"离我们的现实生活过于遥远，以至于必须从一个更加遥远的起点开始才能讨论实在。

而媒介存在论指出并不是先有着么一个实在的世界，然后人们再来寻找各种媒介与这个现成的实在世界打交道。相反，所谓的实在和世界倒是奠基于媒介性的。

前文已经说明,所谓媒介性,指的是一种非对象性的指引关系本身。海德格尔也指出,在某种意义上,"实在性就意味着非对象性"①——被我们当作对象来把捉的事物常常是错觉或幻象之类,那么所谓的真实性缘何而来呢?意向性学说指出意识总是指向外部的对象,但仅止于此仍旧未明确地揭示真实与虚幻的由来,如果我们追问意识怎样才能指向真实的对象,而何时指向的是虚假的对象,我们仍有可能深陷泥潭。而正如海德格尔早已指出的,实在性恰恰不是在对象化的把捉之中,而是在非对象化的操持中领会。简言之,问题根本不是指向实在的还是虚幻的对象的问题,实在性根本就不是属于这个对象的,而是属于这个"指向"本身。实在与虚幻是事物对我们的不同的呈现方式。

事实上,用抽象物来解释具体现象,总是在动用语言这一特殊的媒介。语言这一媒介的确可以传达真相,但语言这一媒介所固有的特性使其倾向于指向对象性的事物,而难以表达非对象性的存在。传统哲学之所以执迷于寻找某种可对象化的可报道的本质,恰恰是因为受语言所蔽而未能对其固有倾向性深入反省。正如海德格尔所说:"以叙事的方式去报道存在者是一回事,而要去捕捉存在者之存在就是另一回事了。对于后一项课题而言,我们常常缺乏的不仅是语词,而且在根本上还缺少语法……语言的倾向首先只是适合于表达存在者而不是存在。"②

传统哲学不仅倾向于把真理理解为语句,而且还倾向于把语

---

① 〔德〕马丁·海德格尔:《时间概念史导论》,第267页。
② 同上书,第204页。

句理解为形如"A 是 B"的命题。但这样的命题虽然确实能够提供解释,但却绝不是"解释"的唯一形式。正如海德格尔所说:"源始的解释过程不在理论命题句子中,而在'一言不发'扔开不合用的工具或替换不合用的工具的寻视操劳活动中,却不可从没有言词推论出没有解释。另一方面,寻视着道出的解释也还不必是明确定义的命题。"①

命题是"解释的衍生样式"②,命题之所以有效总是基于某种更源始的领会。我指着一把锤子问:"这是什么?"而你拿起(或指导我用)锤子砸钉子,我从这一操作中领会到了锤子之何所用,这才是一个源本的解释。而给出一个名字:"锤子",除了贴上一个标签外并没有什么意义,紧接着给出一个命题说:"锤子是用来砸钉子的。"这在某种意义上也提供了解释,但这一解释之所以是解释,是基于语言作为一个媒介所具有的指引功能,这句话指引出拿起锤子砸钉子这样一种情境来,提问者最终还是在这样一种情境下领会到锤子之何所用的。如果说我通过观看锤打钉子的过程并不足以领会锤子之所用,或者我并不能够通过"锤子是用来砸钉子的"这一句话传达出相应的使用情境,那么,这句话就并未给出任何有效的解释,而仍是一堆符号。

对于"是什么"的解释,在根本上总是去揭示它作为"为了作什么的媒介"而呈现的情境。按海德格尔的话来说:"……被领会的东西,已经是按照下述方式而被通达的,那就是在它身上可以明确

---

① 〔德〕马丁·海德格尔:《存在与时间》,陈嘉映、王庆节译,熊伟校,陈嘉映修订,生活·读书·新知三联书店 2006 年版。第 184 页。
② 同上书,第 180 页。

地提出它的'作为什么'。这个'作为'造就着被领会的东西的明确性结构。"①不仅是锤子之类人造器物必须如此理解,就算是所谓的自然物,也总要通过人何以同它打交道的情境下得以揭示。

于是,海德格尔把世界看作是事物"何所为"的指引网络,所谓"解释"就是"彰显出了一个物的何所为,借此它凸显出了关乎'为了—作'的指引"②。换言之,就是显示出事物之媒介性。而对事物的操持活动本身就总是显示着事物之所用,因此"只要操持昭显出了它的已经展开的寰世(生产世界)所蕴含的指引,那么所有的操持本身就都是揭示和解释"③。这就是海德格尔版本的"媒介即讯息"——不仅是说通过媒介的运用而传递着现成的讯息(解释),而且媒介的运用方式本身就是讯息。

而内容越是凸显,媒介就越是隐匿。命题能够有效地传达解释,但这一传达常常过于有效,以至于人们注意不到这个传达过程,而径直把经由命题所传达之事当作了最源本解释,而未能注意到这一传达方式所造成的变异。海德格尔说:"命题把现成事物作为什么什么东西加以规定……解释的'作为'结构经历了一种变异……它不再伸展到因缘整体中。'作为'本来分环勾连着指引的联络;现在这个进行分环勾连的'作为'从意蕴上割断下来。"④

---

① 〔德〕马丁·海德格尔:《存在与时间》,第174页。
② 〔德〕马丁·海德格尔:《时间概念史导论》,第361页。
③ 同上书,第381页。
④ 〔德〕马丁·海德格尔:《存在与时间》,第185页。

换言之,在这个命题提供的解释中,"锤子""砸""钉子"都变成了现成的事物,变成了谈论的"对象"。而在这一解释中锤子原本所处的"上手状态",也就是作为砸钉子媒介而被非对象性地操持的状态,就被遮盖掉了,在用锤子锤钉子这一实际的操作活动中所蕴含的指引关联,我们从整个指引网络(手—锤子—钉子—木材—房屋—居住……)中截取出了一个碎片,并且把它所蕴含的动态的操持关联抽象成了几个符号之间的语法关系,变成一种孤立的现成的表述。海德格尔所谓的"缺乏语法"正有此意,语言的语法总是呈现为一种静态的现成结构,却难以表达出操持活动中发生着的指引关联。

我们必须牢记,正是因为我们天然地拥有这样一个作为指引网络整体的世界(我们被抛到一个世界中,亦即我们的"历史境遇"),我们对作为"意蕴整体"的世界先有了某种领会,才有可能把握某一些"碎片"所蕴含的意义。因而,任何一种把世界截取成片段加以分析的理论行为总是建基于我们日常的与世界打交道的生活经验之上的。

七 媒介先于媒介的对象

于是,"我们就这样把上手事物的存在(因缘)乃至世界之为世界本身规定为一种指引联络"①。"世界这一存在者是通过'对……有用''有助于……',或'对……有害''对……有意义'等这类特性

---

① 〔德〕马丁·海德格尔:《存在与时间》,第103页。

而显示出来的。世上物事本身总是经由对一个他物的指引并作为对他物的指引而照面。"①

在表述指引关联的时候,海德格尔还是不得不使用类似"物"的概念,我们还是要说媒介勾连着事物。于是人们可能还是会坚持认为,首先存在的是物,而其次才是物与物之间的关系。当然,媒介存在论不可能取消"物"的概念,只不过是颠覆了它的"本体"地位。海德格尔说:"在世界的际会结构中,那有着首要作用的东西,不是物,而是指引,而如果要以'马堡学派'的用语来表达这一实情,那么就得说不是实体,而是功能。"②换媒介存在论的用语来说,那就是不是内容,而是媒介。

我们最源本的生活状态是"操持性的打交道而不是一种漂浮无根的和孤立的物感知……指引是让物当前显现的东西,而指引本身又是通过指引整体才得以当前显现或昭显的。一个物的可把捉状态进而对象化状态是以世界之际会为根源的,而(物的)对象化状态却并非(世界的)际会的前提条件"③。

"物"是作为日常打交道的中断而显现的。在一般情况下,"物不断地隐没到了指引整体之中,更确切地讲,在最直接的日常打交道之际,物甚至从来就没有从指引整体中脱身而出……物隐没到了联系之中而不突出自身"④。

---

① 〔德〕马丁·海德格尔:《时间概念史导论》,第 256 页。
② 同上书,第 276 页。
③ 同上书,第 261 页。
④ 同上书,第 257 页。

当我用键盘打字时,"键盘"并不是一个"物",甚至打出的文字也不是物,我通过文字表达着自己的想法,只是在表达受到阻滞的时候我才会把文字当作现成的物来审视。当然,一旦我通过反省再用文字把这些过程说出来,它们就都成为对象性的了。这个被反思的"键盘"是文字传达的对象,言语涉及的对象,总之是通过附加某种新的媒介才成为了确定的对象,却不是在原本的操持活动中的对象。只有当这种源始的状态被打断时,它们才作为对象性物体向我呈现。例如,当键盘不能打字了,或者文字表达不清我的想法时,才变得触目起来,我才可能把它们当作物来面对。

由于"中断"经常意味着事物的损坏,我们也许会觉得这是一个可恶的状态。而事实上,正如海德格尔所言,"世界上所有的变化,直至从一物到另一物的交替和简单的变换,首先都是通过(中断)这一际会方式而得到经验的"①。我们总是首先通过中断来经验世界上的变化。中断不仅使我们的世界显得丰富和新奇,也使得理论性的认知活动和创造性的发明活动成为可能。

八 "介入"

中断仍然是一种打交道(际会方式),换言之,这种中断仍然是媒介性的。我们可以把这种中断称作"介入"或"进入媒介"。

"介—入"包含两个环节,一是返身进入之前径直透过的媒介,展开媒介内部的环节进行考察,比如因望远镜故障而使望远活动

---

① 〔德〕马丁·海德格尔:《时间概念史导论》,第258—259页。

被中断时，我们打开作为媒介的望远镜，把它作为对象进行分析；二是引入一种新媒介或者说进入一个新环境，在新的媒介环境下考察成为对象的旧媒介。

总之，为了进入原先那个被径直透过的媒介进行考察，我们需要通过某种新媒介与它拉开距离，这个"从中打断"的介入者就是另一种媒介。

例如，一台操作着的机器出现故障了，我们便去找来锤子、改锥等工具加以修理。我们首先按照相应的指引关联寻觅到了恰当的工具，而将相应的工具拿上手头之后，我们立刻"转眼不看"这些工具，而是把机器作为对象来加以修理。在机器正常运作时，机器是作为"为了生产产品"的媒介而上手的。而在修理的活动中，新介入的各种工具使得机器成了现成的对象，而那些工具即是"为了修理机器"而上手的媒介。

语言也是这样一种可在中断处介入的媒介。它恰恰是最具普遍性的媒介之一，也就是说，它几乎可以在任何地方介入，以便隔开我们与事物的距离，语言可以最轻易地让任何事物变成"内容"。而且，语言的特性还包括它能够轻易地使自身成为内容，在语言内部建立出某种指引结构。在同"语言"这种东西打交道时，它往往是夹杂着上手状态和现成状态而呈现的。而作为真值命题被分析的语言，往往并不是作为本然的语言，作为交流媒介而呈现的。

语言作为语言本身发挥作用时，就好比是眼镜作为眼镜，锤子作为锤子而处于上手状态那样，它所扮演的是一个媒介的角色，它一定是指向某个事物，或者让某个事物呈现，或者"带出"某种事物。和任何上手的媒介一样，它总是在一个具体的语境下发挥着作用,对着空气挥舞锤子不算是锤子的本然状态,上手状态总是语境性的。

而我们在最自然地使用语言时,它也总是处于某种语境下发挥着媒介的作用,也就是说,指向另一些事物。比如,我说"天在下雨",根据具体的语境,很可能指向的是你应该带把伞再出去,或者咱应该把晾在外面的衣服收了,或者至少你也应往窗外瞅瞅。听到这句话的人并不会把注意力指向"天在下雨"这个句子,不会把它当作一个是或非的命题来看待,而是径直通过它,去注意伞、衣服或窗外。而只有当这句话出了问题时,就像是只有在眼镜出了问题时,你才会去注意它本身,才把它当作一个现成的对象来看待,只是到了这个时候,言语才成了"命题"。也就是说,"命题"是语言的非本真状态,是语言这一媒介的现成在手状态,是对言语进行"介入"的结果。一方面,原本作为沟通媒介的活的语言仿佛进入了解剖台而展开自身的结构,你脱离了沟通的环境,把伞、衣服和窗外都撇在一边,而来剖析这个语句本身;另一方面,为了把这句话当作内容来审查,你需要引入另一种媒介作为"解剖台"。这种媒介也可能是语言,比如,"刚才你说了什么?""真的吗?""据说'天在下雨'"。也有可能是用符号或手势,或者是一本印刷精美的哲学教科书。当"天在下雨"被另一个媒介当作内容而指向时,它才成了一个"命题"。

数学、物理学、结构分析等技巧也是一些经常能够在中断时介入的媒介。那么我们需要注意的是,它们的意义首先是媒介性的、工具性的,它们的意义是在"通过它分析某物"这样的操持中呈现的。但是如果把"对某物之分析"本身对象化了,把作为分析某物之媒介的数学演算本身再去媒介化,把其中数学关系作为一个现成的对象来看待,那么这个对象并不是那个原本通过它而得以分析的事物。现代科学往往把这些"通过它而分析事物"之媒介认作了"事物本身",这就阻挡了对事物进行揭示的其他可能性,把其他可以通达事物的媒介一律排除了。而事实上,我们可以说"数学分析所指向的对象的确是就是事物本身""物理学的确是一种把握事物的方式",但不能说"数学给出的分析就是事物本身""物理学的理论体系就是事物唯一确定的结构"。海德格尔说:"人们可以从形式上把指引联络把捉为一种关系系统(函数)。不过必须注意,诸如此类的形式化会把现象敉平,乃至真正的现象内容消失不见。"[①]换言之,我们可以"通过"一种关系系统,一种数学函数,来把握作为"指引联络"的世界。然而,这并不是说世界就无非是一套数学函数,就好比钉子决不是锤子,细菌决不是显微镜;画家可以用颜料描绘世界,但世界并不就是颜料;摄影师可以用相片记录风景,但风景并不是一张相片。数学家的确能够以数学系统来揭示世界,但世界也决不是一个数学系统。

当然,尽管介入的方式并不是唯一的,却也绝非任意的。我可以通过望远镜来看一座山,可以坐着直升机来看,可以隔开五百米看,也可以走进山间去看,还可以借助地质学理论去看……每一种可能的介入方式都揭示了这座山的一种存在方式,同一座山通过不同的媒介呈现出不同的面相。因此,世界总是丰富

[①] 〔德〕马丁·海德格尔:《存在与时间》,第103页。

多彩,充满了可能性的。然而,绝不是说我主观上想把它看成啥都行,如果说我找不到一种相应的媒介,我当然就不可能把一座山看作今天的晚餐。媒介存在论在知识论上是多元主义的,但决不是虚无主义的。

九　人的媒介性

作为"介入以隔开距离"的媒介而言,最简单和最基本的一种媒介无疑就是"距离"。例如,当我的眼镜出现问题时,我将它摘下来,往前举起,细细端详。那么这个过程便可以看作是加入了一段距离,没有这一段恰当的距离的介入,眼镜便不能作为现成的对象被观审。

这里不妨引入海德格尔对此在(人)的空间性,对"去远"现象的分析。所谓空间,首先不是一个现成的东西(如距离、坐标系),而是一种媒介。而"距离""坐标系"等,已经是介入了另一种媒介,而把空间当作对象来把捉了。例如,通过测量工具揭示出作为距离的空间,通过几何学揭示出作为坐标系的空间,距离和坐标所揭示的的确是空间,然而正如钉子不是锤子、画布不是眼镜,空间也并不就是距离和坐标系。

空间的距离和方向奠基于此在的去远和定向活动。"去远是此在在世的一种存在方式……移走某种东西以使它离开得远只是去远的一种特定的、实际的样式罢了。去远说的是使相去之距消失不见,也就是说,是去某物之远而使之近。此在本质上就是有所去远的,它作为它所是的存在者让向来存在着的东西到近处来照面。"①

海德格尔用德语中表示"远去"(Ent-fernen)的词来描述"使到近处"的意义,并不只是说给这个词作了一个新的定义,而是因为远去与切近的确是在根本上相关联的,移远某种物体也的确是使之切近的一种方式。这在摘下眼镜的例子中已然明示,旧媒介的消解与新媒介的引入是同一件事,一方面,从对象化反思的角度看,眼镜是离我更远了,或者说,我在眼镜之前加入了一个媒介(一定的距离);另一方面,从现象本身来看,眼镜是离我更近了,或者说,眼镜原本通透的媒介性被消解了。

远与近并不是由距离决定的,相反,倒是"距离是由去远活动发现和衡量的"②。"如果施加于物的去世间化使之减退成了两个几何学的点,那么它们最终就将丧失远离的特性,它们就将仅仅具有一种距离。而距离本身是一种数量。"③我们可以通过数量来把握空间,但空间并不就是数量。

事物之远近是由媒介而揭示的,我们可以通过作为数量的距离来揭示空间,如"一千米";也可以通过时机的预期来揭示空间,如"一袋烟工夫就到";也可以通过器具的能力来揭示空间,如"搬一把椅子来就能够着";还可以通过去其他事物的指引关系来解释空间,如"翻过这堵墙就是";等等。总之,媒介的可通达性规定着

---

① 〔德〕马丁·海德格尔:《存在与时间》,第 122 页。
② 同上书,第 123 页。
③ 〔德〕马丁·海德格尔:《时间概念史导论》,第 316 页。

空间之远近和方位。按海德格尔的话说:"'上手的'存在者向来各有不同的切近,这个近不能由衡量距离来确定。这个近由寻视'有所计较的'操作与使用得到调节……周围世界上到手头的工具联络使各个位置互为方向,而每一位置都由这些位置的整体方面规定自身为这一用具对某某东西的位置。"[1]

引用海德格尔的话来说:"例如,眼镜从距离上说近得就'在鼻梁上',然而对戴眼镜的人来说,这种用具在周围世界中比起对面墙上的画要相去远甚。"[2]"'近'说的是,处在寻视着首先上手的东西的环围之中。接近不是以执着于身体的我这物为准的,而是以操劳在世为准的,这就是说,以在世之际总是首先来照面的东西为准的。因此,此在的空间性也就不能通过列举物体现成所处的地点得到规定。虽然我们谈到此在时也说它占据一个位置,但这一'占据'原则上有别于处在某一个场所中的一个位置上的上手存在。"[3]

所谓"首先上手的东西""首先来照面的东西",就是"透明的"媒介,这种首先上手的媒介首先来说是人的身体,其次也包含作为"人的延伸"的媒介,仿佛作为身体的一部分而运作着。人并不是完全没有广延的灵魂,人具有某种空间性,但这种空间性也并非是执着于以身体为边界与世界相分割,媒介(作为上手工具)是身体的延伸,或者说,就是身体的一部分,人是通过媒介,而不是通过物

---

[1] 〔德〕马丁·海德格尔:《存在与时间》,第119页。
[2] 同上书,第124页。
[3] 同上书,第125页。

理学或解剖学意义上的肉体来界定自己的所处的。

说此在是空间性的,意味着此在并不是漂浮于空间之外或禁闭于固定的空间范围之内的灵魂之点。空间性意味着此在总是媒介性的,而不能跳出任何媒介直接接触对象。正如海德格尔所说:"此在本质上就是空间性的。此在不能在它自己的或远或近的环围中环游,它所能做的始终只是改变远近之距。此在以寻视着揭示空间的方式具有空间性,其情形是,此在不断地有所去远,从而对如此这般在空间中来照面的存在者有所作为。"①所谓"只能改变远近之距",换言之,人所能作的始终只是进入旧媒介或引入新媒介,通过媒介性的操持而对存在者有所作为。

而所谓主体与客体的界划,也就是一种"内"与"外"的界划。我们发现,我们(此在)并不是那个被客体包围在"内部"的东西,而恰恰是在"之间"调节的东西。人通过媒介之介入,不停调整着"远近之距"。我们并不是总要在两个现成的内在领域和外在领域之间达成沟通,而是毋宁说,内在与外在之界倒是通过我们的活动而得以建构的。

我们最后回到了本书开头提到的问题——理解人性。我们已经了解了媒介存在论如何通过媒介的概念展开对人性的思考。当然,我们决不会以为把人揭示为媒介性的存在者就算是完成了人性的追问。事实上,这只是一个起点,指引出一个方向。在这个基础性的勾画中,"媒介"是大写的,是一个几乎无所不包的巨大概

---

① 〔德〕马丁·海德格尔:《存在与时间》,第126页。

念。但事实上，媒介是具体而丰富的。从媒介的视角出发，我们可以去重新思考语言、文字、绘画、数学、电灯、电视等形形色色的媒介。当我们面对任何一种现象的时候，我们都可以去反思，它通过怎样的媒介得以呈现？它又将把我们指引向何处？对它介入怎样的媒介能够获得恰当的认识？它的触目或隐匿又遮蔽了什么？……抽象概念的建构本身并不重要，更重要的是在具体的语境中进行现实而细微的反思。

十　媒介是一面镜子

需要补充的是，所谓上手（透明）状态和现成（对象）状态并不是截然二分的，之前我们已经提到在这两种状态之间的第三种状态，即把媒介作为媒介对待的态度。这种状态与其说是与日常状态截然不同的另一种状态，不如亦即在上手和现成之前来回切换，游移探索的中间状态。

在海德格尔的表述中，上手状态和现成状态之间的界限似乎过于分明了，几乎是一种非此即彼的关系，这就很难解释这两种状态之间的"切换"究竟何以可能。但事实上，这两种状态本来就是互相渗透的。当我最熟练地运用锤子时，我对锤子本身的知觉永远也不会完全退隐，它从来也没有完全透明化。我一门心思地注目着钉子时，锤子也从未从我的视觉中消失。我对锤子的运用永远也不是绝对顺畅的，锤子始终在给我反馈：阻力、沉重感和它不断向我的视觉显示着自己的方位。

一方面，锤子似乎是我身体的一部分，被我自如地操作着；但另一方面,锤子又始终呈现为某种异己的存在,从外部向我提供着"反馈"。这种反馈并不仅仅是对"自如"的妨碍,相反,"反馈"同时内含于"自如"之内,没有反馈的存在,不根据这些反馈确定方位,衡量距离,时时调整自己,运用"自如"的境界就根本不可能达到。

在这些"反馈"中,锤子不仅仅是作为完全异己的对象来呈现,而是作为我自己身体的延伸、知觉的延伸,作为我正在操控的东西而呈现的。这不妨说是一种"镜像化",即异己者作为我,我作为异己者的呈现,这种呈现让我得以定位和确认自己。通过这种定位,我和对象之间的边界才显现出来——我注目着钉子,锤子将我和钉子分隔开又联系起来,我作用于锤子又通过锤子获得反馈,锤子既是我身体的延伸,又是外部世界的终端,总而言之,锤子在这里呈现为一个"界面"。在上手的操持活动中,"用具"或技术—媒介物并没有消隐退却,而不如说是展开为一个界面,界面是"我方"与"对方"的分离和交互之处,呈现为自我和对象之间的边界,构建着内外主客的关系。

在对着话筒说"喂喂喂"时,我在有意地要求一个反馈,根据这一反馈(如音响效果,或者有时是教室后排或电话对面的人给予的反馈),我注意调整话筒以及自己说话的声音和姿势。但在实际开始演讲时,话筒给我的反馈也从未停止,我仍然会自觉不自觉地时时调整自己。因此,所谓第三种态度可以说只是日常上手态度的某种极端形式,区别仅仅在于此时我们更加自觉地去聆听来自于媒介的反馈,并有意识地把它们和自己的身体相整合协调。

照镜子时,我眨眼,"对方"也眨眼,在这一过程中,触感的、直接的、前对象化操控经验与视觉的、隔开距离的、对象化的反馈经验相融合。即便不照镜子,一边转动自己的手,一边看着自己的手的转动,也是触觉与视觉、直接性与间接性、前对象与对象的某种融合。把自己的手放在眼前作为对象观看同观看别人的手完全不同,对象化地观看自己的手时,我们随时在以触觉和动觉感知和操持着自己的手,而触觉和视觉在这一观看中得以融合。而在抡锤子时,我更用力,对面就传来更大的阻力,我往左用力,锤子就往左偏斜……这都是本己与异己在媒介物所展开的"界面"中得到交会融合。这种"会合"恰恰就是"学习"的过程,而本己性之内包含着的他异性,在技术中内含的镜像化,才使得学习、掌握、反思和知识成为可能。

对于个人而言,我们通过这些控制与反馈的试探,通过学习一样又一样的技术,不断地确立和拓宽我们的生活世界。最初婴儿从学习自己的身体开始,整合着自己的感官,探索着自己能力的边界。随后开始学习语言,学习各种器具,在生活世界不断拓展的同时也建立了自我认知。

镜子是一个最容易反映自我意识的媒介物,当一个孩子(或动物)能够理解镜中像是"自己"的时候,我们可以说他开始拥有了某种自我意识。但镜子只是一个特例,而且是偏重视觉的延伸,一些科学家把"镜子实验"看作分辨动物是否有"自我意识"的标准,这其实是某种视觉中心主义的态度。在许多动物的世界和人的许多活动中,通过视觉之外其它感官的延伸也同样可以发现自我。例如,狗可以通过撒尿闻出"自己的"地盘的边界,这也可以说是一种自我意识。"镜子实验"的核心并不是镜子,而是"在自己之外发现自己"的能力。

事实上每一种技术都能被视作自我的外在投射，人通过技术物延伸自己的官能，进而又在技术物中发现自己能力的存在及其限度。当孩子开始在玩木偶时赋予木偶以"角色"时，在搭积木中赋予行为以"目的"时，他们都在延伸着自我，都在物中发现了自我的意向。

最后，人们更要通过各种媒介实现自我，通过言说、作品和事迹来显示自我。"历史"也正是无数个自我的延伸。

对于人类文明而言，情况也是类似，人们通过技术与自然打交道，"自然"的本义就是"涌现"，就是一个"擅自冒出"的异己者，是不受人类意志控制的自行其是的东西，是技术的边界。通过学会一样又一样新技术，人类的文化世界不断拓展，同时也在不断更新对人类自己的认知。

但到了现代，技术作为人与自然之界面，已变得过于深厚，以至于遮蔽了自然、取代了自然；技术作为"异己者"的面相占据主导地位，以至于人们开始臣服或惧怕技术的力量，同时也迷失了自己的位置。后面我们还将提到，麦克卢汉重新阐释了古希腊那喀索斯的神话，指出那喀索斯并非自恋者，而恰恰是没有认出湖中的镜像就是他自己。也就是说，他没有恰当地完成本己性和他异性的融合。麦克卢汉认为现代人的迷茫就在于没能从媒介技术中认出自己，而媒介环境学之所以努力去理解媒介，正是试图从媒介之镜像中理解人自己。

第三章 媒介史作为先验哲学

前面说到，在上手与现成之间切换游移，在媒介物所展开的界面中融合着本己与异己，这也就是"学习"的过程。在学会上手一样又一样的技术物之际，我们也拓展着对自己（能力与限度）的认知，对于每一个人的成长来说是如此，对于人类历史而言也是如此。人们不断地探索并学习新的媒介环境，延伸着自己的能力，确认着自己的限度，开辟着新的可能性。在这个意义上，媒介史就是人类的成长史本身，从媒介史中映照出对"人是什么"这一问题的回答。

康德（Immanuel Kant，1724—1804）把"人是什么"视为哲学的终极问题，全部的哲学事业都可以归结为对这一问题的回答，那么，媒介史在这一事业中将扮演怎样的角色呢？我们不妨再从康德的先验哲学角度切入，考察媒介史的地位。我提出将媒介史作为先验哲学来探究。

一 "……作为……"

显然，历史与哲学并不等同，媒介史更不同于先验哲学。然而当我们说"作为"时，表达的并不是一种等价关系或者任何一种现成固定的关系，而是意味着一种认识的可能性：媒介史能够被认作一种先验哲学。

"作为"表达着一种预期，而不仅仅是对当下状态的一种单纯的确认。在"……作为……"什么之后，往往还跟着后半句话：张三作为老师，应该帮助学生答疑解惑；李四作为警察，应该出面维护治安；媒介史作为先验哲学，应当如何地展开，应当以怎样的方式去回应哪些问题。

但这种"预期"不同于关于"成为……"的预计，说张三作为老师并不是说我们预期着张三将来能够成为老师，而是意味着张三"现在就是"老师。

不过"是"的判断并不先于"作为"的认识，相反，每一种"是什么"的判断总是蕴含着某种先行的"作为"。之所以我们可以说张三现在就是老师，比方说，是因为张三作为李四教授的代课者，是这堂课的老师；但如果就张三作为一个在学校中具有某种身份的人而言，张三就是一个研究生，并不是老师。

1+1是2这一判断只有当我们先行把1+1认作一个（十进制下的）数学算式，才是可能的。苹果是甜的只有当我们首先把苹果认作一种可吃的东西，才是成立的。但1+1也可以是一栋大楼的名字，"苹果"也可以被认作是一个手机的品牌，在这种情况下，"苹果是甜的"这一判断既不是真也不是假，而是无意义的。

"作为"意味着我们"相对于"物的方式。无论我们面对的是一个概念，还是桌面上一个活生生的苹果，我们面对它的方式的总是多元的。苹果可以被认作一种水果，也可以被认作一种景物、玩物、实验物、礼物、证物、商品、烹调原料、演出道具等。在每一种不同"作为"下，我们谈论着此物作为某物之所是。"是"总是相对着某种"作为"的"是"。

那么,有没有一种超越于任何具体的"作为"而言的,绝对的、根本的物之所是呢?这正是形而上学殚精竭虑的东西——本体。有人说是理念或形式,有人说是物质和广延。无论这些说法是对是错,它们只是把某种特殊的"作为"伪装了起来。例如,苹果作为数理科学的分析对象,可以被认作是粒子在空间中的某个结构。这种判断也许是正确的,也许把苹果作为数理科学的对象来判断它是多少克的,要比把苹果作为食物来判断它是否能填饱肚子而言,更容易达成精确的和共识的结论,但这并不意味着把苹果当作科学对象是某种最为基本的或绝对优先的认识方式。

独断论的僭妄并不在于固执地坚持具体的哪些关于物之所是的断言,而是在于试图把某种特定的朝向事物的方式认作唯一的或至上的。

即便有某种认识方式,在某种意义上(这涉及"认识方式"本身作为什么被衡量),的确具有某种更高的地位(如哪种认识方式更具普遍性),也并不能清除认识的相对性。问题在于,事物的各种相对的所是何以能够统一于同一个事物之内?作为水果的苹果与作为数学对象或生物学对象的苹果是同一个东西吗?或者说我们作为科学对象而分析的苹果根本就不再是摆在餐桌上作为食物的苹果,就好比作为手机品牌的"苹果"与作为水果的苹果完全不是一个东西那样,这种所谓最普遍的认识方式所认识的东西仍然还是"这个"苹果吗?

那么,究竟是什么把多元的认识方式统一在"这一个"之中的呢?不同的认识方式中所呈现的面貌,凭什么被认作是同一事物的不同侧面,而不是各不相关的"支离破碎的东西"呢?

这意味着我们把某物"认作什么"之前,我们对于此物作为此物,已经有了某种先行的认识。"作为"总是"作为……",也总是"……作为"。为了把某物认作某物,我们首先必须"认出"它来。在从不同的角度认识某物之前,此物必须"在此出场"。按照海德格尔的话来说,"我们所能够认识的东西,必然要从某个地方来与我们打照面"①。

> 照面着的、自行展示着的,即一般显现着的东西,可以作为与我们面对而立的东西出现,这些自行显现的东西,从一开始就必然具有无论如何都要站起来并持立的可能性。而这种自立的、不支离破碎的东西就是本身被聚集的东西,即被带到某种统一中的东西。②

我们是如何认出某个事物的呢?我们认出此物是红的、是脆的、是可口的……然后把这些特性汇总起来,发现这些性质的清单恰好与我们关于"苹果"的定义相"符合",于是就认出了它是一个苹果?这种机械式的"按图索骥"也许是可能的。但条件是,首先,我们能够把体验到的种种性质"作为某一物的性质"聚焦在一起,而不只是零乱纷杂地感受它们;其次,我们先前已经"学到了""苹果是红的""苹果是脆的"等一系列知识,我们可以把这些命题"作

---

① 〔德〕马丁·海德格尔:《物的追问》,赵卫国译,上海译文出版社 2010 年版,第 125 页。

② 同上书,第 169 页。

为某一物的性质"罗列在一起；最后，我们才能把这个现实中作为焦点的某一物和那个理想中作为主词的某一物加以比照，看作同一个物。

而这一切的条件是，"苹果"已然作为"一个"对象，作为"可认识的东西""可学习的东西"被我们认识了。这种"更加原始的认识……必然先行地得到把握，必然被学到或者是可学习的……原始的学习是我们从中获取每一个物根本之所是"①。只有当我们以某种方式原始地拥有了"苹果"之后，我们才可能获得"苹果是……"的经验，学习就是"把所获取到的东西作为自己本来就已经拥有的东西而经验"②。

二　美诺诘难

寻找这种先于任何具体的认识，亦即寻找超越于实际的相对关系，而使得具体的认识成为可能的，关于物作为物、作为可认识的对象的认识，正是所谓的"先验"问题。

认识如何可能？这一问题在哲学史上可以追溯到柏拉图的美诺诘难："一件东西你根本不知道是什么，你又怎么去寻求它呢？你凭什么特点把你所不知道的东西提出来加以研究呢？在你正好碰到它的时候，你又怎么知道这是你所不知道的那个东西呢？"③

---

① 〔德〕马丁·海德格尔：《物的追问》，第65—66页。
② 同上书，第66页。
③ 〔古希腊〕柏拉图：《柏拉图对话集》，王太庆译，商务印书馆2004年版，第170—171页(80D)。

正如斯蒂格勒所言:"试图回答这个诘难,这本身就是哲学史一切思想,尤其是现代思想的动力,笛卡尔、康德、黑格尔、胡塞尔、尼采、海德格尔等无一不探讨这个问题。现代哲学,从康德开始,把这个诘难命名为先验性问题。"[1]

柏拉图用灵魂不朽来回应美诺的诘难:

> 灵魂是不死的,而且诞生过很多次,有时在这个世界上,有时在下界度过,见到过各样事情,没有什么不在它的经验之中。因此没有什么奇怪,它能够回忆到美德以及其余的一切,这是它以前已经知道了的。因为整个自然是联成一气的,灵魂经历过一切,所以只要回忆到一样东西,即是人们所谓学到一件事……钻研和学习无非就是回忆。[2]

简单地说,我们之所以可能"认出"事物,无非是因为我们确实"记得"它们。这些记忆先于我此生的一切经历,甚至先于我的生命,是我生来就有的先天的东西,而这些先天的记忆来自于灵魂在过去世代中的知识。

然而,我们很快发现,诘难并未得到消除——如果说认识是对前世已有知识的回忆,那么,前世的我们又是如何可能获得知识的呢?在灵魂"多次复生"之前,它最初的知识是如何获得的呢?

柏拉图在《斐德罗篇》中给出了一个补充,或者说一个更正:灵

---

[1] 〔法〕贝尔纳·斯蒂格勒:《技术与时间Ⅰ》,裴程译,译林出版社2000年版,第115页。

[2] 〔古希腊〕柏拉图:《柏拉图对话集》,第172页(81D)。

魂不是通过它在"此世和下界"的经历,而是通过它在脱离尘世而尚未转世之际,在"天穹之上"周游时,看到了真正的知识,看到了作为一切具体事物之原型的"理型",从而获得了真知识。而尘世中追求知识的人所寻求的无非是重新唤起这些灵魂对原型的记忆。

这样一来,柏拉图把某种特殊的、无法在尘世中实现的认识方式,或者一种"灵魂出窍"的神秘的迷狂状态,视作最本源的认识方式。即便我们不怀疑这种状态是否可能,我们的问题也依然存在:无论这种原本的认识方式是什么,各种各样多元的现实的认识方式如何可能与这一种认识方式相统一?"把某物作为某物而认识"的问题仅仅是变成了"把某物作为某物而回忆"的问题,那么接下来的问题就是,记忆、遗忘和回忆究竟是什么?"唤起回忆"是如何可能的?

柏拉图之后的哲学传统主要是接着《斐德罗篇》——而不是《美诺篇》——继续追究知识的来源,也就是说,排除了前世的问题,也绕过了回忆的问题,试图到天穹之上寻求一种作为一切知识的原型的知识。"作为原型的知识"的问题始终被理解为"对原型的知识",先验问题被遮蔽在本体论的阴影之下。

三　康德重提先验哲学

直到康德,先验哲学被重新提出了。他"把一切不研究对象而是一般地研究我们关于对象的认识方式——就这种方式是先天地可能的而言——的知识称为先验的。这样一些概念的体系可以叫作先验哲学"①。

康德清醒地意识到,任何认识总是以某种方式的认识,任何知识都是关于"物作为什么"的知识,而不是关于"物自身"。无论是日常生活、科学实验还是灵魂出窍的迷狂冥想,我们所认识的都只能是事物作为某物的"显象",认识总是相对于认识方式的认识,因此总是受限的,我们不可能获得一种超越任何认识方式的绝对、无限的认识。

在康德看来,原型的物不能被认识,但原型的认识仍然可能。知识的确定性并不在于对象本身具有某种不依赖任何认识方式的基本要素,而是在于任何认识方式都蕴含着的某种基本要素。

关于这种认识形式的基本要素,康德试图通过剥离一般认识中的一切经验性的元素来找出——"即使你们从自己关于一个物体的经验概念中将经验性的一切:颜色、硬或者软、重量甚至不可入性,都逐一去掉,但毕竟还剩下它所占据的空间,空间是你们去不掉的。"②

空间被看作一切外感官的形式,而时间被看作一切内感官的形式。

但为什么"空间"去不掉呢?这种"去不掉"究竟只是受限于康德个人的想象力,还是所有人类都固有的局限呢?康德当然认为,这不只是他个人的能力问题,而是"人"的问题——"我们惟有从一

---

① 〔德〕伊曼努尔·康德:《纯粹理性批判》,李秋零译,中国人民大学出版社2011年版,AXII。
② 同上书,B5。

个人的立场出发才能够谈论空间。"①"我们所认识的无非是我们知觉它们的方式,这种方式是我们特有的,但尽管必然属于每一个人,却并不必然属于每一个存在物。"②

但是,康德的"我们"为什么恰好是全人类,而不是"灵长类""德国人""现代人"或者康德本人?为什么这些并不必然地属于每一个存在者的东西,恰好必然地属于每一个人?在这里,康德恐怕还需要一种"先验人类学"。

例如,我似乎可以从我关于"一个苹果"的概念中将它的颜色、硬或者软、重量甚至它的大小和形状都逐一去掉,就只剩下它的香气和口感,这为什么就不可以呢?难道味道不正是苹果作为苹果最不可退让的要素吗(如果说味觉在苹果那里还不是那么重要的话,再想想"香菜"呢)?我们为什么不把味道作为外感官的基本形式,然后把饱腹感作为内感官的基本形式?

这并不是一个玩笑。味觉和嗅觉的确也被康德归入五种外感官之一,既然如此,我们就要问,空间也是味觉和嗅觉的"纯形式"吗?康德并没有认真探讨这些感觉,在他看来,味觉和嗅觉是两种"较低的"外感官,至于饱腹感之类的感觉究竟该归于何处则根本未被考虑。

按照康德,之所以味觉和嗅觉地位较低,是因为它们更加远离纯粹的直观,而视觉更接近于纯粹的直观,因此地位较高。但我们不禁要怀疑,康德究竟是因为首先确定了何为纯粹的直观,然后才

---

① 〔德〕伊曼努尔·康德:《纯粹理性批判》,B42。
② 同上书,B59。

为诸感官排定座次,还是因为他先行把视觉摆在最高的位置,这才会把空间认定为纯粹的直观?

关于"触觉"的叙述也暗示出康德的《实用人类学》实质上是"先验人类学"。康德认为:

> 触觉感官位于指尖及其神经突触,为的是通过接触一个固体的表面而了解他的形状。大自然似乎只给人分配了这种器官,以便人通过所有方面的触摸能够对一个物体的形状形成一个概念;因为昆虫的触角看起来只是以物体的在场为目的,而不是以了解其形状为目的……我们应当通过接触来在形状上了解其表面的那种质料,必须是固体的(这里不谈表面摸起来柔软与否的生机感觉,更不谈它摸起来是暖还是冷的生机感觉)。①

在康德看来,人的"触觉器官"似乎只局限于手指附近,其目的只是感知固体的形状。以至于为了说明其他动物所具有的类似感觉并不是触觉时,昆虫的触角比起猴子的手指而言更具可比性。

当然,康德完全不在乎全身浸泡在温水中的那种感觉,他更不会想到"头疼"究竟是一种内感觉还是外感觉。这些被他忽略不谈的感觉与味觉和嗅觉一样,都只是一种"生机的""享受的"感官而不是"知觉的"感官。但是对于冷、热、干、湿(在亚里士多德那里,

---

① 〔德〕伊曼努尔·康德:"实用人类学",《康德著作全集》(第7卷),李秋零译,中国人民大学出版社2008年版,第17节第154页。

第三章　媒介史作为先验哲学

这些才是事物的基本属性)的感觉不是一种知觉吗?即便说关于冷热或味道的感觉主体的感受"可能截然不同"①,而视觉等感觉"对于外部对象的认识……有更多的贡献",人们更"易于同意别人",那么那些"更少的贡献"和更不容易达成共识的感觉就一定可以排除在"知觉"之外了吗?

我们看到,即便康德已经把知识的确定性置于"主观"的一侧,但他仍然坚持着经验论传统的第一性质和第二性质的区分,把对形状的感觉置于第一位的、客观的一端,而把其他的感觉置于从属的、可有可无的地位,认为是"去得掉"的。

问题在于,这种把指尖的触觉和色盲的视觉,也就是说把诸感官中针对外形的那一部分置于最高的地位(至于听觉的较高地位则完全得益于它是语言的工具),而把皮肤的触觉、肢体的动觉(康德完全不考虑对身体本身的知觉)、味觉、嗅觉等其他感觉斥为低等的观念。究竟是否能够适用于与动物相区别的整个人类,还是说这只是属于康德——作为一个深受经验主义和科学革命影响的现代欧洲知识分子——个人的先见呢?

也许两者都没错——这既是康德个人的先见,但个人作为历史性的个人,也代表着某一历史阶段的某一类人所共同拥有的普遍属性,因此康德的"先验人类学"的确能够揭示出使得某种人类知识得以可能的先天的认识形式,只是这里的"人类"是历史性的。例如,康德的先验人类学不多不少恰好地揭示出"现代欧洲人"之

---

① 〔德〕伊曼努尔·康德:"实用人类学",《康德著作全集》(第 7 卷),第 17 节第 154 页。

所以可能获得现代自然科学知识的先天条件。

既然我们恰恰是通过技术史来划分人类史的——例如智人意味着使用工具，新石器时代意味着磨制石器和定居，史前时代意味着没有文字，工业时代意味着工业技术的发展，游牧民族意味着靠游牧为生……也就是说，人类史同时就是媒介/技术史，正是每一种技术环境决定着每一种"人类"、每一种"我们"，那么，"先验人类学"岂不正是"先验媒介史"？

在麦克卢汉看来，康德的这种视觉中心主义，以及由此造成的一种更加分离的、旁观的、冷漠的、均匀连续的世界观或认识方式，正是拼音字母文字，特别是受印刷术强化的字母文字的后果。

四　三重综合

我们暂时搁置麦克卢汉的主张，回到康德的先验哲学：现在让我们假定康德确实发现了我们——无论这个"我们"是作为"人类"还是作为"现代德国识字者"而言的——关于对象的认识的最纯粹、最根本的形式。这种主观的形式保证了认识的客观性。但认识的统一性的问题仍然尚未解决。

康德继续着他的思路，认为知识的统一性和一致性都不是在事物本身之内存在的，而是在我们的认识活动之内，依靠先验统觉的综合而达成的。对象的统一性来自于"我思"的统一性，如果没有我在意识中的综合，我们的经验就只能是无焦点的"杂多"，而不能产生某物作为认识对象的知识。康德说道：

如果任何一个个别的表象都与其他表象完全无关,仿佛是孤立的,与后者分离的,那么,就永远不会产生像是被相互比较和相互联接的种种表象的一个整体的知识这样的东西了。因此,如果我由于感官在其直观中包含着杂多就赋予它一种概观,那么,在任何时候都有一种综合与这种概观相应,而接受性惟有与自发性相结合才能使知识成为可能。于是,自发性就是在一切知识中必然出现的三重综合的根据;这三重综合就是:作为直观中心灵变状的表象的把握、想象中表象的再生和概念中表象的认知。[①]

康德在《纯粹理性批判》的第一版中阐述了这一"三重综合",而在第二版中相关的章节被完全重写了。不过(至少他自己认为)这并不是因为第一版的观点出现了什么错误,只是在论证的策略和措辞上进行了调整。

但这一部分的改写程度如此之大,暗示了即便在康德本人看来,第一版中关于"三重综合"的论述确实存在着某些混乱。关于所谓"B版演绎"与A版的异同,哲学史家有过大量的研究和争论,我并不想涉入其中,唯独斯蒂格勒对"三重综合"的批评值得在这里引入:

斯蒂格勒认为,康德所说的"把握"与"再现"大致相当于胡塞尔提出的"第一滞留"与"第二滞留",但康德"把'再现'这一能力与

[①] 〔德〕伊曼努尔·康德:《纯粹理性批判》,A97。

第一滞留的能力混为一谈"①。

关于把握的综合,康德指出,

> 无论我们的表象自何处产生,无论它们是由外部事物的影响造成的还是由内部原因造成的……它们作为心灵的变状,都毕竟属于内感官……它们全部在时间中被整理、被联结、并发生关系……要从这种杂多中产生出直观的统一体,首先就必须通观杂多,然后合并之,我把这样的活动称为把握的综合……使这种杂多成为这样的杂多并被包含在一个表象中。②

而关于再现的综合,康德说道:

> 如果我在思想中引出一条线,或者要思维一个中午到另一个中午的时间,或者哪怕要表现一个数字,我都必须首先必然地在思想中一个继一个地领会这些杂多的表象。但是,如果我总是在思想中失去先行的表象(线的前段、时间的先行部分或者相继被表象的各单位),在我前进到后续的表象时不把先行的表象再生出来,那就永远不可能产生一个完整的表象,不可能产生上述所有思想的任何一个,甚至就连空间和时间

---

① 〔法〕贝尔纳·斯蒂格勒:《技术与时间 III》,方尔平译,译林出版社 2012 年版,第 55 页。
② 〔德〕伊曼努尔·康德:《纯粹理性批判》,A99。

的最纯粹、最初的基本表象也不可能产生。[①]

那么这两种综合的区别是什么呢？无非都是把杂多放到相继的时间中通观，并整理为统一的完整的表象，区别仅仅在于第一种综合发生于直观而第二种发生于想象？但康德就第一种综合所谈论的也并不只是受外部刺激而来的表象，也包括由内部产生的东西，那么，对于"在思想中引出一条线"的通观把握难道不还是第一种综合的问题吗？

因此，康德最终承认，"把握的综合是与再生的综合不可分割地结合在一起的"[②]。到了第二版，这两种综合的划分干脆被取消了。

五 滞留的循环

胡塞尔成功地把这两种滞留区分了开来。第一种滞留产生"当即"的印象，例如当我们听一段乐曲时，一个一个音符相继呈现，它们并不是作为杂乱无章的声音一个一个突兀地冒出来的，这是因为那些"刚刚过去"的音符并没有在意识中消失，而是有所"滞留"，而那些即将到来的音符则作为"前摄"也包含在当下的"晕圈"之中。如此，第一种"综合"，或者说"第一记忆"，其实就是滞留、原初印象与前摄的综合。而当我第二天再次回想起这首乐曲时，我

---

① 〔德〕伊曼努尔·康德：《纯粹理性批判》，A102。
② 同上，A102。

可以在意识中再现这些音符,这种再现当然也是因为它们仍然"滞留"在我的记忆之中,但这种滞留不同于前面所说的在当下建立起经验的统一性的那种滞留。

斯蒂格勒认为,胡塞尔的问题恰恰是过分地强调第一滞留与第二滞留的区别,他过早地"放弃了乐曲",转而关注"单音"的连续统一体,而这让"一切都步入歧途,因为单音在乐曲中毫无意义"①。

听一个单音的统一性不同于听一段乐曲的统一性,在听乐曲时,音符并不是作为单个的声音,而是作为"同一首乐曲"中的声音被聆听的。在分析乐曲作为乐曲的统一性时,第一滞留与第二滞留的界限又变得模糊起来。

我正在听巴赫的勃兰登堡协奏曲——我听到的每一个音符都是作为这一组协奏曲中的音符而呈现的,过去的每一个音符都是作为这一协奏曲的音符而滞留,将来的乐符也都作为这一协奏曲的音符而被我预期着。仍然是滞留与前摄决定着我听到的这段乐曲(而不是音符)的整体性或个别性,才使得我有可能"此刻正在听勃兰登堡协奏曲",而不是听着一堆杂乱的"声音"或一个接一个的"音符"。

这种综合是哪种综合呢?看起来,它并不是一种事后的再现,我并不是通过时时去回想前一段音乐才能够"听出"勃兰登堡协奏曲的,如果是那样的话,我反而难以聆听一段完整的乐曲了。然

---

① 〔法〕贝尔纳·斯蒂格勒:《技术与时间 II》,赵和平、印螺译,译林出版社 2010 年版,第 236 页。

而，这种综合中的滞留似乎与我把一个持续的单音听作一个单音时的滞留也不一样，每一个音符并不是作为一个又一个独立的单音滞留在我意识中的。如果我更多地滞留于每一个作为单音的音符，我也将听不到一段完整的乐曲。

关键在于，即便在这第一重的、最原始的"滞留"中，仍然包含着"作为……"。也就是说，滞留也总是"作为……"的滞留，声音作为单个音符的滞留与作为一首乐曲的滞留并不是一回事。

因此，这种第一滞留也随时会被第二滞留"更新"，例如当我听了一阵子音乐后，突然记起来这正是我以前听过的那首勃兰登堡协奏曲。从此，我才把这段音乐当作勃兰登堡协奏曲来听，我不再需要时时再去回想我以前听过的那首协奏曲，而是以一种新的方式继续聆听当下的这首协奏曲。当然，以前所听的乐曲也还可以以不同的方式时时再现，我可以把当下的乐曲作为与昨天的乐曲相比较的新版本来听。

把"这首协奏曲"作为个别的、统一的"这首协奏曲"来聆听，这依靠的是第一重综合。而"记起"昨天也听过的"那首协奏曲"，这是第二重的综合。于是，把"这首协奏曲"当作昨天也听过的"那首协奏曲"来听就是第一重综合与第二重综合交织的结果。一方面，第一重综合当然是第二重综合的前提；但另一方面，第一重综合之所以可能发生，恰恰又是因为我们能够把当下的音乐作为过去的某首乐曲的再现来听，如果我没有记起过去所听的那首乐曲，我就无法在当下的聆听中完成这样的综合，而可能只是把它作为分散的音符或曲调来聆听。如果说我们仍然能够把它作为一首完整的"协奏曲"或"乐曲"来听，那是因为我们听过类似的乐曲。

当然,我们可以听到一首"全新"的乐曲。事实上,从理论上说,即便是对同一首曲子,我们每次听到的都是某种新的东西,但是,所谓的"新"东西也总是"作为什么而言的新",例如作为勃兰登堡协奏曲的一个新版本而被我听到的东西,作为巴赫的协奏曲而言并不新,它还是那组我早已熟知的勃兰登堡协奏曲;而作为巴赫的协奏曲而言是新的东西——例如我听到了一首我从未听到过的巴赫的协奏曲——作为一种音乐风格或音乐形式而言并不新,它还是我早已熟知的巴洛克风格的协奏曲……我所能遇到的任何新的东西,同时总是作为某种东西而言的老的东西。如果任何老早就认识的东西都没有滞留于我的意识中,如果我不能记起任何类似的东西,我就不可能认出任何新东西。

我们绕了一圈,又回到了原来的问题:我们不能认识我们对之一无所知的东西,因此之所以可能把某物作为某物认识,一定是因为我们已经认识了它,从而能够"记起"它。

但这样一个圈子是不得不兜的——我们必须承认这一事实,也就是说,追寻原初的认识这一事业注定是一种兜圈子。

六 遗忘与媒介

接下来,让我们再次返回美诺诘难,讨论这个之前被我们,也是被之前的哲学史搁置的问题:记忆、遗忘和回忆究竟是什么?"唤起回忆"是如何可能的?

我听着音乐,突然记起来这是以前听过的勃兰登堡协奏曲——什么被记起了?被"再现"的是什么?很显然并不是这样的：我昨天所听过的勃兰登堡协奏曲——总共几十分钟——原封不动地，包括每一个音符及其无穷的细节，依次在我意识中重现。

事实是，我只是把脑海中浮现的一小段旋律，或者仅仅是把当下正在听的某一小段旋律，认作是勃兰登堡协奏曲的再现。

正如认识总是受限于把物认作什么的认识方式，对某物的记忆也总是某物作为什么的记忆。也就是说，我们总是只能从某种特定的角度，以某种特定的方式，回忆某物的某个侧面。记忆总是有限的。对这一命运，斯蒂格勒称作为"滞留有限性"——"任何回忆都是一种遗忘"。[1]

> 记住昨天，拥有过去的时刻，换种说法就是将昨天简化，使之比今天短……我们只可能拥有有限的记忆。这就是滞留的有限性，它是意识的条件……对第二记忆的正确分析适用于任何类型的记忆，同样也适用于第一记忆。这就是为什么第一记忆只能是一种遴选……只能根据遴选的准则进行。[2]

于是，我们关于某物能够记起什么，取决于我们能够以怎样的方式简化它而忘掉其他的细节。但简化作为简化，又总是可以被"补全"的。当某一段旋律作为整首乐曲的简化而被记起时，意味着这一段旋律随时将会被下一段旋律补充；我记起了昨天发生的某件事情，意味着我总能继续回想与那件事情相关的其他场景。

---

[1] 〔法〕贝尔纳·斯蒂格勒：《技术与时间 III》，第 23 页。
[2] 同上书，第 24 页。

记忆总是取决于遗忘,而可遗忘的东西又总是可记起的。所谓遗忘不同于单纯的"无记忆",并不是把记忆置于虚无之境,而是以某种方式把记忆"遗留"在我之外的"某处",以至于可能以某种方式被我重拾回来。

> 记忆……在本质上可以被一个超验的第三者,一个"什么"来填补。丧失记忆的可能性恰恰构成记忆本身。记忆被纳入我记得起来的意向中,它可以消失;与其同时,这个消失又可被某种固定或记录所终止、恢复或填补。①

记忆的能力,也就是简化的能力,又取决于记录的媒介,或者说记录的媒介正是记忆的能力。"记起"的可能性取决于"记下"的可能性——这种记忆之"在我之外遗留下来",斯蒂格勒称之为"第三记忆""第三滞留",同时也对应于胡塞尔的"图像意识"和康德的"第三重综合"——"第三种综合对前两种综合进行配置和剪辑,使二者成为同一个独一的时间流。"②

在康德那里,第三综合是直观通过先验统觉最终被固定于概念之上的知识的认定。但如果说概念无非属于语言,而语言又无非是一种媒介技术,那么我们不妨说,第三重综合其实正是"技术化",构成人的意识内在的统一性的,构成这"自我"的,恰恰是这个向技术物的"外化"。媒介/技术作为"人的延伸",正是以这种向外

---

① 〔法〕贝尔纳·斯蒂格勒:《技术与时间 II》,第 254 页。
② 〔法〕贝尔纳·斯蒂格勒:《技术与时间 III》,第 59 页。

延伸的方式构建者人的本性的——"人类的存在就是在自身之外的存在。"①

我之所以能够记起"勃兰登堡协奏曲",是因为我听过它,而且可能重复地听到这首乐曲。我对此乐曲作为此乐曲认出的个别性或同一性,恰恰是通过我反复地聆听这同一首乐曲而成为可能的,我把此乐曲认作我曾听过的乐曲的又一次"重复"。而使得我有可能反复地听同一首乐曲的,就是能够把这一乐曲记录下来技术——对我来说,是 CD 和 MP3,对另一些人来说,可能是管弦乐队的反复演出,或者固定于纸上的乐谱。

不同的记录方式决定着我们不同的认识方式,或者说对记忆的不同的剪辑方式。就乐谱来说,指挥家丰富而热情的临场指挥是可以"去掉"的;对唱片而言,音乐厅的环境和所有视觉记忆都是"去得掉"的……哪些感觉经验能去掉,哪些去不掉,并不像康德所想象的那样,对所有对象和所有人都是完全一致的,而是取决于不同人采取不同记忆媒介的不同剪辑方式。

比如,学会使用文字的人与只懂口语的人记忆事物的方式是不同的,口语人很难用一些抽象的概念来统摄自己的经验。在《斐德罗篇》中,柏拉图还引述了一个著名的寓言,即关于"文字损害记忆"的说法,文字的发明让人们懒于记忆,更容易遗忘。这是对的,但文字技术的出现在带来新的遗忘的同时,也将重新构成人们的记忆方式。"文字使记忆精确地形式化。"②识字者将以新的方式

---

① 〔法〕贝尔纳·斯蒂格勒:《技术与时间 I》,裴程译,译林出版社 2000 年版,第 227 页。

② 〔法〕贝尔纳·斯蒂格勒:《技术与时间 II》,第 126 页。

整理自己的记忆，其认识事物的方式也将是古人难以想象的。

七　历史的轮回

为了使物作为某物的相对认识得以可能，物必须作为可认识的对象"在此出场"；为了使物可以作为一个对象而出场，我们必须对物之所是有一种先行的把握；而为了获得这样一种把握，我们必须在当下的记忆中整理并统合我们的经验；而这种当下记忆能够得到整编的可能性，则最终来自于遗忘的可能性，从而取决于作为外在记忆的具体的、相应的技术物。

至此，我们完成了一个"循环"，我们追问物得以被认识的条件，经过层层深入的追根溯源，答案却回到了"物"——关于具体事物的经验的先验条件是具体的技术物。

但这个循环并不是逻辑性的，而是历史性的。这个作为认识之"目的者"（内容）的技术物，与那个作为认识之"条件者"（媒介）的技术物，并不是同一个逻辑算符，而是实际的、流变的历史之物。

正如柏拉图在《美诺篇》中的回答那样，"前世"的记忆是现世知识得以可能的根源；也正如在《斐德罗篇》中所描述的那样，使得遗忘和记忆得以可能的，正是灵魂超脱到躯体之外再返回到躯体之内的轮回经历。然而，这个躯体之外的游历之所并不是什么天穹之上的理念王国，而正是我们的"媒介环境"，正是通过媒介或者说技术的环境，人一生下来就能够拥有无穷的"记忆"。我们总是被抛入一个具体的历史境遇和技术环境之内，作为我们生下就拥有的东西,由技术环境承载着的记忆就是我们知识的先天条件。而这些技术物作为人类发明史之中的制造物,却又都是"后天"的。先天与后天、记忆与技术、知识与物在历史中互相构建,不断轮回。

但基础主义的形而上学家仍然不会认同这一循环——他们相信,多元的、相对的知识背后总有一个单一的、绝对的根基,这一根基与流变的、丰富的技术或历史无关。但我们找到的这些循环都是历史的、运动着的,因此从来不是固定的、现成的东西。

然而,这并不意味着我们放弃了哲学的追求,我们甚至从未放弃对"永恒"的真理的追求。只不过我们终于意识到——恰恰是流动的循环,而不是固定的基础,支撑着"永恒"的东西。就好比河流的恒定性并不在于其源头的固定性,而在于始终在高山、大海和云层流动着的水循环。

对象的同一性和客观性,知识的统一性和确定性,恰恰就根源于历史的循环。因为这些"相符"的一致性也从来不是某种现成实现了的东西。正如人的意识的同一性也是"意识中的尚未到来之物、即将到来之物,是意识的未来,只有在意识终结之时才可能实现(康德的同一性在其著作中实现)"[①]。人正是这样一种缺陷的存在,它始终需要借助技术或交往补足自己,技术也总是借助人的创造不断地完善——人类历史就是人与技术互相补足的轮回。我们需要不停地通过技术重构我们自己,在"介于物和人之间的一个

[①] 〔法〕贝尔纳·斯蒂格勒:《技术与时间 III》,第 83 页。

维度"中往返着,"越过物并返回到人"。①

这个超越于人,先行于物的居间的维度正是被先验哲学所照亮的空间,而在这里,我们遇到的正是作为环境和历史的技术。也就是说,在此媒介史将被作为先验哲学而探究。

---

① 〔德〕马丁·海德格尔:《物的追问》,第216页。

第四章 提出一种媒介史的强纲领

以上对媒介的讨论都偏于空泛,作为基础性的哲学思辨,这是很难避免的事情,但是,这些思辨把我们引向的并不只是一个抽象的"媒介"概念,而是具体的、历史性的各种媒介物。上文所说的这样一种从存在论的追问出发,被作为先验哲学而探究的媒介史,也不只是望梅止渴的空洞许诺,而是实际上有一定的章法可以推进的研究领域。事实上媒介环境学派的工作就被定位于此。

我认为媒介环境学派的许多贡献正是实际贯彻这种媒介史纲领的范例。不过他们并没有自觉提出一套统一的编史纲领,因此我下面的工作就是通过对媒介环境学派的一些主要贡献进行阐释、提炼和批评,说明和例示这种媒介史纲领的展开。

在此之前,我们仍然免不了耽于空泛,讲解一下这一媒介史纲领的大概旨趣。

一 媒介决定论

本书的题目叫"媒介史强纲领",相对而言,自然还有某种"弱纲领",或者说弱化的版本。但无论强弱,一种有纲领的,或者说作为纲领的"媒介史",已经与一般意义上的媒介史有所不同了。

一般所谓媒介史，比如书籍史、新闻史、传媒史，要么把媒介物本身当作叙史对象，例如从羊皮书到印刷术的制书技术发展史；要么集中于媒介所传递的内容，例如西学思想在近代中国报刊中的传播史。当然，许多以媒介为专题的历史著作都会或多或少地考察相关媒介与社会、文化、观念等领域的相互关系，但媒介所扮演的角色也无非只是历史研究中的一个专题门类，就好比还有香料的文化史、疾病的社会史、同性恋的观念史等无数专题那样，在这里媒介只是作为编史的具体科目，而非编史纲领。

作为纲领的媒介史则不仅仅会从文化史、社会史或观念史等各种编史角度出发，把媒介作为一个专题来讲述，还要反过来，从媒介的角度出发重新梳理一般的文化史、社会史或观念史。媒介本身未必是媒介史的主题，事实上任何事物都可以作为媒介史的主题，例如科学革命的媒介史，就可以是从媒介出发重新梳理和阐释科学革命的前因后果（见第八章）。

换句话说，媒介史纲领并不是把媒介当作历史中的一个焦点，相反，媒介作为历史的"环境"或背景。这种媒介史不是关于媒介的故事，而是从媒介出发讲故事。

这种媒介史在某种意义上不妨称作"媒介决定论"，也就是说，它要把媒介置于历史中最具"决定性"的位置。

一般所谓的媒介决定论，或者从广义来讲，一般的技术决定论都可以视作一种媒介史的纲领，即试图从媒介/技术出发去看待整个历史。但所谓决定论，也有不同层次上的多种含义。

布鲁斯·宾伯（Bruce Bimber）总结了"技术决定论"的"三种

面相"①,即规范的(normative)、法则学的(nomological)和非意向结果的(unintended consequences)这三重意义。宾伯认为规范意义上的技术决定论强调的是社会、文化环境中形成某种以技术为主宰的规范或秩序,而这种秩序决定着政治或文化的发展,马克思、芒福德和埃吕尔都被归入此列;而法则学意义上的技术决定论认为技术的发展有其不受社会、文化影响的自然规律,比如说蒸汽机就是手推磨在技术发展史中的逻辑后果的话,那么社会的发展就只能去适应技术的逻辑;至于"非意向结果",指的是许多技术的前景都是无法预测的,人们可能出于环保的考虑使用DDT,但结果却造成环境灾难,因此人们无法自主地控制技术的发展。

宾伯认为第一种技术决定论不够"技术",强调的其实还是一种决定性的文化形式;而第三种技术决定论又不够"决定",只有第二种是真正意义上的技术决定论,但这种技术决定论又过强,极少有人真的持有这种立场。

那么,强纲领的媒介决定论采取的是其中最强的版本吗?并非如此。媒介环境学并没有许诺一个脱离于人类社会的技术发展的自然法则,相反,它更关注社会文化与媒介技术之间的互相影响。在生态学看来,物种在适应环境的同时也在不断改造环境,物种的演化受环境决定,但环境的变迁反过来也被物种影响。

强纲领更接近于第一种技术决定论,而强纲领真正更"强"的方面在于,它并没有把文化和技术视作两个东西:技术与文化为硬

---

① Bruce Bimber, "Three Faces of Technological Determinism", Merritt Roe Smith(ed.), *Does Technology Drive History?: The Dilemma of Technological Determinism*, Cambridge: MIT Press, 1994, p.79.

币的两面,媒介环境是人的延伸外化,而人的文化和记忆又是媒介环境的内化,因此说技术通过文化决定历史与说文化通过技术决定历史是一回事。

另外,强纲领也没有排除第三种意义上的"不可决定论",媒介技术一方面延伸着人的能力,另一方面也作为镜子映照出人的无能。前文说到,媒介正是人的本己性与他异性对峙并融合的界面。一方面是人的控制力的放大,一方面又时时遭遇着不可控制的自然,技术环境正是同时通过确立秩序和边界主宰着人的生活世界。因此,技术的确定性和不确定性同时决定了人类的历史境遇。

说到"决定论",许多人本能地会有所抵触,认为它贬抑了人的自由意志,但问题是,人们渴望的究竟是一种完全抽象空洞的自由概念,还是实际的自由生活呢?实际的自由总是有条件,亦即总是伴随着局限的。在游泳池我能够自由地游泳,而在溜冰场我能自由地滑冰,但我不能在游泳池滑冰,而且在这个现实的世界中,恰恰是不能滑冰的状况,才使得能游泳成为我们享受到的实际的自由。一个既能游泳又能滑冰又能野营还能睡觉的环境只存在于抽象概念之中——甚至有时候在概念的世界中都充满矛盾而无法成立。

正如伊斯兰箴言所说:"前定如大海,自由如小舟。"媒介所决定的是人的历史境遇,是人们在其中自由闯荡或随波逐流的大环境,这一环境限制着人们自由行动的可能性,但同时也确保了这些可能性,所谓"水能载舟亦能覆舟",如果摆脱了覆舟的可能性,也就找不到载舟的环境了。一个人越是能够把握大海那不可违逆的威力,他就越有可能在海洋中自由驰骋。而在大海面前盲目自大,恰恰会扼杀人的自由。媒介决定论的探究比起自欺欺人地空想自由而言，更能够张扬人类的自由。

二 原则一：因果性

说起"强纲领"，很容易想到由布鲁尔（David Bloor，1942— ）提出的科学知识社会学的强纲领。我有意使用这个词，暗示这两种"强纲领"有一定的可比性。SSK（科学知识社会学）学者的所谓强纲领，也不只是局限于社会学，而是试图从社会学出发回应传统科学哲学的许多基本问题。我的媒介史强纲领也不局限于媒介研究或历史学。

布鲁尔为其强纲领列出了四项基本原则，即因果性、公正性、对称性和反身性[1]，这四项原则也可以借用过来表达媒介史强纲领，当然，我们需要重新进行诠释。这种借用不止是出于形式上的考虑，媒介环境学的确与知识社会学有某种内在的共通之处——都是到某种看似"外在"的"环境"中追究知识的条件。

首先看因果性。布鲁尔提出："它应该是因果的，也就是说，它应考虑导致信念或知识状态的条件。自然还会存在社会原因之外的其他各类原因，它们共同导致信念。"[2]

我们把布鲁尔的社会学换成媒介史，而把科学知识换成一般的历史事件或情况。我们要说的是，媒介史考虑的是历史的"条

---

[1] David Bloor, *Knowledge and Social Imagery*, London: Routledge & Kegan Paul, 1976, p.4.

[2] 同上书，p.5。

件"(conditions),但这种条件并非唯一,媒介史并不排斥其他类型的历史叙事。

说到因果性,当代的历史学家似乎越来越讳言这个概念,用事件"怎样发生"取代"为什么发生"的问题。但在许多时候,历史学不得不把一系列事件当作互相关联的来讲述,任何一个完整的故事都有其起承转合或"前因后果",而刻意避讳因果性的概念恐怕只是一种掩耳盗铃。

对因果性概念的避讳部分出于谨慎的考虑,以免遭受宿命论或决定论的指责①。但是,一方面,前文已提到,决定论并没有那么可怕;另一方面,人们似乎把因果性的概念看得过于刻板了。

我们说因果性就是寻找历史的"条件",而因果和条件都是一般的日常用语,不应从数理逻辑的意义上去理解。当我们说"因为被张三捅了一刀,所以李四死了",这的的确确就是在谈因与果,尽管捅了一刀既不是死亡的充分条件(可能只是受伤),也不是必要条件(同时还下了毒),但这里的关系仍然可以被恰当地表述为"前因后果"。如果哲学家难以精确定义这里的关系,也只是哲学家的无能,并不表示日常语言错了。

当我们说"小明因为身体条件好,所以当上了运动员"时,所表述的也并不是充分条件或必要条件,但这才是"条件"一词本来的用法。

媒介史关注的就是历史的"条件",所谓条件,也就是"环境"或"背景",而这正是传统的史家最容易忽视的部分。前文引用了波

---

① 〔英〕爱德华·卡尔:《历史是什么?》,陈恒译,商务印书馆2007年版,第187页。

斯曼"皮氏培养皿"的比喻，认为媒介就是让文化（细菌）得以生长的物质环境，这就是文化的"条件"。需要注意的是，说环境滋养着文化并不表示文化并不同时改造着环境。

而我认为更贴切的比喻是"催化剂"，这也是"媒介"一词在化学学科中的常用含义。一般人会轻视媒介的意义，认为它起到的无非是增速和增幅的作用而已，就像催化剂那样，只是促进反应的中介物，与输入和输出都没有关系。比如，所有的历史学家都会承认印刷术对近代科学史和文化史的重要影响，但一般只是把它的影响看作仅仅是传播速度和传播范围的倍增，并不会想到它会对思想或文化造成什么实质的偏向。

但事实上，如果把历史变革比作化学反应，这种反应也不是一种实验室或工程中的受控反应：原料能够被精心挑选出来而排除了其他杂质和干扰。在历史中的媒介就好比在一大团包含着各种物质的原料中投入了某一种特定的催化剂，它能够加速其中的某几种物质的反应，但另一些物质则相对而言被抑制了。这样一来，就整个社会环境而言，经历的绝不仅仅是一种单纯的"加速"过程，而是一种带有特点倾向的扭转了。某种新媒介将以某种特定的方式重新塑造人的思维方式和生活习惯，但任何新的生活方式都不可能是凭空降临的，而无非是对以往生活方式的某种改造——新媒介所带来的新趋向总是能够在传统中找到"火种"，因此我们很可能在希腊文化和基督教文化的渊源中找出各种现代科学的源头，但这并不能否定印刷术在其中扮演了至关重要的角色。

媒介史能够揭示历史的条件，但并不排斥从其他角度追究到的其他类型的原因。人们受到现代科学的影响，往往把因果关系想象为刻板的机械传动机制。事实上原因一词在西方最初是一个法庭用语,为的是追究"肇事者"(在中国,因果则是佛教术语,同样是针对造孽者)。"在希腊语中,用来说原因的那个词,其实是从法理语言进入到科学和哲学的词汇中的……在那个词的法律用法中,它指的本来是责任的所在。一起法律诉讼总是由一种行为引起的。"①

当我们想要追究某个事情的"原因"时,回答可以在不同的层面上展开,这取决于追问的语境。例如,追问"为什么张三死了"?可以有如下的回答。

出于法医的立场,回答可能是,他被钝器击伤,内出血过多而死。这描述了事件之"怎样",大致对应于形式因。

出于公诉人的立场,回答可能是,李四谋杀了他。这描述了事件由谁而"作",大致对应于动力因(效力因)。

出于道德观察员,或者说一般观众的立场,他们需要的回答可能是,李四因为感情纠葛而杀了他,这描述了事件是"为了什么",大致对应于目的因(终极因)。

而张三的武术教练也许对以上回答都不满意,因为他知道张三武艺高强,体格硬朗,瘦弱的李四仅凭一根木棍根本不可能把他打死,那么回答可能是,因为张三被灌醉了,又有伤病未愈,而木棍又被特别加固过,因此被打死了。这里回答的就是"可能性的条件",大致对应于质料因。

以上的例子并不是为了与亚里士多德的四因说建立严格的关

---

① 陈嘉映等译:《西方大观念》(第一卷),华夏出版社2008年版,第120页。

系,主要是为了说明"原因"的多重性。原因不仅有多种类型,而且同一类原因中,根据追问角度的不同,也是难以穷尽的。这些回答方式不能互相取代,但也互相关联。

媒介史关注的主要是形式因和质料因,也就是说,首先我们要注意到历史事件是如何发生的,当我们说第谷发现了新星时,我们还需要进一步考察他是怎样做到的,他通过什么而发现,这一发现又通过什么而被广泛认同。进而,这些媒介环境本身有什么性质,从而让这一发现通过它们而得以可能?

三 原则二:公正性

布鲁尔的第二条原则是公正性,他认为应当公平对待真理与谬误、合理性与不合理性、成功与失败,同时对两个方面都加以说明。

这一原则引申过来,大致是指一种"反辉格"的编史态度。所谓"辉格式的历史",是科学史家巴特菲尔德(Herbert Butterfield,1900—1979)所警示的一种编史倾向。[①] 例如,英国的辉格党人撰写历史时,把整个历史都描写为辉格党如何英勇斗争最后走向成功的历史。

和宗教教派史和政党史类似,早期的科学史研究也很容易呈现辉格式的风格,人们完全按照当代科学的成果来对历史进行筛

[①] 〔英〕赫伯特·巴特菲尔德:《历史的辉格解释》,张岳明、刘北成译,商务印书馆2012年版。

选，只有达到或接近现代科学的贡献才会被讲述，其他不为现代科学所认同的思想和人物顶多是作为真理战胜谬误、科学战胜迷信的反面势力而被关注。在这种科学史的视野中亚里士多德的地位也许都不如黄道婆，因为他非但没有发现一条留存至今的定律，还让许多谬论流传千年。

这种辉格式的视角首先妨碍了对历史的理解，这正是托马斯·库恩最初阅读亚里士多德时的感受，这个人简直不可理喻，他为什么能提出这些荒唐透顶的主张呢？但随着他尝试回归历史语境进行同情的理解，一切豁然开朗，他不仅理解了亚里士多德为何会"犯错"，而且理解了这些"错误"在相应历史环境下是合理的。

另一个固守自己的视野而不懂得同情的理解的典型例子是"何不食肉糜"。在我这个生活环境下，饿了，没米饭吃，那就吃肉糜呗——这是对的，确实是这个生活环境下合理的选择。但这个结论放到别的生活环境下就成了笑话。早期科学家的科学史就会有这样的问题，比如古代科学家怎么没想到这个，怎么没理解那个，经常就是犯了"何不食肉糜"的错误。

辉格史缺乏的就是对"环境"的关怀。任何思想、知识、技艺或文化，都有其历史背景或相关语境，而媒介环境正是"历史语境"中的关键环节，甚至在某种意义上就是语境本身。一种言论之所以在当时人看来是合理的，而在现在看是荒谬的，这不是其言论的"内容"本身发生了变化，而是人们的"看法"发生了变化，亦即其言论之传达或呈现发生了变化。而这正是媒介而非内容的问题。

可能有人会以"一切历史都是当代史"为由反驳"反辉格"的主张，认为辉格史不可避免。因为每一个史学家面对浩如烟海的史料，总要基于自己的立场，出于自己的主观关切，找到自己的入手点、聚焦点，找到自己梳理删选材料的一套方式，这就是所谓"编史"。无论是辉格式还是反辉格的，既然称作"编史学"，就必定是带有主观视角的，即出于自己的立场，总是在使用当代的编史策略，去对历史材料进行甄选和梳理的。

我在前文也说到，媒介研究提供的是反观自己的镜子，媒介史在根本上回应的是"我是谁"的哲学关切。在这个意义上，媒介史当然是从"我"出发的。

但这和"辉格史"是两码事，反辉格要求的只是悬置"结论"，而不是超脱"视角"。反辉格从来没有要求"客观主义"，历史的主观视角性与这里所说的"公正性"原则并不矛盾。

比如，法官公平地听取原告和被告的意见，尽量撇除成见，不偏袒或偏信其中一方，最后才能下达公正的裁决。但法官的公正性并不表示他应当"无主见"——他在听取原告和被告的陈词时，他在搜集和整理证据时，他既不是以原告的立场，也不是以被告的立场，而是从自己的视角出发进行综合的。在听取原告或被告的陈述时，公正的法官需要努力理解对方的视角，但这也并不表示他从一开始就要放弃自己的立场。法官或历史学家要同情地理解"当事人"的物质环境、生活条件，理解他的诉求、关切点、价值观和心理状态等，但决不是真的要和哪个当事人站到一起，同情的理解最终还是为了出于法庭或历史的立场而还原事件的来龙去脉。

公正性所要求的，恰恰是历史学家应坚持自己的主见，在整理历史材料时避免先行裁定胜出者，并且只以胜出者的立场考虑一切。即便在许多时候已然能够预知胜出者是谁，也要努力超越成见,兼顾其他声音。当然,他不可能兼顾到"所有"声音,而是基于自己的主见,过滤杂音,只听取与案情有关的声音——这种过滤和整理证词的策略不能照搬原告或被告所提供的现成标准,而是必须基于自己的视角,这才叫公正性。"主见"非但不与公正相矛盾,反而正是公正的前提。

四 原则三:对称性

布鲁尔的第三条原则是就"说明风格"(style of explanation)而言的,他认为相同的"原因类型"应当可以用来说明对称的事物,例如真实和虚假的信念。

这一条与第二条有些形似,都是强调对待多元的历史材料应保持公正。但前一条强调的是考察和整理历史的态度,而这一条强调的是说明和解释的方式。前一条说的是历史学家要有自己的主见,而不能随波逐流地照搬既定的成见。而这一条强调,自己的主见应当是融贯的,不能搞双重标准:好的归科学理性,坏的归社会因素;好的归人性,坏的归技术,这样的解释是有所偏颇的。

科学主义者往往拔高科学的地位,把历史上成功、有效的发现都归功于科学本身的力量,归功于理性和逻辑,而挫折、失败的方面才会援引社会学、心理学等因素去解释。这就是布鲁尔强调"对称性"的用意,他认为不光失败有其社会学原因,科学的成功同样有社会学原因。

而传统的技术哲学家或媒介批评家则往往贬低技术,指责现代技术或大众媒介造成许多现代性的恶果,而把历史中好的倾向解释为人性的或自然的,从而与技术相对立。

批评家往往自觉不自觉地接受了卢梭式"高贵的野蛮人"的想象,认为存在某种无技术的自然人性原型,而技术化注定是恶的。但我们已经提到,技术是人性的延伸或外化,人们从技术中发现的恰恰就是人性本身。我们可以发现不同的技术有着不同的偏向,不同的媒介环境有着不同的影响,但我们不应只把其中好的或坏的一部分偏向提取出来归结为媒介偏向,而把剩余的归结于人性。

另外,媒介环境学眼中的媒介是多元的,它并不把整个"媒介"或"大众媒介"当作铁板一块的整体加以批判或歌颂,而是细致入微地分析不同媒介可能带来的不同倾向。当然,每一个时代都有某些起主导作用的媒介,例如印刷时代、电子媒介时代,但即便就整个的时代精神而言,也总是存在多元的维度。对称性原则在这里又可以体现为同时要说明相应时代环境中主流的和边缘的、常规的和反常的现象。历史学一方面要追究事情的来龙去脉,理解人类世界"何以至此";另一方面也要重新发掘历史中潜藏的可能性,理解人类世界"还能怎样"。

五 原则四:反身性

布鲁尔的第四条原则是反身性,指出知识社会学的说明模式应当可以运用于知识社会学本身,亦即知识社会学的兴起、发展及其成果本身也有其社会学原因。类似地,媒介史当然也应当运用于自身——对媒介的关注、媒介环境学的兴起,亦即媒介史研究的展开，本身也有其相应的媒介环境，具体来说，就是受到了电子媒介文化的影响。

事实上，人之为人，从一开始就是媒介性的、技术化的。语言、工具的历史与人的历史一样久远。但技术哲学和媒介理论却都是20世纪的产物。这一现象被吴国盛称作"技术哲学的历史性缺席"，认为这一缺席并非偶然，而是西方哲学史的逻辑使然，西方哲学从一开始就把视线转向"内在性"领域，而把技术和现实生活放在一边。

而媒介环境学家认为西方哲学的兴起背后恰有其媒介环境的原因，亦即古希腊元音字母文字的发明，麦克卢汉认为这种文字促进了西方文化线性的、抽象的思维方式。此外，在20世纪技术哲学和媒介研究的兴起，也与相应的媒介环境有关。一方面，技术爆炸和大众媒介的兴起让媒介技术问题日益凸显；另一方面，电子媒介所蕴含的文化倾向与崇尚理念的西方传统思想有所偏离，使得思想家开始以一种全新的态度看待人与技术、媒介与内容的关系。麦克卢汉就强调自己一直在自觉地运用电子媒介的思维方式。

在某种意义上，"一切历史都是当代史"说的也正是历史学的反身性。也就是说，历史学家的立场、关切和方法本身也是历史性的，是历史学家的历史境遇的产物，因此也应当受到历史学的考察。

反身性原则也是一种自我警示，即我并不是站在某个跳出历史之外的绝对客观的位置，像上帝那样观审和评判一切。我必须明知自己的一切思想和立场总有其历史局限性。这是一种必要的相对主义，即诚恳地承认，我们都只能相对于某种语境，相对于某些媒介,来谈论某些事情。我们不能穿越一切媒介,超脱一切背景,无限地谈论或主张某物。这种意义上的相对主义并不与理性或科学背道而驰,相反,科学的追求无非就是确定知识的边界和相互关联。

事实上相对主义(relativism)强调的是关联(relate)而不是虚无,其旨趣应当与虚无主义正好相反。相对主义不承认孤立的事物,任何一个节点都只是在它相互联结的关系网中间才拥有意义。相对主义并不拒斥确定性,但所谓的确定性,可以理解为整张关系网络中的那些重要的"节点",这些节点是相对稳固的。也就是说,它依靠它所处的关系结构(环境)而存在,它的存在反过来对与它相关的结构提供着坚实性。相对主义只是反对那种绝对的确定性,即架空于生活世界和历史发展之外的抽象之点,反对那种脱离任何关系就可以独立自存的绝对的确定性。那种抽象的确定性在提供虚幻的确定感的同时也恰恰造成了最大的虚无感。相对主义是追求确定性之古典哲学传统的继承,而绝不是一种追求"不确定性"的进路。

许多人会对相对主义进行一种幼稚的指责。如果说什么都是相对的,那么是不是我吃人肉搞大屠杀也可以呢?任何恶行或谬论都可以逃脱指责了吗?这种指责是没有理解相对主义的基本观念,说什么都是相对的,这绝不是指什么都是随意的,什么都是没有好坏的。"相对"和"任意"实在是完全相反的概念,前者强调的是相关性,强调某事的评判总是就其条件而言的。例如,就张三作为医生在手术台上划开李四的肚子这件事情是合理的。在这里"作为医生在手术台上"就是"张三划开李四肚子"这件事情的背景，只有相对于这一条件，这件事情才可以得到恰当的评价。但背景之后还有背景，比如说张三其实与李四有仇，试图凭借医生身份，在手术时下错刀伪装成事故而杀害李四，那么整件事情的评价又不一样了。任何事件背后都有无限丰富的背景，有限的语言无法绝对完全地刻画任何事物。历史学家无法穷尽历史的无限细节，但是追究背景、厘清关系，总是能让事情变得越来越明朗。

相对主义者不仅可以有强烈的主见，也可以去批评错谬之事，相对主义通过援引坚实可靠的"关系"来支持自己的主见，通过指明某些事物缺乏支持而提出批评。而相反，如果说必须要假定一个绝对的实在才能够谈论是非，那么结果反而是什么都不能谈论，因为你凭什么能够掌握那个绝对的东西呢？如果你不是上帝，你就没有资格裁决。而相对主义者并不要求做这样的裁断，他们强调自己观点的语境，也指出他人各自的背景，是非善恶并不是永恒固定的，而是在特定的语境被谈论着，但这特定的语境不是任意凭空想象的，而是历史性的。如果没有找到关于当时环境是实施手术的证据，那么你就无法为张三杀人提供辩护。而如果没有追究到任何关于张三借助手术谋杀李四的证据，那么你也无法反驳实施手术这一辩护。

历史学就在追溯事物之间的相对关系，梳理事件的背景和条件。而任何理解和评判都是在相应的条件下展开的，没有历史的哲学是盲目的。

反身的态度只是意味着对自己能力的有限性有清醒的认识，事实上这是一种自信：我作为我提出我的意见——而"我"也是一个历史性的存在，我的知识和视野都是有限的。而我就是以这个真实的自我为名义而发表主张;而相反地,绝对主义者的态度却是极大的自卑,乃至于湮灭了自我,绝对主义者以上帝或科学或客观或真理的名义来发表主张,却不是以真实的我的名义来行事,自我作为一个历史性的存在被剥夺了发言的资格。

媒介环境学家大都有意避免在研究中涉入过多的道德评判,因为他们知道价值的概念也是相应媒介环境的产物,以某一环境下的道德标准去评判另一环境下的事情是一种僭越。在加以评判时,他们也自觉意识到自己的立场和背景。道德色彩最浓的波斯曼,也承认自己的态度是历史性的,是基于印刷文化人的立场。

六　第零原则:实践性

以上诸原则提示了强纲领"强"在何处?

因果性意味着我们不仅把媒介当作外在的表现,而是当作内在的原因来考察。当我们把当代称作网络时代、信息时代时,我们也在使用某种媒介史的视角;用石器时代、铁器时代等技术发明来进行历史断代时,所讲述的也是某种"技术史"。但这样的基于媒介/技术的编史方法是比较弱的,我们可能只是把相应的技术创造当作相应时代的突出成就,当作时代精神的反映,而并未把媒介环境当作时代精神的前因后果来考察。

公正性意味着我们并不屈从于某一现成的尺度,而是要揭示历史的多重可能性。以辉格式的方式也可能写作一部媒介史,比如把媒介史描述为人类的交流如何越来越畅通和快捷的历程,把技术史描述为人类征服自然的能力如何越来越强大的历程。但强纲领的媒介史不在某一现成的尺度下衡量媒介，事实上媒介本身就蕴含着尺度，在不同的媒介环境下，人们的观念和生活都有着不同的尺度，而强纲领试图尽可能地把这些历史语境还原出来。

对称性意味着我们用媒介史去解释的不仅仅是人性的进步或人性的堕落，而是要去解释人性本身。

反身性之"强"是最明显的，一方面这意味着它具有很强的适用性和解释力。更重要的是，反身性意味着它是一个基础性的纲领，它不要求奠基于另一门理论之上，而是可以"自圆其说"，自己为自己奠基。

不过话说回来，事实上以上的诸原则其实并不是特别重要。注意到上述四条只是媒介史强纲领的"原则"，而不是强纲领本身。这原则并不是基础主义哲学眼中不可动摇并衍生一切的本质根据，而只是具体实践的指导方针。当我们说"原则上"如何如何时，意思往往是实践上还有变通余地。

库恩（Thomas Kuhn，1922—1996）的范式理论指出，一种科学范式的关键，或者让科学共同体得以达成一致的东西，并不是一些刻板明晰的规则和条款，而是实际应用的"范例"。即便科学家们经常遵奉同一套公理或约定，但关键也不在于对这些条文的背诵，而是如何在实际的研究中诠释和实现这些条文。而科学的应用之所以可能，除了刻板的条款之外，更包括许多前规则的文化背景或环境规训。

原则的归结往往是马后炮，在欧几里得总结出五条公设之前，希腊几何学早已达到了巅峰。更何况我这里的四条原则顶多也只是一些指导性的自我约束，而绝不是什么公理或前提。我们将看到媒介环境学家在许多工作中都贯彻了这些原则,但也常有例外。

如果一定要用简短的语词来概括媒介史强纲领是什么,那么不妨说就是"媒介史"这三个字本身。就好比"观念史"三个字本身也构成了一种纲领,即把观念的运转当作历史的动力或主线来考察,同时从历史的角度梳理观念的生成。"存在论""技术哲学"等概念本身的提出,也标志着一种新的哲学纲领或进路,这些概念的树立本身就是纲领。媒介史则把媒介的沿革当作历史的动因,同时也把相应媒介置于历史语境中考察。这样种既不属于历史学的专题,又不属于传播学的部门的"媒介史"领域的开辟本身,就是一条纲领,一条进路。

因此,本书不说"媒介史的强纲领"(A Strong Programme of Media History),而是说"媒介史强纲领"(Media History as a Strong Programme)。与"观念史"相似,这一媒介史纲领有双重意义,它既是一条史学纲领,也是一条哲学纲领。

媒介环境学家早已在这条进路中开天辟地,后文将截取一些代表人物,考察并梳理其编史方法和治史贡献,以提供媒介史研究的"范例"。围绕每一位代表人物,我会分别讨论一些特定的史学侧面和编史线索,如文明史、经济史、自然史、革命史、人性史、进化史等。

要截取哪些代表人物当然不是任意的,一方面,本书选取的是与笔者的思路和偏好最为贴近的人物;另一方面,这些人物也的确是被学界公认为媒介环境学这一学术传统中的主要人物。例如,在林文刚主编的《媒介环境学》一书中,被按章节依次述评的是芒福德、埃吕尔、英尼斯、麦克卢汉、波斯曼、凯利、朗格、翁和爱森斯坦；在媒介环境学学会官网[①]中，顶栏罗列的肖像人物包括哈夫洛克、朗格、埃吕尔、英尼斯、波斯曼、麦克卢汉、翁、芒福德、爱森斯坦和卡彭特，而在按照重要程度排列的阅读书目[②]中，依次是麦克卢汉、英尼斯、翁、波斯曼、芒福德、埃吕尔、爱森斯坦等作者被列在最前。国内学者李明伟在其著作中把英尼斯、麦克卢汉、梅洛维茨和莱文森作为媒介环境学"代际传承"的重点人物进行考察，并举出翁、哈夫洛克和爱森斯坦等其他学者[③]。可以看出，我所选取人物不仅是对构建媒介史纲领最为重要的学者，本身也是媒介环境学传统中最重要的人物。

1. 刘易斯·芒福德

芒福德是媒介环境学者公认的先驱，也深受技术哲学家推崇，不得不予以关注。由于他的学术生命非常长，在晚年已经与新兴的媒介环境学派有所接触，并有意识地引用生态学的概念。因此，把芒福德归入媒介环境学是恰当的。从技术史的视角看，芒福德的贡献在于整个地打开了一个"技术文明史"的天地。芒福德的"技术史"不再只是列数各种技术的发明年表，而是把技术史写成文明史，把文明史写成技术史，从技术切入解读文明的进程。可以说芒福德开启了这种作为史学纲领的技术史，而这种史学纲领是后来的媒介环境学或技术哲学的共同前提。

[①] http://www.media-ecology.org/（2019年1月9日浏览）。

[②] http://www.media-ecology.org/media_ecology/readinglist.html（2019年1月9日浏览）。

[③] 李明伟：《知媒者生存——媒介环境学纵论》，第48页。

2. 哈罗德·英尼斯

英尼斯是麦克卢汉的"良师益友"。他首先是一个经济史家，参与创建了经济史学会及其会刊，后来转向传播史研究，但仍然贯彻着政治经济学的视角。从物质因素和交通运输的角度追究媒介的历史意义，用垄断理论理解知识传播的中心与边缘结构及其历史影响，建立起历史发展的循环模型。

3. 马歇尔·麦克卢汉

不用说，麦克卢汉是媒介环境学的标志性人物，关于麦克卢汉的研究汗牛充栋。在我的论文中，在第二章对存在论技术哲学的阐释中已经略微涉及麦克卢汉的哲学思想，而在后面我将关心的则是麦克卢汉的史学工作。麦克卢汉对各种具体媒介的历史叙述也是天马行空，不拘一格。他逐个分析了各种媒介的特点，但并不把他们置于一个连续的历史顺序来梳理，看不出一条明确的叙事线索或编史纲领。但这仍然是一种史学，我们不妨把它称作媒介的"自然史（亦称博物学）"。自然史不注重建立一条线性的顺序，而是侧重于对事物进行列举、描述和分类。除了媒介即讯息之类的学术口号，麦克卢汉最著名的那些媒介研究的具体主张多呈现为某种"分类"，虽说无论是芒福德还是英尼斯，都会作出各种列举、描述和分类，但麦克卢汉是最典型的自然史家。他反对线性的组织，轻视论证的演绎，宣称"我不解释，只探索"。麦克卢汉的工作诠释了我前文的话："历史事件本身与其说是有待解释的对象，不如说是提供解释的材料。"他所谓的"不解释"正是指不对史实进行解释，但他对每一种媒介的"探索"都在解释着他的各种哲学思想。

4. 沃尔特·翁和伊丽莎白·爱森斯坦

沃尔特·翁是麦克卢汉早期在中世纪文学专业的学生，麦克卢汉对他而言也是亦师亦友的关系。与麦克卢汉一样，沃尔特·翁从中世纪文学转向媒介研究，主要的贡献是对口语文化——书写文化的对比研究。尽管先前的媒介史研究也都会进行一些历史分期，但沃尔特·翁最鲜明和最雄辩地提出了一种历史的"断裂"模型。用科学史的话说，口语文化到书面文化发生了某种不可通约的范式革命。口语文化和书写文化之间的差别并不是交流效率的高低或某些方面偏向得多一点还是少一点，而是整个"世界"的结构，整个生活方式都发生了变化。当然，翁是哈夫洛克和麦克卢汉的诠释者，仅就观点上说，翁的主张并不新奇，但翁的著作是这些观点得到系统的贯彻的代表之作，我们不妨通过对翁的评述，集中讨论技术史中的革命或断裂问题。

我会引用库恩的科学革命理论来诠释媒介革命，但更重要的是，媒介革命的理论反过来有助于我们重新理解科学革命。翁的工作在某种意义上比库恩更基本得多，而伊丽莎白·爱森斯坦则在一个更实际的领域重新诠释了科学革命，指明了印刷术是科学革命的动因。

5. 尼尔·波斯曼

波斯曼是媒介环境学在建制上的奠基人，以脍炙人口的《娱乐至死》等"媒介批评三部曲"著名于世。如果不计埃吕尔的话，波斯曼首次将现代性问题和道德问题引入媒介环境学的视野。同时他的更多工作在教育学方面,在他看来走出现代性的道路寄托在教育领域。从技术史的角度说,波斯曼的史学中引入了价值评判的维度,注入了强烈的人文关怀。道德教化不仅是个风尚问题,而更是与媒介相关。

技术并非中立,这是媒介环境学或技术哲学的共同前提之一,但技术具体在何种层面上有所偏向,各家学者的关切焦点各有不同。芒福德强调权力组织的偏向,英尼斯侧重经济生活中的偏向,麦克卢汉主张感官知觉上的偏向,而波斯曼关心的是人文价值方面的偏向。而人文的维度特别涉及善恶的评判,因此波斯曼在众多媒介环境学家之中显得特别另类。但如果考虑到人文价值只是技术所承载的各种维度中的一种,那么我们就能够理解波斯曼与其他人并不存在根本性的分歧,而只是趣味和视角不同罢了。

但波斯曼的问题不是持有某种人性论立场,而是对此缺乏足够的反思,在媒介环境学的进路上有所倒退,我将对此提出批评。

6. 保罗・莱文森

莱文森也是波斯曼的学生,是第三代媒介环境学家的中流砥柱,是一个杰出的麦克卢汉的阐释者,也是一个高产的作家,至今仍很活跃。不过我这里关心的主要是他在技术史方面的特色。除了阐发麦克卢汉,莱文森特别增添的是进化论的视角。他深受波普尔和坎贝尔(进化认识论)的影响,发展了"媒介进化论"的学说。当然,把进化论用于技术史绝非莱文森的发明,但莱文森出于媒介环境学的视角,并不是把技术器物当成独立的个体进行研究,而是更侧重于人与媒介环境的协同进化。换言之，技术的优胜劣汰不完全是一个自然的过程，而是由人的需求主导的。相比前辈们更强硬的技术决定论，莱文森更强调人类理性对技术的"选择"。但莱文森对"人"的理解是一种哲学上的倒退，他放弃了媒介环境学业已作出的许多推进，我将以批评为主。

对每一个人物的评述都可以独立阅读，不过这些章节并非完全分散，每一个学者都与"媒介史强纲领"的主题有关。首先是芒福德把技术史看作人的历史，研究技术与文明的互构历程，这是媒介史的起点，同时是某种"对称性"的建立；英尼斯第一次把传播媒介的问题置于历史学的中心，特别强调历史学的"反身性"；麦克卢汉最为有力地表达了媒介史的纲领和方法，尤其包括对"因果性"的阐发；翁则通过对口语文化时代的同情理解，展示了"公正性"；爱森斯坦则演示了一个媒介史视角的应用实例，即对科学革命历史的重新解读；波斯曼和莱文森则在一些方面有所倒退，媒介史强纲领将通过对他们进行的批评性考察得以重申和巩固。

第五章 技术与文明史
——芒福德的视野

一 技术史作为人的历史

刘易斯·芒福德(Lewis Mumford,1895—1990)是20世纪最高产和最有影响的美国思想家之一,他的研究视野非常宽阔,涉及历史学、哲学、社会学、人类学、文学批评等领域,其中以城市史和城市研究、技术史和技术哲学这两大领域著作最丰,影响最大。

媒介环境学派对芒福德也颇为推崇,在梳理该学派思想源流的《媒介环境学:思想沿革与多维视野》一书中,斯特雷特和林文刚(分别为媒介环境学会的会长和副会长)共同撰写了芒福德一章,指认他为学派的先驱者和奠基人[①]。居住于纽约的芒福德甚至可以看作媒介环境学的"纽约学派"的代言人。不过斯特雷特和林文刚也承认,芒福德作为媒介环境学派奠基人的身份经常被

[①] 〔美〕兰斯·斯特雷特、林文刚:"刘易斯·芒福德与技术生态学",载〔美〕林文刚编:《媒介环境学:思想沿革与多维视野》,第51页。

人忽视①，一方面是因为芒福德的光芒被多伦多学派的英尼斯和麦克卢汉遮盖了，另一方面也是因为芒福德主要的学术工作都以城市或技术为主题，虽然都属于媒介环境学的视域之内，但毕竟没有把媒介问题专题化。

我试图把媒介环境学定位于"技术史"的范畴，在这一思路下芒福德的意义就更显重要了。无论涉猎多宽，芒福德的大部分工作始终都以史学研究为中心，他不仅为技术史提供了许多新的材料和线索，更是为技术史的方法和意义作出了新的定位。可以说在芒福德那里，"技术史"绝不仅仅是历史学中的一个专题或门类，而已经成为某种史学纲领。他把技术置于"文明史"视野下考察，也把人类历史本身理解为"技术与文明"互相塑造、共同进化的进程。

芒福德在 1934 年出版的代表作《技术与文明》可以说是这种技术史的开山之作。这是一部技术史，但同时也是一部"文明史"。在此书中，芒福德借用了其精神导师格迪斯（Patrick Geddes，1854—1932）的术语，把公元 1000 年的西方文明分成三个阶段：始技术时代（The Eotechnic Phase, 1000—1750）、古技术时代（The Paleotechnic Phase, 1750—1900）和新技术时代（The Neotechnic Phase, 1900 年至今）。

注意到这一划分并不只是针对技术发明，而是针对整个西方文明史的断代，斯特雷特和林文刚也指出："对历史进行界线分明

---

① 〔美〕兰斯·斯特雷特、林文刚："刘易斯·芒福德与技术生态学"，载〔美〕林文刚编：《媒介环境学：思想沿革与多维视野》，第 51 页。

的断代并不新鲜,值得注意的是,芒福德的历史分期并不是建立在年号或朝代、战争或迁徙、思想或时代精神的基础上,而是建立在技术发展的基础上。"①斯特雷特和林文刚认为芒福德进行断代的细节主张在现在看来并不重要,但这一工作的意义在于"勾勒了一个人类历史的新视角:技术的领头作用……和后来的媒介环境学家一样,芒福德不是用内部结构来给机器下定义,而是用结果来界定机器"②。

但斯特雷特和林文刚说得太过简单。事实上用技术成就来为人类历史断代的做法并不新鲜,早在1836丹麦考古学家克里斯蒂安·汤姆森(Christian Jürgensen Thomsen,1788—1865)就提出了"石器—青铜—铁器"三个时代的划分模式,然后学者们又以打制石器到磨制石器为界划分出新旧石器时代等。而芒福德的贡献显然并不是把这种断代方式从史前文明移植到现代文明,恰恰相反,芒福德尤其反对这种历史观念,即把人之为人仅仅界定为"工具使用者",并把工具本身的进步视为历史的意义。

而这种"工具主义"的历史观在技术史学界颇有影响,例如查尔斯·辛格(Charles Singer,1876—1960)在其主编的《技术史》七卷本巨著的前言中说道:"编者确信,在我们的技术文明中,人的价值在于对方法和技能的理解,人类运用这些方法和技能实现对自

---

① 〔美〕兰斯·斯特雷特、林文刚:"刘易斯·芒福德与技术生态学",载〔美〕林文刚编:《媒介环境学:思想沿革与多维视野》,第58页。
② 同上书,第59页。

然环境的控制并逐渐使现实生活更加舒适。"[1]

而在芒福德看来,技术的发达或人类对自然的征服和控制本身顶多只是人类实现自身价值的某种工具而已,工具决不是价值本身。芒福德提到:"铁路运输可能比运河上的小船更快,煤气灯可能比蜡烛更明亮。但速度和亮度只有在谈到人类目标或在讨论人类和社会的价值观时才有意义。如果世人想欣赏景色,那么运河船的缓慢比摩托艇的快速更能满足要求。"[2]也就是说,磨制石器比打制石器更加精巧和锋利这一变化本身并不意味着新石器时代比旧石器时代的人类有了什么突破或进步。芒福德认为,"文化创造"才是更关键的,而文化不仅包括控制自然的方式,更包括人类自我控制的方式[3],特别是身体技术和社会技术。

比起石器工具,芒福德更加关注"容器"的影响[4],例如篮子、陶器、谷仓、屋舍等,而这些技术之所以重要,是因为它们使得某种新的生活方式(例如定居)成为可能。

也就是说,在芒福德那里,尽管技术是历史的线索,但历史的主角或焦点始终是人。芒福德强调:"如果不能深入洞察人的本

---

[1] 〔英〕查尔斯·辛格等主编:《技术史 I》,王前、孙希忠主译,上海科技教育出版社 2004 年版,第 19 页。
[2] 〔美〕刘易斯·芒福德:《技术与文明》,陈允明等译,中国建筑工业出版社 2009 年版,第 251 页。引用文字参考英文版有所调整:Lewis Mumford, *Technics and Civilization*, New York: Harcourt, 1966.
[3] 〔美〕刘易斯·芒福德:《刘易斯·芒福德著作精萃》,唐纳德·L. 米勒编,宋俊岭、宋一然译,中国建筑工业出版社 2010 年版,第 401 页。
[4] 同上书,第 398 页。

质,我们就不可能理解技术在人类发展中所发挥的作用。"①

在芒福德看来,人类既不是"使用工具的动物",但也不是单纯的"理性的动物"。事实上,这两种看似相反的定义在科技时代恰恰是一致的:人首先因为其高超的理性能力而自命不凡,而"技术"被认为是"科学"的应用,抽象的理论知识通过工具技术展示出其强大的力量。因此,工具主义的技术史和理性主义的科学史分享着同样的精神,历史学家要么只关注纯然外在的力量,要么只关注纯然内在的思想。

于是,求力意志(will to power)下的技术史与理性主义的科学史一样,只关注那种人性之外的强力本身的内在逻辑。芒福德指责其他技术史家往往过于关注技术的内在历史,而忽视了更广阔的历史情境。即便是最早洞察到技术的文化意义的马克思,也忽略了文化对技术的作用。② 事实上,在历史情境之下,人性与技术从一开始就互相关联,既不能单纯地把技术视为人类思想的应用结果,也不能把人类社会的发展简单地归结为技术进步的结果,技术与人性互相参与、互相构成。芒福德指出,技术史"应当提供一个更完整的图景,描绘人类本性和技术环境(technical milieu)如何共同演化"③。

无论是工具主义还是理性主义,都试图以一种刻板、抽象的方

---

① 吴国盛:《技术哲学经典读本》,韩连庆译,上海交通大学出版社2008年版,第497页。

② Lewis Mumford, "Neglected Clue to Technological Change", *Technology and Culture*, Vol. 2, No. 3, 1961, pp. 230-236.

③ 同①。

式理解人性,而芒福德所关注的是现实的、活生生的人,在他看来,"人"并不能用任何一条单调的命题来界定:"没有任何一种孤立特性——甚至包括制作工具——能够充分体现人类特征。人类专有的、独一无二的特征在于,人类能够把范围极其广泛的各种动物习性(animal propensities)融合成一种涌现的(emergent)文化整体:亦即人的个性(human personality)。"[①]

因此,芒福德的历史试图把握的是完整的人的具体生活,他指出,"很不幸,在如何定义人类的这一新任务的问题上,过去那个世纪(19世纪)一些时髦的政治哲学贡献甚少:他们研究了法律的抽象形式,诸如个人和国家,也研究了文化的抽象形式,诸如人类、民族和亲族;甚或,他们也探讨了纯经济的抽象模式,诸如资产阶级和无产阶级……"而被遮蔽的是"人类的社会生活,人们在不同地区、不同城市和村庄里所过的具体生活,在麦田里,玉米地里,葡萄园里,在矿井中,在采石场上,在渔村里……"[②]。

也就是说,芒福德的技术史所关切的其实是人的生活史,机器或者城市之所以成为芒福德关注的重点,正是因为它们正是人们在其中生活的环境。"技术从一开始就是以生活为中心(life-centered)的,而不是以工作为中心的(work-centered),更不是以力量为中心的(power-centered)。"[③]至于崇尚力量的现代技术偏离了技术的本来意义,因此压抑了人类生活的丰富性,但归根结底

---

① 〔美〕刘易斯·芒福德:《刘易斯·芒福德著作精萃》,第399页。
② 〔美〕刘易斯·芒福德:《城市文化》,宋俊岭等译,中国建筑工业出版社2009年版,第8页。
③ 吴国盛:《技术哲学经典读本》,第497页。

技术总在塑造着人的生活环境。

"从一开始,机器所取得的最持久的战果并不在于那些工具仪器本身,它们很快就过时了;也不在于产出的商品,它们很快就被消费掉了;而是在于在机器之内蕴含的或者通过机器而成为可能的生活模式。"①"机器的意义并不仅限于它实际的成就……技术已经成为一种创造性的力量……它迅速组织起一种新的环境,并在自然与人文艺术之间形成某种第三领域,它不仅仅是完成旧目的的一种更快方式,而且是让新的目的得以表达的有效方式——简而言之,机器推进了一种新的生活模式,这种新模式远远超出了那些积极推动它的人的想法。工业家和工程师们自己都不相信机器的那些定性的和文化的方面。"②

这种思想与媒介环境学"媒介造就环境"的提法不谋而合,而在后期,芒福德更是自觉地把自己的研究称作"生态史"③。正如米勒(D. L. Miller)所说:"芒福德的社会研究,也就像一位生物学家研究自然界那样,永无休止地探索着、寻找着各种生命现象之间的联系和内在关联。他总是把他论述的主体——无论是一本书、一幢建筑物,或是一座城市——放置在一个更为广阔的文化环境中来观察。"④

---

① 〔美〕刘易斯·芒福德:《技术与文明》,第283页。
② 同上书,第282页。
③ D. L. Miller, *Lewis Mumford:A Life*, Oxford:Oxford University Press,1989, p. 84.
④ 〔美〕刘易斯·芒福德:《刘易斯·芒福德著作精萃》,第3页。

二　从技术史中激活文明的可能性

我们已经明确了,芒福德所关注的并不是技术发明史本身,而是以技术作为线索,以考察作为整体的人类文明史,也就是人类的生活方式或文化环境的历史。

那么,在人的文化环境之中,技术究竟扮演着怎样的角色呢？当然,技术在历史中扮演的角色是关键性的,但是否是某种不可左右的宿命呢？

尽管越到后期,芒福德对人类的命运就越显得悲观,但自始至终芒福德都否认技术是一种与人类文明相对立的不可撼动的外在强力,技术始终在人类的文化之内,是人类选择的结果。芒福德说:"技术与文明作为一个整体,是人类有意或无意的选择、导向和奋斗的结果。这些结果貌似客观而科学的同时常常是非理性的——不过即便是不可控制的,它们也并不是外部的。选择本身体现在社会的小的增量变化、即时即地的决定以及轰轰烈烈的戏剧性的抗争;如果谁不能在机器的发展中看到这种选择,这只是暴露出他自己的无能,他没能注意到逐渐累积的影响,直到这些影响如此密集地叠在一块,以至于看起来完全是外在的和非人性的,为了重新征服机器,使之臣服于人类的意图,我们首先必须理解并同化(assimilate)它。"[1]

也就是说,在芒福德看来,技术在某种意义上的确成了一个不

---

[1] 〔美〕刘易斯·芒福德:《技术与文明》,第9页。

可控制的力量，但这只是由于人们的懈怠造成的，而芒福德所推动的技术研究，正是要通过对技术的重新理解，让人们最终从机器那里夺回对自身命运的把握。

因此，技术史的任务就在于揭示那些决定着人们生活模式的技术，在历史的来龙去脉中，究竟是如何取得其决定性地位的。事实上，任何一种技术都不是从人类历史之外凭空降临的，而在技术从无至有、从无形到有形，最终在某一特定的文化土壤中生根发芽的过程中，人类的意图和抉择始终在起作用。芒福德认为，因为人们忽略了技术的发展史，而只注意技术最终所展现的巨大力量，才会觉得技术是某种不可抗拒的宿命。而历史研究将会解构技术的"神话"。

一方面，芒福德明确认识到技术并不是中性的，技术总有其内在的动力和固有的倾向，例如"蒸汽机有利于垄断和集中。风力和水力是免费的，而煤是要花钱的，蒸汽机是昂贵的投资，它所驱动的机器也是如此。采矿和高炉中流行的24小时作业，现在扩散到了过去晚上不营业的其他行业……工厂可以24小时运行，那工人为什么就不行呢？蒸汽机成了起搏器（pacemaker）"[①]。

蒸汽机是整个工业时代的心脏，不仅提供着源源不断的动力，更是规定着整个人类生活的节律，从时间和空间上重新制定着生活的模式，并且改变了人们的价值观念。"蒸汽动力不但增大了城市的范围，而且促使新居民区沿着铁路干线和运输主路聚集起来……蒸汽机在每个方面都强化、深化了之前三个世纪内

---

① 〔美〕刘易斯·芒福德：《技术与文明》，第151页。

缓慢发生的、生活中追求数量的趋势……铁路铺到哪里,矿业文明的方式和理念也就传到哪里。"①

就此而言,显然,蒸汽机对于工业文明而言是决定性的,然而,另一方面,更关键的是,蒸汽机并非像天使或魔鬼那样凭空降临,工业文明的种子远远在其枝繁叶茂地勃发出来之前,早已埋下了。

芒福德指出:"在'工业革命'造成翻天覆地的变化之前,至少有 700 年的一段长时期内,机器一直在不断地稳步发展。在人完成复杂的机器而使他们新的倾向和兴趣表达出来之前,人就已经变得机械了……过去 150 年的重大发明的背后不但有技术上长时间的内部发展,还有人们的观念在不断变化。只有人们的愿望、习惯、思想和目标等重新定向了,新的工业过程才可能得到大规模的发展。"②"为了理解技术在现代文明中所扮演的决定性角色……我们不仅要对新的机械和工具的出现作出解释,我们还必须说明其文化背景,如何使人们可以广泛地接受这些新的机械和工具……机械化和严格的组织管理,这两者本身在历史上并非是新花样:新的仅是这种机械化和严格管理现在已是有计划地、有形地在统治我们生活的方方面面。"③

也就是说,一方面,以蒸汽机为代表的机械技术的确主导了整个工业时代的历史,但是它们之所以能够获取这一主导地位,却是人们长期酝酿和选择的结果。

---

① 〔美〕刘易斯·芒福德:《技术与文明》,第 152 页。
② 同上书,第 7 页。
③ 同上。

芒福德声称,"现代工业时代的关键机器不是蒸汽机,而是时钟"[1]。这一惊人的断言不能仅仅从字面上理解——仿佛钟表这一技术发明比蒸汽机这一技术发明更加关键,如果真是如此的话,工业时代(或芒福德所说的古生代技术时期或矿业时代)为什么仍然要从蒸汽机的发明算起,而不以钟表为标志呢?事实上,除了钟表,芒福德还列举了好几样"重要发明"或新生事物,例如印刷机、军队组织、大学、科学院、展览会、实验室等,认为它们的"重要性毫不逊色"[2]。

究竟哪一项发明或哪一个新事物的出现最为关键呢?这个问题本身是误导性的。事实上,在芒福德的历史视野中,文化环境的在大时间跨度下的变迁才是关注的主题,而技术的发明年表从来不是关注的重点,文明史不同于传统的以英雄和事件为主题的编年史。

虽然芒福德并没有明确地阐述一种编史学思想,不过他的叙史方式与年鉴学派的中流砥柱、法国历史学家布罗代尔(Fernand Braudel,1902—1985)所阐述的"长时段历史"不谋而合。布罗代尔把历史分为短时段、中时段和长时段三种,短时段也就是各种突发的历史事件,最富戏剧性但对于理解历史而言最有欺骗性;中时段包括一些局部的趋势,如经济增长,人口波动之类;而长时段则以世纪为跨度,包括自然环境和社会组织等持久而稳固的东西。而即便是中时段的经济史,也可能误导长时段的文明史的考察——"可能掩盖某些人称之为文明的系统的规律和持续性。这

---

[1] 〔美〕刘易斯·芒福德:《技术与文明》,第15页。
[2] 同上书,第125页。

里所谓的文明,是指全部的旧思想和行动习惯,以及固定的模式。"[1]布罗代尔认为长时段历史所关注的并不是事件或趋势,而是"结构";"结构这个字眼……无论好坏,这个概念支配着长时段的种种问题……在我们历史学家看来,一个结构自然是一种集合、一座建筑物,但更重要的是,它是在一段长时期里由时间任意支配并连续传递的现实……所有的结构都同时既是历史的基础又是历史的障碍。作为障碍,它们本身就是人及其经验无法逾越的界限。"[2]

布罗代尔所说的"结构"也正是芒福德所关心的"文化环境",任何短时段的历史事件(如技术发明)或中时段的发展趋势,最终都要在长时段的文明背景下得以理解。

因此,当芒福德宣称对工业时代而言钟表比蒸汽机关键时,他指的并不是钟表的发明这一事件比蒸汽机的发明重要,而是指工业时代所根植其中的文化环境,早在蒸汽机之前就通过钟表构建起来了。

蒸汽机的改良作为一个偶然的历史事件,它的意义只有放在其得以绽开的文化环境下才能被恰当理解。因此,可以说使工业文明得以成立的文化环境"先于"实际发生的工业革命。然而,这一文化环境也并非凭空出现,而是一个缓慢发展的结果。于是,芒福德把这一文化环境的渊源追溯到以机械钟为标志的规则化的生活方式,而这种生活方式的源头又可以在中世纪的修道院,或者古

---

[1] 〔法〕费尔南·布罗代尔:《论历史》,刘北成、周立红译,北京大学出版社2008年版,第35页。

[2] 同上书,第34页。

代的军队组织中找到。

后来,芒福德更是从古埃及的金字塔中找到了现代机器的原型,也就是抹去人的个性而使人们成为机械化的运转部件的庞大而严格的社会管理体系。芒福德称之为"巨机器":"机器时代的起源,并非开始于18世纪的所谓工业革命,而是扎根于人类原始机器组织形态刚刚开始的时候,只不过当时的这架机器都是由人类部件构成的。"①"在发明家发明引擎以代替人之前,领袖们已经在操练并编制群众了,他们发现了如何将人变成机器。"②

但是,如果说工业革命早在文明的源头就已经埋下了根苗,那岂不是一种更大的宿命论吗?并非如此。关键在于,古埃及的社会组织并非古代社会唯一一种组织形式,古代人也不会都是军人或修道士。而经由钟表、蒸汽机和流水线的影响,机械化组织作为人类生活方式的可能性之一,被不断地放大了,最终压抑了人类生活的其他可能方式,主宰了原本可能更加丰富的文化环境。而历史的追溯有可能帮助我们发现人类生活的其他可能性,以及有可能放大哪些技术形式的潜能。

三 有机的技术

在芒福德或其他媒介环境学家看来,技术乃是"人的延伸",一种技术总是人的某种潜能的放大或投射。芒福德说:"通过把人的

---

① 〔美〕刘易斯·芒福德:《刘易斯·芒福德著作精萃》,第409页。
② 〔美〕刘易斯·芒福德:《技术与文明》,第38页。

个性的某一侧面投射于机器的某个具体形式,我们创造出一个独立的环境,这个环境在人类个性的其它每个侧面都能激起反应。"①

芒福德深受格迪斯的感染,追求"人的全面发展"——"包括理性和计算,激情和诗意,包括精神活动和健全生活等我们全部能力的发展。"②而技术恰恰是人寻求自我发展的必要媒介——芒福德认为:"人类发明、创造以及改变自然环境活动中的每一个阶段,与其说是为了增加生活资料的供给,或者还有,为了控制自然界这些目的,还不如说是为了开发利用人类自身极其丰富的有机生物资源,为了体现和发挥自身的潜在能力,最终目的是为了更加充分地实现自身超越生物性的追求和理想。"③

因此,芒福德并不像浪漫主义那样拒绝或贬低技术,但他也认同浪漫主义者的忧虑,因为技术在绽放人某些方面潜能的同时,也可能压抑另一些潜能的实现。这对于某个个人来说是理所当然的处境,你可以选择成为艺术家、军人、工程师、医生、文学家、猎人、企业家或农夫,但你不可能同时实现你的每一种潜能,某些能力的推进和实现往往意味着另一些潜能的忽略或抑制。芒福德反对的恐怕不是选择规则化生活的修道士们,更不会反对某个愿意坚持守时观念的人,然而对于整个人类文明而言,如果某一种可能的生活方式最终成为了唯一的选项,这的确是历史的悲剧。

---

① 〔美〕刘易斯·芒福德:《技术与文明》,第283页。
② D. L. Miller, *Lewis Mumford: A Life*, Oxford: Oxford University Press, 1989, p.52.
③ 〔美〕刘易斯·芒福德:《刘易斯·芒福德著作精萃》,第404页。

第五章 技术与文明史——芒福德的视野

当然,尽管芒福德并不固守于某种本质主义的人类定义,尽管他更加强调人类的主动性,但芒福德的叙史仍然带有较明显的客观主义的,或者说上帝的视角。虽然他承认,"对人的本质的洞察受制于社会环境。在现有的社会环境中,由于大量新的机械发明突然涌现,淘汰了很多古代的方法和制度,改变了我们有关人类限度和技术可能性的概念"①。但从其叙史的字里行间来看,他似乎还是预设了一种超越具体的技术时代的稳固不变的"人的本质",站在某个先入为主的超然立场上对技术和价值进行着评估。特别是与麦克卢汉及之后的媒介环境学派主流(波斯曼除外)相比,芒福德有着更加显著的人文主义的倾向。对此当然见仁见智了,凯利认为,这倒是他更胜过麦克卢汉的地方②。

芒福德对技术的先入为主的立场,正是有机论思想。芒福德对人性与技术的理解始终带有鲜明的有机论视角。

罗伯特·卡西洛指出,芒福德的有机论思想深受浪漫主义思潮影响,也直接得益于以达尔文革命为代表的 19 世纪生物学发展,反对牛顿主义的静态、机械的自然观。芒福德吸取了达尔文关于进化、生态的观念,但反对达尔文进化论所渲染的竞争性和盲目性,而是强调"复杂的相互依存、多样的协作关系以及内在的目的",大自然总是向越来越高层次的分化与综合进化,亦即形成更

---

① 吴国盛:《技术哲学经典读本》,第 497 页。
② 〔美〕兰斯·斯特雷特、林文刚:"刘易斯·芒福德与技术生态学",载〔美〕林文刚编:《媒介环境学:思想沿革与多维视野》,第 60 页。

广泛的协作关系(greater cooperation)。①

芒福德认为这也应是人类文明的演化方向。芒福德出版的第一部著作就是《乌托邦的故事》(*The Story of Utopias*, 1922),在该书中芒福德考证了乌托邦概念的来龙去脉,指出文明的进化并非盲目,人类对理想社会的向往恰恰为现实社会不断演进提供动力。

而芒福德心目中的理想社会,也正是这样一个生机勃勃的有机体。正如芒福德的好友范·威克·布鲁克斯(Van Wyck Brooks)所说,芒福德穷其一生,都是致力于这样一个理念,即"人类生活的目标应当是创造这样一种共同体,其中每个个体通过参与共同的文化生活和民主的市民生活,实现个人的满足(personal fulfillment)"②。

于是,参照这一理想,"好"的技术与"坏"的技术就被区分开来了。一种是有机的、以生活为中心的、多元的、促进交流与协作、塑造人的个性的,另一种是机械的、以生产为中心的、独裁的、压抑交流和敉平个性的。③

因此,语言、仪式、容器等凝聚和保存人类文化的技术,要比武器、工具、机器等生产技术更重要。语言让协作和传承成为可能,仪式让人学会控制和张扬自己的能量。而生产技术的改进是相对滞后的事情。人们最初种植的可能是花卉而非粮食。

---

① Robert Casillo, "Lewis Mumford and the Organicist Concept in Social Thought", *Journal of the History of Ideas*, Vol. 53, No. 1, 1992, pp. 91-116.
② Casey Blake, "Lewis Mumford(1895-1990)", *Technology and Culture*, Vol. 32, 1991, pp. 187-190.
③ 吴国盛:"芒福德的技术哲学",《北京大学学报》2007 年第 6 期。

第五章 技术与文明史——芒福德的视野

即便是工具的使用,首先也是在控制和协调人的身体,进而才是去改造自然万物。在控制自然界之前,更重要的是人类的自我控制。看似无用的仪式、舞蹈乃至咒语、幻想等都是重要的身体控制和社会控制的技术,这些技术更是人类文化的有机部分。芒福德强调:"文化创造,远远不止包括制作和使用工具过程中,双手、眼睛、肌肉的协调动作……也要求人类全面控制自己的自然功能,包括控制排泄和内分泌器官,控制住高涨的情绪,控制住为所欲为的性放纵,还要控制住自己的美梦或者噩梦。"[1]

但这也并不是说石斧、锄头等"工具"真的就是"坏"的技术,我们说过,在芒福德眼中,任何技术都应当放在相应的文化背景下考察。芒福德"并非要诋毁和贬损技术的作用",例如工具的制造和使用,"就成为很及时的矫正手段,矫正着语言给人类提供的无节制的发明创造能力,若不然,这种能力会将人类自我放大到一个很不适当的地步,甚至还会诱使人类以神奇的言语方式取代原本卓有成效的劳动能力"[2]。简单地说,语言、仪式、游戏固然重要,但若是只是沉浸于其中,陷入过度的迷狂,这当然也是坏事。准确来说,并不存在绝对的好技术或坏技术,技术的多元化就是好的,而单一化,独尊某一种技术,就是坏的。

因此,现代人的问题并不是大量使用机械工具本身,而是说现代人把机械工具看得太高,甚至把工具等同于技术,从而忽略和压

---

[1] 〔美〕刘易斯·芒福德:《刘易斯·芒福德著作精萃》,第401页。
[2] 同上书,第406页。

抑了技术的其他面相。哲学家和技术史家之所以片面地看待早期技术发展史，过分侧重于工具技术，也是受到支配性的机器文化所限。而重新审视技术史，理解技术的多重面相，也能够反过来有助于我们重新激活自己的有机潜能，打破机械文化的囚笼。芒福德说得好："假如大家都不花时间仔细研究历史，不思考历史，我们就没有足够的眼力看透当今世界，更谈不到去把握未来。因为过去人类的历史从未远离我们，而未来却已经闪现在眼前。"[1]

四 城市与历史

芒福德把城市史作为倾毕生之力的研究重心，也是基于其有机论思想。任何一种孤立的技术器物本身都谈不上有机与否，所谓有机，必定是以某种多元分化但又和谐统一的整体出现的。只有在这样一个整体视野下，具体的技术或具体的文化元素才可以被当作有机的组成部分或者无机的机械装置来理解和评价。而这样一种多元汇聚的整体，本身也是一个有机结构，仿佛是一个有生命的个体而生存发展着，这个生命体就是"城市"。

芒福德在其早年代表作《城市文化》中就强调城市是"人类文明的象征和标志——人类文明正是由一座座具有个性的具体城市构成的"。他说：

---

[1] 〔美〕刘易斯·芒福德：《刘易斯·芒福德著作精萃》，第411页。

第五章 技术与文明史——芒福德的视野

城市就是人类社会权力和历史文化所形成的一种最大程度的汇聚体。在城市这种地方,人类社会生活散射出来的一条条互不相同的光束,以及它所焕发出的光彩,都会在这里汇集聚焦,最终凝聚成人类社会的效能和实际意义。所以,城市就成为一种象征形式,象征着人类社会中种种关系的总和……城市这个环境也会促使人类经验不断化育出有生命含义的符号和象征,化育出人类的各种行为模式,化育出有序化的体制、制度。城市这个环境可以集中展现人类文明的全部重要含义。[①]

文明(civilization)一词和城市(city)同根同源,说城市史就是文明史一点都不为过。城市的出现,可以说为人与自然构筑了一条边界,就好比是细胞膜的出现那样,在此之前生命物质虽然也在不断繁衍,但细胞膜的出现才使得有机体从其环境中独立出来,此后才能逐渐进化出更复杂的内部结构。城市的出现也为人文与自然之间构筑了一个分界面,建立起内—外的分隔与沟通,此后人类社会的结构在城市之内变得日益复杂,而文明的成就也得以有效地得到遗传。芒福德说道:"城市体现了自然环境人化以及人文遗产自然化的最大限度的可能性;城市赋予前者以人文形态,而又以永恒的、集体形态使得后者物化或者外化。"[②]

---

① 〔美〕刘易斯·芒福德:《城市文化》,第1页。
② 同上书,第5页。

需要预先说明的是,芒福德绝非对"农村人"心存偏见,把他们排除在"文明"之外。事实上,在城市文明中的农村与城市出现之前的村落不同,在某种意义上已经是城市的一部分,作为城市的"外部"或"补余"而被理解的。"城市和农村是一个整体,谁也离不开谁。"[1]乡村文化、拓荒文化、田园牧歌的理想等也成为城市文化的一部分。所谓城市,本来就是一种集中而又分化的生态结构,不能以其物理边界孤立地看待。

人们考察城市,往往着眼于其物理结构或经济功能,芒福德认为这是狭隘的,他认为城市的本质是其社会构造。[2] 因此,在城墙、市场或大型聚居区出现之前,一些仪式或宗教中心作为各方人口朝觐的目标,就已经构成了城市的雏形。[3] 芒福德指出:"在考察城市起源时,人们很容易把注意力集注于城市的物质性遗迹。但是,正像我们在古人类研究中一样,当我们注意研究古人类的遗骨残片、工具和武器时,我们却很不应当地忽略了那些如今几乎已不留任何物质性遗迹的创造发明,如语言、礼俗等。远在我们如今可以称之为城市的任何形式都还没有产生的时代,城市的某些功能可能就已经在发生和发挥了。"[4]

城市的首要功能就是聚集,宗教仪式是最能够发挥聚集功能

---

[1] 〔美〕刘易斯·芒福德:《城市发展史——起源、演变和前景》,宋继岭、倪文彦译,中国建筑工业出版社 2005 年版,第 357 页。
[2] 〔美〕刘易斯·芒福德:《城市文化》,第 5 页。
[3] 〔美〕刘易斯·芒福德:《城市发展史——起源、演变和前景》,第 9 页。
[4] 同上书,第 3 页。

的活动，许多古代城市的遗迹也印证了这一点。芒福德提到，与现代文明的扩张和敉平倾向不同，"人类文明的第一次大发展中社会权力不是向外扩散，而是向内聚合（implosion，内爆）。社区的各种不同构成因素，以前只是分散在广大的河谷平原，偶尔也传及更远的地区，现在却在压力之下被动员起来并束集在一起，统统进入了城市的高大围墙的封闭之中……这些集中聚合的变化过程是随社会交往领域的扩大同时发生的"①。而在大量人口被聚集起来之后，城市又起到了分化的功能，不同的生活方式聚集在一起，互相碰撞，最后各居其所，扮演起不同的社会角色，承担不同的职能和专业。

好比细胞很可能诞生于细菌对古细菌的寄生，被吞入古细菌之内的细菌退化为线粒体，融合后的细胞拥有更复杂的内部结构，也更容易繁衍和扩张。按照芒福德的猜想，城市最初的诞生就缘于两种文化的碰撞和交融，亦即新石器时代的农人和旧石器时代的猎人。"城市的出现乃是旧石器文化成分同新石器文化成分在更早时期相结合的最终产物""当人类学会以锄耕作，学会植树建房，村庄聚落群居生活开始之后，旧石器时代的猎民到哪里去了呢？"②芒福德认为，猎民当然没有凭空消失（时至今日地球上还存在不少停留在狩猎文化的部族），一些猎民被驱赶到更偏僻的地区，另一些猎民被同化为农人，但肯定有一部分猎民在保留一定文

---

① 〔美〕刘易斯·芒福德：《城市发展史——起源、演变和前景》，第37页。
② 同上书，第21页。

化传统的同时融入农人社会。芒福德认为,这部分猎民变成了卫兵,构筑起村庄的防御工事,这正是城墙和城堡的雏形。

和平从来不是军事带来的,武器和围墙在防御战争的同时,本身也是刺激紧张局势的主要元素。因此,"城市虽然有发挥保护作用、保障安全的外形,但几乎从其最初出现的时间,城市便不仅带来了对外的掠夺进攻,也带来了城内紧张的斗争"①。

随着城市形成的封闭空间,权力的集中和阶层的分化成为发展趋势。阶层的分化和职业的分工开始把人分为三六九等。"通过城市动员和分派人力资源"②"人们首次可以在一种局部的职业中度过整个一生。劳动者变成了复杂的社会机器上的一个可以任意取代的部件。"③而"分隔的经济功能和社会作用,反过来又在城市范围内产生了相应的辖区"④。也就是说,城市的结构使得社会分工和分层成为可能,而人的分隔又反过来改变着城市的结构,形成不同层次的住宅和不同风格的区域,使得社会分工和分层被固化保持下来。

不妨说,"城市是一种贮存信息和传输信息的特殊容器"⑤。它把人类社会的结构外化为物质环境,把前人的生活方式传递给后代。"城市的功能和目的缔造了城市的结构,但城市的结构却较

---

① 〔美〕刘易斯·芒福德:《城市发展史——起源、演变和前景》,第56页。
② 同上书,第111页。
③ 同上书,第110页。
④ 同上书,第111页。
⑤ 同上书,第106页。

这些功能和目的更为经久。"①

容器是一种限制,当然限制并非坏事,正是因为习俗和传统对每个人都施加限制,人类文化才有可能世代传承下来。有继承才有发展,有局限才有自由,这是必要的张力。关键在于,这些张力应当维持在适度的范围,既不过分松弛,也不过于僵硬。芒福德指出,好的容器当然不能轻易"随着其中所进行的反应而改变自身的性状"②,但如果容器过于稳固了,以至于失去了应对变化的可塑性和对丰富可能性的包容力,那也是糟糕的。

芒福德激烈地批评柏拉图的理想国观念——其实就是"理想城市"的观念。他指出柏拉图反感雅典的"嘈杂和混乱",正是忽视了城市的基本生活:混乱和冲突在某种意义上恰是城市生活的必要部分。正是因为城市在对人进行明确分工的同时,保留有暧昧的空间,容纳着冲突与竞争,城市才会有不断自我更新的生命力。而柏拉图心目中秩序井然的理想国,对于充满潜能的人类而言,"可能只是一座活地狱"③。

总的来说,虽然城市带来了紧张和压力,带来了诸多限制和强制,带来了权力的不平等和对底层的压迫,让一些人不得不承担枯燥机械的工作。但就人类整体而言确实是一大飞跃:"如果说城市肢解了人的整体并强迫他在单一的工作中度过一生,那么城市则

---

① 〔美〕刘易斯·芒福德:《城市发展史——起源、演变和前景》,第 105 页。
② 同上。
③ 同上书,第 187 页。

又从一个新的集团的实体上重新把人复原了;从而使得在单个的人生显得狭窄枯燥的同时,由此编织而成的城市整体却显得丰富多彩,因为编成它用了各色各样的线。各种专门团体不仅在城市中得以充分发展,它们在城市的有取有舍的日常交流中还发现了人类潜在能力的巨大财富,这是在先前简陋水平上所发现不了的。"①

城市在底层人受到奴役和压迫的同时,在顶层人群中则形成了自由、独立的新型人格,杰出的创造性人才也更有可能崭露头角,而伟大的思想和作品也更有机会保存下来。这些都是"家族共居或部落一致的基础上很难实现的"②。最终,"城市本身变成了改造人格的主要场所"③。

相比现代的特大型都市,芒福德显然更偏爱希腊和中世纪的古代城市。当然这些城市中的自由仍然建立在对社会底层的奴役和压迫之上。而现代城市虽然打破了奴役和集权,但换来的却是平均化和原子化,这是芒福德更难以接受的。芒福德认为,现代人的机械论的世界观在巴洛克式的建筑和城市规划中体现出来:"他们的式样是永恒不变的,他们不仅严密组织了空间,而且还想冻结时间。"④笛卡尔本人就表达过这种城市观:"那些原先最早是小村子而后来逐渐发展扩大为大城市的古老城市,

---

① 〔美〕刘易斯·芒福德:《城市发展史——起源、演变和前景》,第 116 页。
② 同上。
③ 同上书,第 117 页。
④ 同上书,第 357 页。

比起一个由专业建筑师在空地上自由规划,整整齐齐新建起来的城市,常常要差很多。"①

芒福德反对这种理性主义的城市规划,反对永恒不变和整齐划一的设计。但他也决不是说城市不需要规划。他认为完全自由放任的态度甚至比专制主义还糟糕,"它破坏了合作政体和共同规划这些概念……他们不信任城市本身,说城市只是'原子的偶然的集合'——像当时物理学错误地形容宇宙那样,是出于寻求自我发展的个人利益的动机而暂时凑在一起的"。芒福德引用里尔(W. H. Riehl)的话说:"启蒙时期是一个人们渴望人性然而对他们自己的人民却毫不关心的时期,他们探讨关于国家的问题,却忘记了社区。"②

原子化的个人主义正在拆散社会的有机组织,削弱了交流与协作。现代人不再重视社群生活,摒弃历史传统和文化习俗,只相信个人奋斗和丛林法则,但同时其生活方式又被刻板的技术逻辑所深深局限。

因此,芒福德致力于城市规划研究。当然,他并不希望设计一套现成的城市蓝图提供给专制者推行,而是试图通过对理想城市的讨论和对城市史的追溯,促使人们关注并珍视自己的城市。城市规划从来不能脱离城市史,特别是那些历史悠久的大城市,历史的保存本身就是这些大城市的主要意义——"历史性城市,凭它本

---

① 〔美〕刘易斯·芒福德:《城市发展史——起源、演变和前景》,第410页。
② 同上书,第468页。

身的条件,由于它历史悠久、巨大而丰富,比任何别的地方保留着更大的文化标本珍品,人类的每一种功能作用,人类相互交往中的每一种实验、每一项技术上的进展,规划建筑方面的每一种风格形式,所有这些,都可以在它拥挤的市中心区找到。那种巨大浩瀚,那种对历史和珍品的保持力,也是大城市的最大价值之一。"[1]城市就是历史的容器——"大城市是人类至今创造的最好的记忆器官。"[2]

除了有形的城市之外,其他媒介,如书籍、博物馆,特别是电子媒介,也可以视作人类的"记忆器官",因此它们也可能在无形中扮演起城市的角色。芒福德提出"无形的城市"之概念,部分预言了信息时代从有形走向无形的城市未来[3]。

芒福德的城市史提供了媒介史研究的绝佳范例。在这里,城市被当作传递信息的媒介,当作外在的记忆器官而被研究,它的物质结构被置于文化环境中考察,在历史中追问人性的来龙去脉。除了城市之外,许多大大小小的媒介都可以看作人类的"信息容器"和"记忆器官",它们一方面滞留有传统的限制,另一方面也不断提供着新的可能性。

---

[1] 〔美〕刘易斯·芒福德:《城市发展史——起源、演变和前景》,第573页。
[2] 同上书,第574页。
[3] 同上。

五　媒介环境学的先驱

芒福德作为"媒介史强纲领"的先驱者，不光是因为他考虑到了技术的文化影响，仅仅如此的话，这种媒介史或技术史还是相当弱的。比如，我们可以看到茶叶的文化史、香料的文化史、厕所的文化史等等。仅仅是把某些技术器物置于一个文化情境下来考察，还不能构成本书所指的"强纲领"。芒福德的突破在于，在他笔下，技术不再是文化史或文明史的一个对象或课题，而是和文明相并列，是"技术与文明"之史，而不只是把技术纳入"文明史"。换言之，芒福德的技术史不是"属于"文明史，而是"就是"文明史。

在芒福德那里，技术不再只是被当作客观的器物而看待，技术的物质结构从一开始就是人类意向的外化，人类的文化和生活方式都在技术物中得以保存，并反过来影响着文化的传承。

城市是文明的记忆器官，外在的物质结构其实是人类精神文化的沉淀，而人类的文化又总是在一个传承下来的容器中成长。这种外化而内化的历史轮回正好诠释了本书第三章中所论述的媒介史作为先验哲学。

强纲领之强不在于对技术的关切，而在于对人的关切。第一章已经提到，"环境"的思想就是要强调一种谦卑的"人类中心主义"。芒福德把人性置于中心，恰恰是他可以被视作强纲领先驱者的关键。不过，芒福德的人文情节有时显得过强，许多时候在"公正性"方面显得较弱一些，而在"反身性"方面也不够明确。芒福德的技术史最鲜明地诠释了的是"对称性"的原则。

芒福德要描绘的是"人类本性和技术环境如何共同演化",他既没有把技术看作人类不断进步的成就,也没有把技术看作是人性堕落的祸首。这并不是说他没有自己的价值判断,他心目中显然有理想的人性:有机的、丰富的、自由的、充满活力的。而这种对理想人性的向往和对理想的技术环境(理想城市/乌托邦)的追求是一致的。无论是人性好的趋向还是坏的趋向,都可以对称地应用技术史的视角,技术史既能说明人性的堕落,也能说明人性的希望。

当然,相比后来的媒介环境学家,芒福德的关键词是技术而不是媒介。但这倒不是一个特别要紧的问题。事实上,在麦克卢汉那里媒介与技术也是大致通用的。区别只是出发点或侧重点的差异。相比来说,"技术"的概念更偏向于提示那些外在可见的器物,如钟表、城市、蒸汽机等,而"媒介"则更偏向于可见性本身之通过何物而"见"的问题。事实上,钟表也可以被看作"示时的媒介",而印刷书当然也可以被看作"传播的技术",借助媒介的概念还是借助技术的概念出发最终是殊途同归的。不过,意味上微妙的差别可能引起一些不同的偏向。例如,从围绕着技术的概念,很可能更偏重于"物"的问题,而从媒介的概念出发,则更容易注重"看/听/用/通过……"的问题,于是注意的焦点更容易放到人的感知活动或打交道的过程之上。媒介所提示的"……通过……而达……"的指引结构,更加刺激我们去关注人的有限性和相对性。

另外,由于文字、书籍是更典型的"媒介",从媒介的角度出发,历史学家更容易注意到反身性的考察——哲学争论和历史书写本身也总是通过某些媒介的,揭示媒介之偏向的著述本身也势必有所偏向。在反身考察方面,芒福德的工作并不明显。而在下一章,我们将发现英尼斯明确强调了这一点。

第六章 媒介的经济史
——英尼斯的"偏见"

一 媒介史的开辟者

英尼斯（Harold Adams Innis, 1894—1952）与麦克卢汉一道被认作媒介环境学派的开创者。麦克卢汉高度评价了英尼斯的贡献，为其两部主要传播学著作作序，甚至把自己的成名作《古腾堡星系》看作"英尼斯观点的注脚"①。

不过后来，随着麦克卢汉声名鹊起，英尼斯反倒成了在麦克卢汉研究中的一个注脚，成为解释麦克卢汉思想渊源的一个铺垫了。在媒介环境学的学术语境下，英尼斯通常作为麦克卢汉的背景或对比者出现。

当然，也有一些学者注意到英尼斯的独特价值，特别是詹姆斯·凯利，他把英尼斯置于比麦克卢汉更高的地位。进入新世纪后，英尼斯在学术界焕发新生，一系列研究文集和专著陆续出

---

① 〔加〕哈罗德·伊尼斯：《传播的偏向》，何道宽译，中国传媒大学出版社2013年版，第25页。

版,如阿克兰(Charles R. Acland)等编著的文集《英尼斯在新世纪》(*Harold Innis in the New Century*, *Reflections and Refractions*,1999)、海耶尔(Paul Heyer)撰写的《英尼斯评传》(*Harold Innis*, *Critical Media Studies*,2003)等。

即便如此,人们对英尼斯特点的理解,经常仍停留在风格和态度方面。例如,何道宽认为"英尼斯是经济史家,善于考证,注释不厌其烦……"而"麦克卢汉是文学家,善于修辞而不求严谨,且不作一注"①。也有学者指出英尼斯对技术的悲观主义和批判态度与麦克卢汉形成对比。②

只有詹姆斯·凯利切中肯綮,他把英尼斯的工作刻画为"一种历史的、经验的、阐释的和批判的学术研究模式"③,并指出:"麦克卢汉和英尼斯都把传播技术认作核心,不同之处在于这种技术主要以何种方式发生作用。英尼斯认为传播技术主要作用于社会组织和文化,而麦克卢汉认为它们作用于感官组织和思想。麦克卢汉更多地谈论感知和思想而较少谈及机构;英尼斯则反之。"④

无论风格的差异和研究焦点的不同,折射出的实质是两种殊途同归的学术进路。英尼斯从政治经济学和经济史出发,而麦克

---

① 〔加〕哈罗德·伊尼斯:《帝国与传播》,何道宽译,中国传媒大学出版社2013年版,译者序,第17页。
② 如汤文辉:"略论英尼斯与麦克卢汉学术思想的差异",《广西师范大学学报》(哲学社会科学版)2012年第2期。
③ 〔美〕詹姆斯·凯利:《作为文化的传播——"媒介与文化"论文集》,丁未译,华夏出版社2005年版,第118页。
④ J. W Carey, "Harold Adams Innis and Marshall Mcluhan", *The Antioch Review*, Vol. 27, No. 1,1967, pp. 5-39.

卢汉从修辞学和存在论出发。其中的异同类似于马克思与海德格尔为当代技术哲学开辟的路线——把马克思主义的技术哲学进路仅仅概括为"社会批判"路线也是不完整的,马克思所开辟的也正是这样一条历史学进路。

通过历史学揭示出人的实际性,与通过存在论揭示出人的有限性,这两条线索互相补充,构成了技术史与技术哲学的基础。

由于英年早逝,英尼斯在传播媒介史方面留下的工作是非常粗糙的,但这些勾描轮廓的工作恰能展示出媒介史这一新的学术领域在初创之时是如何艰难摸索、自立门户的历程。相比麦克卢汉和后来的媒介环境学家,英尼斯对各种媒介的思考并不深入,但他更有历史学家的自觉。从英尼斯的工作中,我们能够看到媒介问题如何从历史学的边缘变成中心。

二 从交通到交流:经济史到传播史

在晚年转向传播史研究之前,英尼斯就以加拿大经济史家于世。英尼斯曾在芝加哥大学攻读政治经济学,深受芝加哥学派制度主义经济学的影响。回到多伦多大学任教后,他撰写的《加拿大皮货贸易:加拿大经济史导引》(*The Fur Trade in Canada:an introduction to Canadian economic history*,1930)和《鳕鱼业:国际经济史》(*The Cod Fisheries:The history of an International Economy*,1940)等大宗商品研究著作奠定了他在学术界的地位。1941年他参与创建经济史学会并担任学会第二任主席(1944),后来又担任过加拿大皇家学会主席(1946)和美国经济学协会主席(1952)[1]。

而就在其学术声誉达到顶峰之时,英尼斯突然转向传播史研究,并在生命的最后几年中出版了《帝国与传播》(1950)、《传播的偏向》(1951)、《变化中的时间观念》(1952)这三部"传播学"著作。

英尼斯的晚年作品在当时不被理解,除了研究主题的突然转向之外,其研究风格也一改早期作品的严谨细致,而更像是"松散的笔记"。"原因之一可能是它们提纲挈领的性质……也许健康恶化让他感到时间紧迫。"[2]英尼斯在1952年英年早逝,留下了未竟的《传播史》手稿。

在60年代,英尼斯的传播学工作由于麦克卢汉的推进而重新激起了人们的兴趣,而他早年那些享誉学界的经济史研究反而被人遗忘了。不过随着研究的深入,学者们认识到英尼斯的前期与后期工作并没有截然的断裂,其传播学领域的开创性工作仍然是其经济史研究的延续。

例如,凯利认为:"他的传播学论著是他早期论著的自然演生,他论加拿大政治经济形成期的研究成果为后期的论著作了铺垫。他的研究课题总是帝国、全球化和国际贸易……他的经济学研究对象是贸易而不是生产,是贸易线路、运动、流动和流通,而不是工厂和生产方式。"[3]

---

[1] 徐雁华:"传播技术学派先驱哈罗德·伊尼斯传播思想研究",上海大学硕士学位论文2012年。

[2] Paul Heyer, *Harold Innis*, *Critical Media Studies*, Lanham: Rowman & Littlefield, 2003, p. 60.

[3] 〔加〕哈罗德·伊尼斯:《变化中的时间概念》,何道宽译,中国传媒大学出版社2013年版,凯利序,第19页。

海耶尔指出英尼斯对媒介和传播的兴趣"是他早期政治经济学兴趣的产物。在他早期的政治经济学中,物质因素扮演了重要的角色"①。

李明伟也认为英尼斯早期的经济史工作就已经把目光投向了"贸易的技术条件"②,而后期"对'媒介—知识—权力'关系的研究,直接沿用了他前期政治经济学研究所发现的'交通—经济—权力'这一关系逻辑"③。

英尼斯本人也把其传播学研究定位于经济史。例如,他认为其《帝国与传播》"说的是帝国经济史……显而易见,我们执着地考虑帝国兴衰的经济原因"④。在另一处,他指出自己正在谈论的是"知识的经济史"⑤。

当然,在这里,英尼斯延伸了"经济史"的含义,它不再是指某种"以经济为对象的历史",而是成为某种史学视角——叙史的对象是"帝国的兴衰"乃至"知识",而"经济"是一种叙史的立场而非课题。英尼斯的经济一词更类似于"生态"或"环境",指的是侧重于物质条件而言的整个社会背景。

这种"经济史观"正是英尼斯前期到后期一以贯之的立场。他所继承的芝加哥学派的制度经济学的特点也正是"跳出经济和市

---

① Paul Heyer, *Harold Innis*, *Critical Media Studies*, Lanham: Rowman & Littlefield, 2003, p.63
② 李明伟:《知媒者生存——媒介环境学纵论》,北京大学出版社2010年版,第72页。
③ 同上书,第87页。
④ 〔加〕哈罗德·伊尼斯:《帝国与传播》,第33页。
⑤ 同上书,第239页。

场领域,在广阔的社会变迁图景中分析心理、习俗、制度和经济行为之间的作用关系及其变化,打破了传统经济学对经济的静态、刻板研究"①。

的确,英尼斯对传播媒介的研究是其早期大宗商品贸易史研究的延续。在对加拿大经济史的研究中,英尼斯发现,"加拿大的经济史一直被西方文明的中央和边缘之间的差异所主宰。精力被导向对大宗产品的开发……农业、工业、运输、贸易、金融、政府活动都变得从属于大宗产品生产,以满足高度专业化的制造业社会的需求"②。加拿大自治领的建立及其成为独立国家的过程,也与相关的贸易路线息息相关,加拿大几乎就是沿着皮货交易的路线建立起来的。

英尼斯意识到,贸易路线不能单纯地理解为在原产地和目的地之间的中性的输送管道,它就是两个地方的本土政治、经济和文化结构的不可忽略的组成部分。而贸易路线的改变,哪怕只是运输速度的增快或成本的降低,也会对两边原本稳定的社会结构和地域关系产生冲击。

航运成本的降低可能让一些"价格较低的货物随之兴起,成为(新的)大宗产品""每当大宗货物的生产转到新的大宗产品的时期,必然要产生危机。旧的结构不得不进行痛苦的调整,然后才产生一个与新产品相关的新的结构模式。"③例如,"中美洲硬币对欧

---

① 李明伟:《知媒者生存——媒介环境学纵论》,第71页。
② 转引〔美〕丹尼尔·杰·切特罗姆:《传播媒介与美国人的思想——从莫尔斯到麦克卢汉》,曹静生、黄艾禾译,中国广播电视出版社1991年版,第164页。
③ 〔加〕哈罗德·伊尼斯:《帝国与传播》,第36页。

洲价格,皮货对法国,小麦对英国和俄国革命……都造成了深刻的影响……廉价的新闻纸之后,接踵而至的是控制新闻轰动噱头的尝试——这一切都表明,大宗原材料的大规模组织和生产,都会对社会产生深刻的影响"[1]。

在这里,英尼斯把新闻纸这一传播媒介和其他大宗商品放在一起,谈论它们对社会结构的影响。事实上,英尼斯正是在攻克了皮货、鳕鱼等课题后,试图转向加拿大经济中的另一件重要的大宗商品,即木质纸浆(纸浆用木材和新闻纸)的研究时,突然打开了思路,一举转入传播史研究的。自始至终,英尼斯都是从交通运输的视角看待传播媒介的。相比于麦克卢汉把媒介看作"人的延伸",英尼斯还未曾把媒介上升到这样的哲学高度,他仍然是以"传输通道"的日常概念来理解传播的。但是,由于他对"传输通道"的理解已经高人一筹,这些洞见被引入媒介问题时,新的视野就打开了。

英尼斯拓展了"运输"的含义,在交通路线上往来运输的,除了商品,也可以包括新闻、信息、知识等。和商品一样,知识也有其原产地和兜售地的区别,也有运输和交通的问题。而知识的运输也不是中性的,而是参与者知识产地和知识接受者各自的文化结构和相互的依附关系。正如大宗商品的贸易形成了权力的垄断和地区的分治,知识的交流方式也决定着权力垄断和阶级划分的形式。而知识传播的媒介一旦改变,哪怕只是速度上的提升,也会对整个社会结构带来冲击。英尼斯说:"由于传播速度对经济制度最敏感的要素产生冲击,传播速度的显著变化对时间垄断就产生深远的

---

[1] 〔加〕哈罗德·伊尼斯:《帝国与传播》,第37页。

影响……传播技术变革的性质造成的不平衡打击了经济制度的核心。"[①]在这里,传播一词同时包含早期经济史中商品交流的意义,也包含信息媒介的意思。

顺便说一句,把 communication 译成传播是不太妥当的,它是交流、通信的意思,也不仅仅包括信息的传递,也涵盖其他交流、往来的形式。中国人最早就把它译成"交通",成立于 1908 年的交通银行英文名称就叫 Bank of Communication。可惜在现代中国"交通"一词的原意逐渐被狭隘化,专指人员和货物的运输,而在人际交流通信意义上的本义反而被剥离掉了。一旦我们还原"交通"的本义,那么不妨说英尼斯自始至终都致力于"交通史"的研究。

"传播"一词错误地暗示交流活动似乎是一个从中心向外围单向扩散的过程。但这一"中心—边缘"模型并非一无是处。事实上,正如贸易的发展自然会催生某些集中化的趋向,如集市、经济中心、商业寡头等,传播过程也会产生知识的垄断,某个地区或某个阶层逐渐成为知识的掌控者。而边缘地区则接受辐射式的影响,越是位处边缘,知识的传达就越弱,但权威的控制力也越弱,因而酝酿着变革的契机。后面我们将看到英尼斯如何把经济学中的垄断理论应用于传播研究之中。

三 偏见:历史和历史学

英尼斯最具影响的著作《传播的偏向》(*The Bias of*

[①] 〔加〕哈罗德·伊尼斯:《帝国与传播》,第 158—159 页。

Communication)一书的标题恰当地概括了他的核心洞见。上面我们提到了"传播"一词的双重含义,下面我们将看到"偏向"一词同样具有双重含义。

当然,英尼斯本人并没有明确解释这些含义,正如海耶尔所说:"不消多说,英尼斯并没有为我们提供他核心术语的现成定义。恰恰是他最有影响的著作的标题,'传播的偏向',就以一种不寻常的方式把'传播'与'偏向'二词链接了起来。"[1]

"偏向(bias)"一词略带贬义,一般用来指责某人的观点"偏见"或态度"偏心",这也正是《传播的偏向》一书中"偏向"一词被经常使用的方式,即意指在传播媒介的影响下,人的偏见。

在前言中,英尼斯就开宗明义地说:"本书试图回答一篇心理学文章提出的一个问题,已故的麦克马斯特大学的哲学教授詹姆斯·本·布洛克(James Ten Brocke)提出这样一个问题:'我们为什么要注意我们所注意的事情?'我这些文章未能回答这个问题,但它们反映了我受到吸引以后所做的一些思考。它们强调,在决定'我们所注意的事情'方面,传播起到了重大的作用。同时又说明,'我们所注意的事情'发生变化之后,传播的变化就接踵而至。"[2]

所谓"偏见",正是"注意我们所注意的事情"的偏向。而对偏见的反思是从作为经济史家的英尼斯本人开始的。英尼斯随后说道:"据信,历史并非天衣无缝的一张大网。历史是由时空经纬编织而成,这张大网是不平坦的,它产生了许多扭曲的模式。作为经

---

[1] Paul Heyer, *Harold Innis*, *Critical Media Studies*, Lanham: Rowman & Littlefield, 2003, p. 60.

[2] 〔加〕哈罗德·伊尼斯:《传播的偏向》,第35页。

济学家的我，有一种偏向，或许会把垄断理论推向不合适的极端。然而，社会学家有责任去检测其工具的局限性……循环理论与之相似。"①

在这里，英尼斯暗示了他所使用的理论工具，即垄断理论和循环理论。同时，英尼斯清醒地认识到自己的局限性，事实上英尼斯在这里强调的恰好是知识社会学的"反身性"原则。他曾经提出："我们需要一种社会科学（尤其是经济学）的社会学或哲学，一种知识的经济史，或一种经济史的经济史。"②

通过研究历史的偏向，历史学家同时也在反省和确认自己的历史学的偏向；通过考察其他时代或其他文明的偏向，我们也同时在反观自己文明在现时代的偏向。

英尼斯认为，历史学受到两方面的威胁，"对现在的执着"和"好古癖"，其中经济史最为突出，经济史家要么把历史学与经济学割裂开来，要么把它当作经济学的基础。③ 英尼斯认为历史学是带着对当下有所反思的视角去考察历史的，以史为鉴，从历史的相似和对比中，我们能够更好地认识到当下的局限性。既不能把历史当作与当下毫无关系的另一世界的故事，也不能完全用当下现成的标准去裁量历史。

历史学研究也有两种偏向：偏向时间和偏向空间。前者过多关注历史的连续性，关心文化和宗教的传承发展，英尼斯把汤因比

---

① 〔加〕哈罗德·伊尼斯：《传播的偏向》，第35页。
② Paul Heyer, *Harold Innis, Critical Media Studies*, Lanham: Rowman & Littlefield, 2003, p.38.
③ 〔加〕哈罗德·伊尼斯：《传播的偏向》，第100页。

作为典型:"倚重宗教问题,忽视空间问题,尤其忽视行政和法律问题。"[①]而偏向空间的史学研究,则更关注当时的政权更迭、领土扩张、经济数据等,而忽视文明在时间尺度上的传承持续。

而历史学的偏向有双重来源,一是研究者的偏向,二是研究对象的偏向,也就是历史学家笔下那个时代的那个文明,本身有一种偏向,或者偏重时间,或者偏重空间。例如,考察蒙古帝国的历史时,历史学家就不得不侧重于领土扩张、攻城略地的方面,因为蒙古人本身就不偏重文化传承。英尼斯认为,不同文明在不同时代的不同偏向,是当时的主导媒介决定的。因此,有反省意识的历史学家不仅要顺着特定的偏向写作,更要追究相应时代的媒介环境。但这一工作是困难的,这是因为研究者本身也处于一个媒介环境之中,其视角本身也有偏向:"一种基本媒介对其所在的文明的意义,是难以评估的,因为评估的手段本身受到媒介的影响。"[②]

英尼斯认为现代学者受到印刷术、报纸、广播等空间偏向的媒介的影响,过分注重"当下",而失去了对时间问题的关切。时间被理解为一条线性的数轴,仅仅用来标识各历史事件的先后关系。和数理科学一样,现代经济学把经济关系变成单调的数据来考察,无论是古代还是当下的经济环境,都被放到相同的数学模型下分析,人的追求也都被简化为快乐值、幸福度之类的指标来评价。这正是芝加哥学派制度主义经济学强烈反抗的东西,

英尼斯的精神导师、芝加哥学派的代表人物凡勃伦就"对那种

[①] 〔加〕哈罗德·伊尼斯:《传播的偏向》,第72页。
[②] 同上书,第40页。

第六章 媒介的经济史——英尼斯的"偏见"

认为经济学法则放之四海而皆准的观念发起挑战",反对"享受主义计算法""理性经济人"等概念,而强调"追溯漫长岁月中人类的制度和习惯的复杂演变"。① 英尼斯也深以为然。他指出,那种重计算而忽视演变的研究方法正是现代媒介环境过分偏向空间而忽视时间的结果。

这种对时间的忽视和对当下的执着影响广泛,他提到:"机械化对印刷业产生的影响,其显著表现是,寿命短暂的东西的重要性日益增加。为了满足更多人的需求,肤浅之物势必成为必需之物……"②"执著于当前的心态,排除了对时期和时间的思考。"③让人们失去了历史感和长远的眼光,"生活在此刻,为此刻而生活,其实质是驱逐个体生存的连续性"④。现代人享受当下、及时行乐的快乐主义,注重眼前利益的商业主义,现代国家侧重军事扩张和文化殖民的发展趋势,都与失去历史感的大环境有关,"所谓专注于当下的执着,已经严重扰乱了时间和空间的平衡,并且给西方文明造成严重的后果"⑤。英尼斯试图在执着当下和好古癖这两种历史学偏向中寻求平衡,这同时也是为现代人的时空感官寻求平衡。他试图追溯"现代人对时间的执著出现之前,人们对时间的态度有何变化"⑥"考虑其他媒介对各种文明的意义,可

---

① 〔美〕丹尼尔·杰·切特罗姆:《传播媒介与美国人的思想——从莫尔斯到麦克卢汉》,第161页。
② 〔加〕哈罗德·伊尼斯:《传播的偏向》,第119页。
③ 同上书,第123页。
④ 同上书,第125页。
⑤ 同上书,第113页。
⑥ 同上。

以使我们更加清楚地看见自己文明的偏向。无论如何,这可以使我们对自己文明的特征抱更加谦虚的态度。"①

英尼斯的"偏见"还有很大一部分是出于他作为加拿大人的身份,英尼斯热爱他的祖国,这并不是狭隘的民族主义,而是体现着他对自己历史处境的尊重和关切。加拿大处于现代西方文明的边缘地带,是英、法、美等大国角力的舞台,英尼斯对加拿大的国际境遇极为关切,对美国施加的经济压迫和文化侵蚀感同身受,正如切特罗姆所说:"英尼斯的传播研究,至少有一部分是他以一名清醒的加拿大人的身份,对战后美国的文化蔓延和经济霸权展开抨击开始的。"②凯利更是把英尼斯的加拿大视角和对口语传统的偏重诠释为"地方性知识"的理论③。凯利认为英尼斯在加拿大发现了"知识的新大陆",这是一种地方性的、参与式的,而非普适的、观察的知识形式。④ 这种把英尼斯塑造成一个后现代知识社会学家的诠释当然有过度之嫌,但并非空穴来风,鉴于英尼斯对"知识经济学"的开辟和对对称性、反身性的强调,完全可以与后现代思想产生共鸣。

无论如何,英尼斯对加拿大寄予厚望,因为加拿大位于现代西方文明的边缘,是各大权力中心之间的夹缝地带,而这也是最可能

---

① 〔加〕哈罗德·伊尼斯:《传播的偏向》,第72页。
② 〔美〕丹尼尔·杰·切特罗姆:《传播媒介与美国人的思想——从莫尔斯到麦克卢汉》,第158页。
③ J. W. Carey,,"Innis 'in' Chicago", C. R. Acland(ed.), W. J. Buxton(ed.), *Harold Innis in the new century: Reflections and refractions*, Kingston: McGill-Queen's University Press,1999, p. 102.
④ 同上书,p. 100。

酝酿变革的地方。这正是他在传播史中观察到的历史模式,当垄断者占据中心时,动荡的苗头就会在边缘地带酝酿,新媒介从边缘开始流行,最终建立起新的秩序。

四 正反合:历史的循环

前面说到英尼斯暗示其理论工具为"垄断理论"和"循环理论",这指的就是"中心—边缘"的历史轮转模式。

据信,英尼斯深受"加拿大辩证法传统(Canadian Dialectical Tradition)"[①]的浸染,尤其受黑格尔影响颇深,而《传播的偏向》第一章标题就引用了黑格尔的"密涅瓦的猫头鹰",来解说他的历史模型。

黑格尔把历史看作绝对精神自行运转,经过自我否定到自我肯定实现自身的过程。在黑格尔的辩证法看来,每一个观念都包含着异化和自我否定的因素,而从"正题"中异化分离出来的"反题"与"正题"形成张力,互相充实,升华为"合题",于是绝对精神自我实现的历史迈入了一个新阶段。

虽然没有明言,但英尼斯的历史模型与黑格尔如出一辙,只不过在英尼斯那里,正—反—合的历史过程不仅仅是观念与观念之间抽象的对峙、碰撞和融合,而是在现实中发生的——观念并非漂浮于虚空之中,而总是被特定的人群所持有,又不断向其他人传

[①] J. Stamps, "Innis in the Canadian Dialectical Tradition", C. R. Acland(ed.), W. J. Buxton(ed.), *Harold Innis in the new century*: *Reflections and refractions*, Kingston: McGill-Queen's University Press, 1999, p. 46.

播。在观念的发展史中,处于中心位置的以某种媒介控制着某种观念的某些人,与从边缘诞生的以另一种媒介发起另一种观念的另一些人相互交流——历史的运转正是这些人与人、阶层与阶层、文化与文化、地域与地域之间的对峙、碰撞和融合。

英尼斯说:"在文明的政治史和军事史中,知识垄断与有组织力量(organized force)之间的相关性,是显而易见的。对学问的兴趣意味着社会的稳定,在稳定的社会中,有组织力量的强大,足以给社会提供持久的保护。对学问的专注必然会形成文字的传统,而且要产生垄断的文化成分。垄断成分必然产生僵化,必然缺乏与口头传统和口语的接触……在这种变化的过程中,有组织力量和口语的关系随之削弱。在技术变迁面前,崩溃随之发生。这种崩溃发生在边缘地区,因为知识垄断的影响达不到边缘的地区。"[1]

简单地说,交流带来知识的繁荣,而知识的繁荣必定促成学术的中心,建立学术的传承。而学术传承制度化以后,就形成知识的垄断,一个特定的群体把持着权威的教条。进而,垄断势必造成僵化,教条带来停滞,知识的繁荣往往在其达到顶峰后盛极而衰——"文化繁荣出现在崩溃的前夕"[2],这就是所谓"密涅瓦的猫头鹰"在文明的黄昏时才起飞。而在边缘地区,由于受到垄断力量的控制较弱,因此蕴含着变革的动因,某些新的知识形态借助新的媒介在边缘的地区或阶层中传播开,形成与垄断者对峙的新力量,打破

---

[1] 〔加〕哈罗德·伊尼斯:《传播的偏向》,第38页。
[2] 同上书,第39页。

第六章 媒介的经济史——英尼斯的"偏见"

权力的平衡,新的秩序呼之欲出。英尼斯说:"知识垄断到了一定的程度,人的精神就取得突破,在新的社会层次上和社会的外围地区取得突破。"[①]而这"繁荣—垄断—失衡—革新"的历史循环理论,正是英尼斯治史的线索,他认为:"在每一个时期,我都试图追踪,传播媒介对于知识的性质有何含义,并试图说明,知识的垄断或寡头积累到一定程度时,平衡就搅乱了。"[②]

知识垄断又分两个维度,一是时间垄断,二是空间垄断。时间指的是知识的保存和传承问题,空间则是说知识在广阔的领土间传达和控制的问题。不同的文明根据其主导媒介的不同,有着不同的时空偏向,有些更偏向时间,这种文明更具宗教性;另一些更偏向空间,这种文明就更具扩张性。过分偏向时间的文明有很强的文化韧性,但难以建立强盛的帝国,也会抑制创新的活力。而过分偏向空间的文明可能短时间控制大片疆域,但难以维持文化的凝聚力,很快就会分崩离析。

而人们控制和传播知识的方式取决于媒介的特性,有些媒介将加强时间偏向,而另一些则加强空间偏向。英尼斯说:"根据传播媒介的特征,某种媒介可能更适合知识在时间上的纵向传播,而不是适合知识在空间中的横向传播,尤其是该媒介笨重而耐久,不适合运输的时候;它也可能更加适合知识在空间中的横向传播,而不是适合知识在时间上的纵向传播,尤其是该媒介轻巧而便于运输的时候。所谓媒介或倚重时间或倚重空间,其涵义是:对于它所

[①] 〔加〕哈罗德·伊尼斯:《帝国与传播》,第148页。
[②] 同上书,第38页。

在的文化,它的重要性有这样或那样的偏向。"①

　　当然,偏向是相对而言的,不可能有只讲宗教而毫无军事扩张的文明,也不会有完全不重视文化传承的文明;在同一文明内部,各个地域和阶层也有着不同的倾向,宗教组织和军事组织总是并存于世,多种传播媒介也同时发挥作用。只是根据这些地域之间或阶层之间的从属和控制关系,文明展现出某种整体的偏向。英尼斯认为:"不同的文明以不同的方式看待空间观念和时间观念。而且,在同一文明里,不同时期、不同地域的态度也大不相同。印刷术以降的西方文明即为一例。即使在一个政治区域里,不同地域的人对时间和空间的态度也迥然殊异……在解释这些差异时,我们的着力点是传播技术的变革。"②

　　只有在难得一遇的"间歇期",某些文明可能在时间与空间之间达成平衡,既稳定又活跃,各个阶层之间也相处融洽,这就是文明的繁荣期。这种平衡往往由媒介的变化导致,新旧两种媒介环境之间构成张力,形成了动态的平衡。但这种平衡是不稳定的,技术不断在革新,平衡一再被打破,文明最终还是会偏向一边。英尼斯指出:"宗教组织倚重时间,政治组织倚重空间,在这两者之间求得相对平衡的帝国,却受制于技术变迁而引起的动荡。"③

　　例如,古希腊时期一方面是由剧院、广场支持的口语文化传统,另一方面是改良后的元音字母文字带来的文字传统。希腊的口语传统重视时间,诗人传送着英雄的事迹,人们在公共生活中追

---

① 〔加〕哈罗德·伊尼斯:《传播的偏向》,第71页。
② 〔加〕哈罗德·伊尼斯:《变化中的时间概念》,第35页。
③ 〔加〕哈罗德·伊尼斯:《传播的偏向》,第147页。

求不朽的声名,这正是阿伦特所谓的"积极生活"。而以元音字母和莎草纸为媒介建立起来的文字传统则忽视时间,追求静态的理念世界。

但希腊人强大的口语传统没有立刻被文字传统推翻,而是与文字环境互相补充,有机地结合在一起,促成了伟大的希腊奇迹。但最终文字还是压倒了口语。英尼斯提到"文字的广泛传播加深了城邦之间的鸿沟,促进了希腊文明的瓦解"①。在希腊思想的顶峰,在柏拉图的身上还残留着口语传统的深刻影响,但柏拉图已经义无反顾地拒斥了口语传统,在他的理想国中驱逐了诗人。这恰好标志着盛极而衰的历史轮回。

英尼斯就用这样一套历史模型,梳理了从苏美尔到现代的整个西方文明发展史(偶尔述及中国和印度)。他提出了许多有意思的判断。例如,埃及和巴比伦通过复杂的文字系统垄断知识,而对垄断的摆脱则发生于边缘地区,即腓尼基人发明的字母表。②又如,"苏美尔文明对黏土的依赖,到了巴比伦人对石头的依赖以后才得以抵消。于是,卡西特人建立的巴比伦第二王朝时期,就实现了相当长期的稳定"③。英尼斯还把古希腊梭伦和克里斯梯尼的改革解释为"口头传统对时间的垄断走向衰落……空间问题日益重要,平民阶层兴起,文字普及,"④。而托勒密王朝在亚历山大里亚兴建图书馆的行为被解释为"为了抵消旧都底比斯僧侣阶级的

---

① 〔加〕哈罗德·伊尼斯:《帝国与传播》,第 107 页。
② 同上书,第 76 页。
③ 同上书,第 103 页。
④ 同上书,第 144—145 页。

影响。俗语系统和硬管笔受到鼓励,从而损害了僧侣书写和软管笔"①。西欧的修道院制度的背景则是"埃及的莎草纸供应被伊斯兰教徒切断之后,产生了知识的垄断,修道制度的势力因此而得到加强"②。还有"如果第一次世界大战可以视为报纸和图书的冲突,那么,第二次世界大战可以被认为是报纸和广播的冲突"③。法西斯主义的兴起则被解释为"时间垄断的消失加速了国家控制的扩张"④。

我截取了这几段只言片语列在这里,事实上在英尼斯本人的文字中,这些断言往往也是跳跃而出,往往并没有细致的概念辨析和详尽的历史展开。要仔细梳理、重现英尼斯的历史叙事是相当困难的,也没有必要,毕竟英尼斯的主要贡献在于对媒介史勾勒出的叙史模型。

五 纸的历史

虽然要从英尼斯草稿似的文体中梳理出清晰的历史叙事并不容易,我仍然希望选取一个焦点,展示一些实际的编史实践。英尼斯对媒介的关注面是比较窄的,虽然在广义的"交通媒介"的意义上,英尼斯也偶尔关注车马、河道等问题,另外在现代部分也关注广播和电报。但其传播史工作主要聚焦于文字的载体方面,除了古代的泥板、石板等,主要就是广义上的纸,包括莎草纸、羊皮纸、

---

① 〔加〕哈罗德·伊尼斯:《传播的偏向》,第 83 页。
② 同上书,第 51 页。
③ 〔加〕哈罗德·伊尼斯:《变化中的时间概念》,第 151 页。
④ 〔加〕哈罗德·伊尼斯:《传播的偏向》,第 124 页。

第六章 媒介的经济史——英尼斯的"偏见"

麻布造纸、印刷书、木浆造纸等的沿革历史。

莎草纸用产于尼罗河流域的纸莎草制作而成,它的"生产局限在一个很小的地区,它适合一个集权政府的需要"①。莎草纸的供应支持了古埃及、希腊和罗马的文明进程,早在法老时期就是地中海地区最重要的"大宗商品"之一。莎草纸便携和易损的特性带有空间扩张的偏向,更因为原产地的集中使之容易被垄断,因此适合集权政府的管理。但在帝国的边缘地区,知识的传播就有些捉襟见肘了,他们迫切需要一种新的媒介,西欧的识字者选择了羊皮纸。

事实上,欧洲的教会直到11世纪仍然在使用莎草纸书写一些公文,而拜占庭帝国对莎草纸的应用可能更久一些。毕竟无论如何,作为垄断者的上层阶级总容易获取这些材料。他们缺乏改革的动力。但边缘地区就不一样了,特别是兴起于蛮族的西欧各国,它们远离文明的中心,也没有什么大城市,更谈不上知识中心了。在农村地区建立的修道院是欧洲中世纪保存知识的唯一薪火,而修道院与羊皮纸互相支持,形成了新的媒介环境。

英尼斯接着说:"羊皮纸适合非集中化的农业经济。羊皮纸耐久,用它抄写的书查检方便,所以它特别适合大部头的书,尤其是《圣经》和法律书。反过来,抄写大部头的书又很困难,所以其产量很受限制……因为主要靠莎草纸卷保存的文明的材料,必须要用羊皮纸重新抄写,因此就兴起了一个彻底的审查制度。围绕羊皮

---

① 〔加〕哈罗德·伊尼斯:《传播的偏向》,第86页。

纸的知识垄断重视宗教,损害了法律。羊皮纸这种媒介适合修道制度从埃及向欧洲的传播。"[1]

羊皮纸《圣经》"更加耐用、紧凑、且容易翻阅",这"加强了《圣经》的地位,也加强了法典的地位……《圣经》的厚重和权威就得以凸显了"[2]。

也就是说,尽管修道院制度起源于埃及,但最终却在西欧生根开花,这并非偶然。边远的地理位置决定了欧洲人必须倚重羊皮纸,而另一方面,羊皮纸反过来又促进宗教生活,加强宗教的权威,使得修道院制度形成体系,控制了知识:"羊皮纸的特性给修道院的组织力量提供了强大的动力。"[3]"对西欧强大宗教组织的发展做出了贡献。"[4]最终基督教会成为了新的知识垄断者,修道院中的经院学者发展出一套与希腊式的学院完全不同的新的知识形式。

然而,历史的车轮继续滚动,盛极而衰的循环又开始了。在托马斯·阿奎那集大成的工作让经院哲学臻于巅峰之时,修道院制度下的知识垄断已然日薄西山。新的竞争媒介又出现了。"这种新媒介在西欧的边缘露面,它满足下层社会阶级的需要。"[5]这就是来自于中国,经伊斯兰世界传西欧的"纸张"。

英尼斯指出:"基督教组织强调的是对时间的控制,而知识垄

---

[1] 〔加〕哈罗德·伊尼斯:《传播的偏向》,第86页。
[2] 同上书,第49页。
[3] 同上书,第148页。
[4] 同上书,第154页。
[5] 同上。

断是以羊皮纸为基础的。后来,纸张和羊皮纸唱起了对台戏。贸易和城市的发展,俗语地位的提升,律师地位的日益重要,都要依靠纸张的支持。纸张加强的是民族主义的空间观念。"①

莎草纸适合中央集权,羊皮纸适合农业经济,而纸张则适合商业和城市的发展。"纸的生产传到欧洲是商业革命的标志,这场革命始于1275年前后,纸张的使用推动了信用的成长,其表现是保险单和汇票的使用。"②随纸张一起传来的阿拉伯数字也大大促进了商业。

羊皮纸可以在农村由牧民制作出来,但纸张的大量生产则依赖于商业和手工业,因此首先在城市中心发展起来。"造纸工业在巴黎和朗格多克等中心发展起来,以适应政府、大学和一般学校的需要。造纸需要长期的学习和训练,这种熟练劳动具有垄断性,曾有许多人尝试控制造纸工人的流动,但是,工人流动到原料产地和成品产地的成本比较高,不如运输原料和成品节省钱。纸的生产与羊皮纸不同,羊皮纸生产的地域可以很宽广;但是从碎布供应到销售市场来说,纸基本上是城市的产品。乡村修道院控制教育的局面,已经被取代。城市的教堂和大学发展了。"③

伴随着纸张取代羊皮纸的,是商人阶层和手工业者地位的变化,从边缘走向中心;城市中的大学也逐渐取代农村中的修道院,成为知识的中心。经院哲学和教会的权威受到挑战,市民社会的兴起让教权与王权之间不太稳定的平衡状态趋于打破,呼唤着新

---

① 〔加〕哈罗德·伊尼斯:《传播的偏向》,第89—90页。
② 同上书,第159页。
③ 同上书,第160页。

的平衡。

教会和修道院也开始反击①,教会组建了宗教裁判所试图加固对知识的垄断,而从修道院传统中新兴的修会如多明我会和方济各会也开始利用纸张、俗语,并更多地展开布道活动。

事实上,"保守势力"的"垂死挣扎"是有益的,这种新旧媒介对峙的张力正是促进文明鼎盛、思想繁荣的条件。英尼斯认为:"宗教组织的知识垄断倚重羊皮纸和乡间的修道院制度,政治组织的知识垄断倚重纸张,倚重都市的工业和贸易。这两种知识垄断的融合,使法兰西帝国的力量和影响大大加强。"②

然而,纸张的垄断也是短暂的,这一新垄断建立起来不久,又遭遇了印刷术的挑战。英尼斯说:"先是修道院垄断知识,接着是大城市的抄书匠行会垄断知识。大部头书籍的价格不菲,于是就有人企图用机器来对书籍进行再生产,结果就是德国人发明了印刷机。当时的德国处在抄书匠行会把持地区的边缘位置。法国的集中控制方针使之不善于逃避行会的垄断,政治上分裂的德国却比较能够逃避行会的控制。"③

中世纪晚期直到现代,历史的车轮飞速转动,新媒介的更替此起彼伏,中心与边缘的交锋也不断上演。但在英尼斯的笔下,这一段紧张的历史进程始终遵循着他的垄断—循环理论,每一次变革都发生于前一个垄断结构的边缘地带,背后也都有新媒介的身影。当然除了媒介技术的革新之外,各国不同的地缘环境、文化背景都

---

① 〔加〕哈罗德·伊尼斯:《帝国与传播》,第166页。
② 同上书,第167—168页。
③ 〔加〕哈罗德·伊尼斯:《传播的偏向》,第89—90页。

先后扮演了不同的角色。英尼斯总结道:"自从密涅瓦的猫头鹰从君士坦丁堡起飞以来,它只是短暂地在西方找到了栖息之地。它从意大利飞到法国、荷兰、德国,法国革命之后,它飞回法国,飞到英国,最后它又飞到美国。"①英尼斯认为美国文明的兴起与报业的发展不无关系,英国的出版管制制度在它的边缘地区酝酿起变革。报业在美洲占据主导地位,而报纸偏向于空间,因此美国文化呈现出偏爱扩张的帝国主义样貌。美国的兴起也与"快速印刷机、铝版浇铸法、整行铸排机、木浆造纸术"等一系列技术发明互相促进,最后这些技术伴随新兴的商业主义文化又传回欧洲,摧毁了欧洲的平衡,"对第一次世界大战的爆发,不无影响"②。

当然,上面的梳理添加了许多我自己的理解,也省略了大量英尼斯关注的环节,但英尼斯本人的叙述也是散乱粗糙的,许多断言也许经不起细密的考证,另一些则可能过于简单化。但从以上的梳理能够感受到英尼斯提供的线索的确能够展示一种与众不同的叙史框架,这一历史的峰回路转、跌宕起伏的紧张情节一点都不逊色于偏重军事与征服的历史叙述。

英尼斯作为媒介环境学的奠基人,在本书专设一章是理所当然的。但英尼斯的贡献不仅仅是为麦克卢汉作了铺垫,相比于后来的媒介环境学家,英尼斯仍有独特的理论意义,那就是他对历史

---

① 〔加〕哈罗德·伊尼斯:《传播的偏向》,第67页。
② 同上书,第96页。

学的"自觉"。

首先，英尼斯从经济史出发，注重物质因素和交通关系对历史的意义。

其次，英尼斯在一种知识社会学的意义上强调历史学的"反身性"，反思历史学本身的偏向。"强纲领"之强不在于它是无条件的，而是在于它是自我奠基的，它自己揭示自己的局限性。没有什么东西能够超然于历史之外，历史学家也不例外，他们同意是历史环境的产物。最好的态度不是竭力摒弃"偏见"，毫无偏向的立场根本是不可能的，对于这种绝对的中立性的要求本身也是现代媒介环境的产物。最好的态度是正视和反省自己的偏见，不是为了否决它们，而是为了确认它们。媒介史作为一种揭示"偏向"的学科，应当也能揭示它自己的"偏向"。对反身性的强调是英尼斯的重要贡献。当然，后来的麦克卢汉、翁、波斯曼等人，也都在一定程度上贯彻着反身性的要求，都对自己的语境和局限有所自觉。不过英尼斯在这方面是表现最为鲜明的。

最后，在具体的历史叙事上，由于写作风格或时间仓促的关系，英尼斯留下的著述是相对散漫的，但他运用"垄断理论"和"循环理论"，为人类历史勾勒出一个"正—反—合""中心—边缘"交替变迁的图景。

英尼斯的道路由麦克卢汉发扬光大。但麦克卢汉并非英尼斯的门徒，他们的出发点和理论风格都迥然不同。英尼斯从经济史出发，更偏重外在的关系和宏大的结构，强调社会结构的偏向；而麦克卢汉更偏重哲学的维度，更强调内在的意识活动，强调视觉、触觉等感官活动的偏向。例如，对于不同的媒介，英尼斯主要还是从它们的外在形态（是轻便还是厚重，是耐久还是易损）来判断它们的偏向。而麦克卢汉则会自觉进行现象学式的反思，考察它们作为媒介被人所"通过"时，给人造成的偏向。他不是从器物的形态结构方面，而是从人的感官方面来界定媒介的偏向的。

第七章　媒介的自然史
——麦克卢汉的方法

一　文学风格还是研究方法？

麦克卢汉（Marshall McLuhan，1911—1982）是 20 世纪最富影响也最具争议的媒介思想家。作为媒介环境学派的缔造者，其声誉曾大起大落，一度被捧上圣坛，又很快被冷落遗忘。随着网络时代之滥觞，他又以"先知圣贤"之名重新为学术界乃至整个文化界所熟知，但仍有人认其为只会用胡言乱语忽悠大众的江湖骗子。

这两种形象倒也并不矛盾，所谓先知、预言家，往往在怀疑者眼中就是个神神叨叨的疯子。麦克卢汉天马行空的行文风格和信手拈来的格言警句，也使得其著述难于得到严肃学者的认真对待。无论是否认同，人们更多地把麦克卢汉当作这样一个"巫师"来看待，许多人承认那些充满魔力的警句富有启发性，但并不把它们当作是务实的学术研究来看待。

这与现象学在英美学术界的遭遇有些类似，人们可能承认这些著作中有一些智慧的闪光，有一些给人启迪的妙语，但却拒不承认那是严肃的"科学"研究，顶多只是文学和修辞上的技巧罢了。

第七章 媒介的自然史——麦克卢汉的方法

以英语文学研究出道的麦克卢汉，遇到这样的理解更是顺理成章的事。但实情如何呢？正如现象学家那样，迥异的文风背后所反映的并不是简单的文学与哲学的对立，而是关于哲学的意义与方法的两种分道而行的认识。现象学家同样也在探索严肃的学术课题，甚至在追求"最严格"的科学方法，只是这种探索方法被局外人当成了文学手法。

如果说麦克卢汉貌似散漫、飘逸的风格，也不仅仅是一种文学手法，更不是由于积习难改的文学背景造成的，而是一种自觉的理论探索呢？我们必须对麦克卢汉的学说采取新的定位。

事实上，麦克卢汉早年攻读英语文学和哲学专业时，其论文远没有后期那样"文学化"。例如，他研究 19 世纪英国诗人梅瑞迪斯（George Meredith,1828—1909）的硕士论文，"加工精湛，文笔优美，和他后期的费解的文风比较，可以说是一篇精品"[①]。

梅洛维茨（Joshua Meyrowitz）提到："麦克卢汉从事文学研究出身，自然将自己视为印刷文化的产物；他在私人通信与学术对话中毫不避讳地指出，基于印刷术的思维及经验方式优于基于电子媒介的思维及经验方式。然而，若抛开麦克卢汉对印刷文化的迷恋不谈，单就其正式出版的著作而言，便不难发现他其实一直在努力跳脱印刷文本标准模式的窠臼。而且，在很大程度上，他成功了。"[②]

[①] 〔加〕菲利普·马尔尚：《麦克卢汉——媒介及信使》，何道宽译，中国人民大学出版社 2003 年版，第 29 页。
[②] 〔美〕约书亚·梅洛维茨："经典反文本：马歇尔·麦克卢汉的《理解媒介》"，载〔美〕伊莱休·卡茨等编：《媒介研究经典文本解读》，常江译，北京大学出版社 2011 年版，第 197 页。

这样看来，麦克卢汉在文风上的转折，与其说是因为割不断他从文学领域带过来的旧方法，不如说是为了开拓崭新的领域而努力摸索的新方法。这种方法的优劣得失暂且不论，我们首先应当认真重审这一实情，即麦克卢汉自觉地在以一种独特的方法进行着严肃的学术探索，而不是简单地用文学化、散文化这样的风格概念来回避问题。

当然，一些麦克卢汉的支持者和后继者也在试图从麦克卢汉碎片化的文本中体现出某些"方法论"。例如，媒介环境学派第二代的代表人物之一罗伯特·洛根（Robert K. Logan）就把麦克卢汉的方法论总结为38个要点[①]，如"媒介与技术是等价词"、"技术是人体的延伸、媒介是心灵的延伸""杂交系统""三个传播时代""地球村"等。且不论这些归纳是否准确，问题在于这些归纳大多只是麦克卢汉理论所展开的具体的观点、洞见和概念，而谈不上是一种"方法论"。而且，把三十几条要点散漫无章地罗列一番，也难以帮助我们理解麦克卢汉的探索方法，甚至只是平添混乱罢了。

要恰当理解麦克卢汉之方法，首先应当对麦克卢汉的学术定位有所把握，他的理论关切和研究趣味在哪里？

本书把整个媒介环境学派的学术领域定位为"媒介史"，所有的媒介环境学家首先都是一个史学家，麦克卢汉当然也不例外。在史学之内，还有许多种模式、套路、倾向和观点，这是各媒介环境

[①] 〔加〕罗伯特·洛根：《理解新媒介——延伸麦克卢汉》，何道宽译，复旦大学出版社2012年版。

学家的区别所在,如芒福德的文明史、英尼斯的经济史。那么,麦克卢汉所做的是哪种史学呢?在这里,我将把麦克卢汉的媒介史探索定位为一种"自然史"——这是一种乍看起来最不像史学的史学,但就方法论的层面来说,自然史恰恰是史学的基元。

二 "自然—史"的四重内涵

所谓"自然史",我指的正是英文中的"Natural History",一般被中译为"博物学",但笔者更倾向于"自然史"的译法[①]。不过在这里,我们不必过多纠缠译名优劣的问题,而是大致上把"自然史"看作"博物学"的同义词。

一般理解的博物学包括对植物、动物等自然事物的特征及其分类学研究,广义上的一些用法也包含对人工器物、风俗人情等知识的博闻杂记。不难发现,麦克卢汉的研究与广义的博物学工作形似。例如。《理解媒介》逐个描述了二十余种技术物(纸张、道路、服装、货币、时钟、印刷术、汽车等)的特征,并对它们进行归纳和分类——冷媒介/热媒介、光反射/光透射、声觉的/视觉等。正如一个博物学家那样,麦克卢汉取材广博,如数家珍般讲解着他陈列的各个展品。

但麦克卢汉与"自然史"的关系并非只是一种表面上的形似,而是在方法和旨趣的层面有着深刻的共通。而要理解这一点,我们首先要超越字面上的"博通万物之学"的概念,谈一谈"自然史"

[①] 胡翌霖:"Natural History 应译为'自然史'",《中国科技术语》2012 年第 6 期。

究竟有哪几层涵义。

"自然(nature)"一词包含两重意义,一是指与人工器物相对的"自然界";二是其本义:本性、本然、事物自己的内在根据。

而"历史(history)"一词也有两重意义,一是指人类"过去"的历程;二是其本义:一种经验性的"探究、研究"。

这两方面相交叠,"自然史"这一概念就至少包含四重内涵。

一是自然界的历程,尤其是在达尔文之后,这重含义的自然史大致等同于"演化史"。

二是对自然界的经验性探究,这大致是狭义上"博物学"的意思,包括对动物、植物、矿物等的分类和描述。

三是"本然的历史",即把历史发展看作由某种发自自身的内在力量所推动的自然进程,而不再以那些英雄伟人偶然外加的人为因素为探究重点。

四是"本然的探究",这是一种"回到事物本身"的基于经验和实践的偏重描述的探究方式,这是所谓"博物学"或自然史方法的精神内核。在某种意义上也恰是现象学的方法——这种方法旨在"对现象本身进行尽可能详尽地了解,这种了解并不是着眼于原理的普遍性,而是着眼于现象和事实的个别性、独特性、不可还原性,以直接的体验和经验为最原初最基本的依据。就此而言,胡塞尔开创的现象学哲学传统是有博物学精神的"[①]。

相应地,麦克卢汉的"自然史"也兼具上述多层含义。

第一,麦克卢汉侧重于技术物的演变历程,尽管技术物与一般

[①] 吴国盛:"追思博物科学",《中国社会科学报》2009年8月25日。

意义上的自然界正好对立，但相比于传统历史学家着眼于记录人类的思想和行动而言，麦克卢汉笔下的媒介技术显得更接近于"自然界"，亦即人类生存之"环境"。麦克卢汉并不关心这些技术究竟是由谁通过怎样的行动发明或推广起来的，他不关心人如何制造和改进这些媒介技术，而是关心由媒介技术所营造的"环境"及其对人类生活的塑造。

第二，前面提到过，麦克卢汉的工作与博物学家形似，长于博闻杂记，偏重描述、分类，更注重个人的经验性、感官性的观察。探索的成果经常以"陈列""并置"的方式展示出来。

第三，麦克卢汉把媒介技术看作人类历史的内在动因，或者说推动历史变迁的"因果机制"。当然这种因果性是否是机械决定论，我们之后再来讨论。无论如何，麦克卢汉关注的是历史的内在线索。

第四，麦克卢汉遵循某种"现象学—存在论"的探究进路，最终把对媒介的观察和反思升华为存在论层面的哲学洞见。

下面就让我逐一解说麦克卢汉之自然史探究的各项意涵。

三　媒介作为环境

"媒介即是讯息"麦克卢汉最广为流传的一句格言，也是其媒介理论的核心命题之一。不过这句话容易让人误解，麦克卢汉本人后来也并不喜欢这一表述，而是调侃地把它变成"媒介即是按摩"——"媒介其实是按摩（massage）而不是讯息（message），它给我们沉重的打击……以野蛮的方式给我们大家按摩。"[1]

说"媒介即按摩"当然是一句游戏之语,麦克卢汉更喜欢的表述是说媒介创造"环境"——"'媒介即讯息'的意思是,一种全新的环境创造出来了。"[2]"说技术或延伸创造新环境,胜过说媒介即讯息。"[3]

当然,"媒介即按摩"这一说法也并非信口乱说,麦克卢汉要强调的是媒介所创造的环境是一种将对人施加强有力的影响的过程:"一种媒介造就一种环境。环境是一个过程,而不是一层包装的外壳。媒介是行为,它作用于神经系统和我们的感知生活,完全改变我们的感知生活。"[4]

无论说媒介是讯息、按摩还是环境,最基本的出发点是对某种流俗的观点的反对,即以为"信息传递媒介是中性的"[5]。这种观点把媒介看成是传输信息的管道,在此之上展开的媒介理论所关心的只是如何疏通这些管道以便让信息更有效地传递。麦克卢汉说:"运输式的传播理论关心的问题是排除噪声,清除铁道上的干扰,让运输畅通……我对这样的理论没有多少兴趣。我的理论是,或者说我的关注点是,这些媒介对使用者产生什么影响。"[6]

---

[1] 〔加〕马歇尔·麦克卢汉:《麦克卢汉如是说》,第53页。
[2] 〔加〕马歇尔·麦克卢汉:《理解媒介——论人的延伸》,第11页。
[3] 〔加〕马歇尔·麦克卢汉:《麦克卢汉书简》,〔加〕梅蒂·莫利纳罗、科琳·麦克卢汉、威廉·托伊编,何道宽、仲冬译,中国人民大学出版社2005年版,第354—355页。
[4] 〔加〕马歇尔·麦克卢汉:《麦克卢汉如是说》,第62页。
[5] 同上书,第18页。
[6] 同上书,第156页。

第七章 媒介的自然史——麦克卢汉的方法

如果说媒介本身是讯息,那么人们通过媒介传达的内容是什么呢?当然,媒介的"内容"也是讯息,但同时也还是"媒介"——"新环境的内容总是老环境"①。麦克卢汉说:"任何媒介的'内容'都是另一种媒介。文字的内容是言语,正如文字是印刷的内容,印刷又是电报的内容一样。如果要问'言语的内容是什么',那就需要这样回答:是实际的思维过程……"②

"新环境总是'看不见'的"③,但新环境把老环境表达了出来。"换句话说,只有当它被新环境取代时,老环境才成为看得见的东西。"④麦克卢汉认为"电光"是这一命题的"一个最清楚明白的例证"——"轮子、印刷术或飞机能改变我们的感知习惯,人们往往持怀疑的态度。即使这样,一接触电光照明,他们的疑问就涣然冰释了。在这个领域,媒介即是讯息。电灯一亮,就出现一个感知的世界。电灯一灭,这一感知世界就荡然无存。"⑤

作为背景的灯光本身是看不见的,人们所看见的是被灯光照亮的东西,这些东西也许是原先的感知世界(可能是声觉—触觉的世界)中的背景,而在新的感知世界(可能是视觉的世界)中就成了清晰的客观对象或者惹人注意的艺术品。"文字刚发明时,柏拉图把先前的口头对话转变为一种人为的艺术形式。印刷术诞生时,

---

① 〔加〕马歇尔·麦克卢汉:《麦克卢汉书简》,第 354—355 页。
② 〔加〕马歇尔·麦克卢汉:《理解媒介——论人的延伸》,第 18 页。
③ 同①。
④ 〔加〕马歇尔·麦克卢汉:《麦克卢汉精粹》,第 362 页[238]。
⑤ 〔加〕马歇尔·麦克卢汉:《理解媒介——论人的延伸》,第 150 页。

中世纪变成一种人为的艺术形式……"①于是,在麦克卢汉看来,艺术家们提供了某种"后视镜"的视角,他们敏锐地捕捉时代的潮流,表达出环境革新。麦克卢汉指出,"后视镜"里看到的恰恰是"可以预见的未来。不是已经过去的东西,而是正在靠近你的东西"②。因此,艺术品既是对过去的留恋,也是对将来的把握。

然而,一般人并不像艺术家那样敏感,"新技术使我们麻木"③,人们的思考方式往往停留在过去的时代,以旧的模式理解新技术的意义。比如,"纸印书长期被认为是廉价和庸俗形式的手稿"④,汽车被看作无须牵引的马车,"广播看上去就是无须电线的电报","自动化是令人恐惧的一种极端的机械化"⑤,等等。这些就好比"把 X 光机用作电热器一样"⑥,是大大的误会。

麦克卢汉笔下的媒介环境,不仅只是恰好与一般所谓的"自然环境"分享了同一个词,而是内在关联着的概念,麦克卢汉甚至说媒介"不是人与自然的桥梁,它们就是自然"⑦。媒介环境之于人类,就如同自然环境之于人类那样起作用。

自然的历程是某种"自然选择"的演化史,在"环境"面前人是渺小而被动的。尽管人类不断地制作技术、改变环境,但这些行动似乎只是出于"适应"的压力而不得不如此。麦克卢汉说:"技术不

---

① 〔加〕马歇尔·麦克卢汉:《理解媒介——论人的延伸》,第 12 页。
② 〔加〕马歇尔·麦克卢汉:《麦克卢汉如是说》,第 198—199 页。
③ 〔加〕马歇尔·麦克卢汉:《麦克卢汉精粹》,第 362 页[238]。
④ 〔加〕马歇尔·麦克卢汉:《麦克卢汉如是说》,第 18 页。
⑤ 同上书,第 1 页。
⑥ 同上书,第 18 页。
⑦ 〔加〕马歇尔·麦克卢汉:《麦克卢汉精粹》,第 407 页[272]。

第七章 媒介的自然史——麦克卢汉的方法

断地改变人,刺激人不断地寻找改进技术的手段。于是,人就成为机器世界的性器官,就像蜜蜂是植物世界的性器官一样,它们使植物世界生殖和进化出更加高级的物种。机器世界给人回报商品、服务和赏赐。因此,人与机器的关系是固有的共生关系。古今如此,只不过到了电力时代,人们才有机会认识到自己与机器的共生关系。"[1]

于是,与进化论的图景类似,麦克卢汉的历史呈现出某种宿命论的景象,仿佛人的主动性和创造力不值一提,人类的命运、历史的走向、只是由"环境"所决定的。

的确如此,麦克卢汉并没有给出一个"积极进取"的图景,而是渲染着某种宿命论式的景象。千方百计地帮麦克卢汉从"媒介决定论"中开脱的方案都难以令人信服。麦克卢汉的这种"宿命论"或许有其天主教背景的影响,但更是出于他对媒介和历史的深刻洞察。

承认人类之渺小是一种诚实,而不是一种简单的悲观情结。关键是我们为什么总是觉得人应当控制命运、支配环境呢?为什么非要认为在自然面前的积极进取的姿态要比被动顺应更好呢?麦克卢汉清醒地认识到,这种对环境的征服欲也是由环境决定的。"使用拼音文字的人,从古希腊人直到现代人,在与环境的关系中,始终都表现出进击的姿态。他们需要把环境转换为语音的、文字的东西。这就使他们成为征服者、成为推土机和平土机。"[2]而相比而言,在口头媒介占主导的原始文化中,人们决不会认为对自然

---

[1] 〔加〕马歇尔·麦克卢汉:《麦克卢汉精粹》,第 398 页[264]。
[2] 同上书,第 427 页[285]。

的顺从和对命运的泰然是一种糟糕的事情。

当然,"顺应自然"并不是说人们不需要主动地去思考和行动——人虽然无力去控制命运的漩涡,但顺势而为仍然需要决断和勇气。即便选择冷眼旁观,也并不意味着对丰饶和贫瘠毫无判断,对灾厄和苦难无动于衷。

麦克卢汉从文学研究转入媒介领域,从一开始就是带着对现代性的忧思的。在撰写那部从文学转向媒介的过渡性著作《机器新娘》(初版于 1951 年)时,麦克卢汉所准备的手稿最初叫作《混沌指南》,后来又改为《美国的提丰神》。他借用希腊神话中的百头怪神,喻指现代人面对蜂拥而至的讯息面前的混乱与危险,最后才定名为《机器新娘》[1]。

尽管经常被认为是电子媒介时代的歌颂者,但我们也不能简单地认定麦克卢汉相信电子媒介的兴起就能够一劳永逸地解决印刷文化或工业时代的种种危机。根据其周围同事的回忆,麦克卢汉本人绝非无条件地信赖电子媒介。"有一次,他和多伦多大学的同事汤姆·洛根一道看电视的时候说:'你真想知道我对这玩意儿怎么看吗?如果你要我保留一点点残余的犹太—希腊—罗马—中世纪—文艺复兴—启蒙运动—现代—西方文明,你最好拿一把斧头把所有的电视机全部砸个稀烂。'……他也给儿子发出过类似的忠告。"[2]

---

[1] 〔加〕马歇尔·麦克卢汉:《机器新娘——工业人的民俗》,何道宽译,中国人民大学出版社 2004 年版,序言第 7 页。

[2] 〔美〕詹姆斯·莫理逊:"马歇尔·麦克卢汉:现代两面神",载〔美〕林文刚编:《媒介环境学:思想沿革与多维视野》,第 125 页。

第七章 媒介的自然史——麦克卢汉的方法

私下里警惕电视,但在研究著述中却以积极欢快的语调点评电视等新媒介的特色,这难道是一种虚伪吗?并非如此。麦克卢汉是有意识地采取这种态度的。

在《机器新娘》的序言中,麦克卢汉引用了爱伦·坡的《大漩涡》来比喻人们在铺天盖地的广告和娱乐化的信息面前的"无助"状态。他认为,在追寻何以逆转这一无助境况的方法的过程中,"埃德加·爱伦·坡的《大漩涡》不断浮现在我的脑际。爱伦·坡笔下的水手逃生的办法,是研究漩涡的作用并顺势而行;同样,本书不准备去攻击那些由报纸、广播、电影和广告灯机器的替身在我们周围制造的巨大潮流和压力。然而,本书准备让读者置身这个漩涡的中心,让他钻进去观察事态的作用。去观察演变之中、人人卷入的情景。我们希望,在分析这个戏剧性情景的过程中,许多具体的谋略能够自然而然地浮现出来"[1]。

也就是说,麦克卢汉认为,在环境或命运面前,出路不是去强求抵抗,而是顺势而行,而顺势的前提是要把握时势,这就要求一种深入的观察。因此,研究者不必绞尽脑汁地凭空去构建一套方案或蓝图,而是用一种顺势的、卷入的、亲身的观察活动来取得对境遇的把握,最终让具体的谋略自然而然地浮现出来。

但麦克卢汉话锋一转,接着说:"然而,本书很少考虑这样的谋略。"

---

[1] 〔加〕马歇尔·麦克卢汉:《机器新娘——工业人的民俗》,序言第1页。

爱伦·坡的水手被锁进漩涡,与那些被卷入的东西一块儿在里面转动的时候,他却是这样说的:"我一定是精神错乱了,看见这些漂浮物时,我竟然推测它们各自不同的下沉速度,并从中找到乐趣。"

他用旁观者的态度观察自己的处境。这样的理性距离使他从中得到了乐趣;乐趣又给他线索,使他能够逃离这个迷宫一样的大漩涡。本书以同样的精神,给读者提供消遣。许多习惯于道德义愤的人,可能会把寻求消遣的态度当作道德上的麻木不仁……①

这种玩世不恭的游戏心态不能简单地归结于"乐观"。这种深深卷入但又保持距离、亲身体察但又故作客观、忧患警惕但又乐在其中的态度,看似充满矛盾,其实也不难理解。事实上,这就好比博物学家在大自然中探险——尽管探险家们比谁都明白沙漠和丛林的凶险,他们仍然可能乐在其中。无论他们正在观察的植物是有益还是有毒,动物是温顺还是凶暴,欣赏这种多样性并获得丰富的经验和知识本身就是一件激动人心的事情。

麦克卢汉之"乐观"并不是基于某种对新技术的盲目崇拜,而是出于这种探险历程中的求知之乐。当他发现新媒介所开启的前所未有的可能性之时,就好比探险家踏进了一片前所未见的新天地,发现了奇异多彩的新物种,并且预见到一种新的生活环境的可能性,这时候当然会喜不自胜。

---

① 〔加〕马歇尔·麦克卢汉:《机器新娘——工业人的民俗》,序言第 2 页。

当然,麦克卢汉只是说"本书"很少考虑那样的"谋略",并不是说他始终不考虑,更不是指他反对别人考虑"谋略"的问题。但麦克卢汉从未僭越地站到全人类的立场上来考虑某种全体人类应对整个技术环境的谋略,他更多考虑的是具体的人在具体的技术环境可能采取的谋略,也就是如何理解媒介的特性,认清方向并顺势而为,而这就需要进入历史学的探究——"如果我们想在自己的文化中认清方向,就有必要与某一种技术形式所产生的偏颇和压力保持距离。要做到这一点,只需要看一看这种技术尚未存在的一个社会,或者它尚不为人所知的一个历史时期就足够了。"[1]

因此,历史学的探究最终能够帮助我们理解当下的处境,而个中的关键则在于这种呈现反差的对比方法。

四 界面的方法

由于旨在探索多样性并呈现反差,所以麦克卢汉的史学更关注于差异和非连续性,而不是讲述一个宏大的英雄史诗。

尽管天马行空的风格,涉猎广博的视野,以及对细节论证的忽略,让麦克卢汉的叙史也显得颇为"宏大",但这种"宏大"更像是平铺开一幅宏大的图景,或者一个宏大的展览馆,而不是循序渐进地展开一幅卷轴。

麦克卢汉是有意识地采取这种并排陈列的"博物馆"式的呈现

---

[1] 〔加〕马歇尔·麦克卢汉:《理解媒介——论人的延伸》,第31页。

方式的。他提到：

> 汤因比写历史的方式，是把一切文明都放到与我们当代同时的位置。于是，历史就具有现实意义，成为进行政治试验的可行模式。米德的《男性和女性》显示了同样的方法。她把几个社会的文化模式——彼此关系不大，与我们现在的模式也不搭界的文化模式——突然叠放在一起，像立体派即毕加索那种风格一样。这就大大丰富了人类的各种潜能。凭借这种方法，我们可以与当前的问题拉开最大的距离。只有拉开距离去进行观察，我们才能够听见理性的声音。[1]

麦克卢汉的策略是把不同的历史场景，文化模式，或者说媒介环境，"叠放"在一起，让多样性或差异自然呈现出来。麦克卢汉曾经宣称"我不解释，我只探索（explore，也不妨译为探险）"，这是他对在一次研讨会中针对默顿（Robert K. Merton, 1910—2003）的驳难的回应[2]，默顿指责麦克卢汉信口开河、缺乏论证，而麦克卢汉以这一句话予以回避。

麦克卢汉当然不是从不进行"解释"，但他更多的时候似乎只是闲庭信步般在其各展品间穿梭跳跃并指点解说其搜罗列数的各个题目，而缺乏一个系统的、连贯的论证链条。麦克卢汉解释一个事物的方式，恰恰不是用一条严密的链条把这个事物"锁定"起来，

---

[1] 〔加〕马歇尔·麦克卢汉：《机器新娘——工业人的民俗》，第3页。
[2] 〔美〕保罗·莱文森：《数字麦克卢汉——信息化新纪元指南》，何道宽译，社会科学文献出版社2001年版，第33页。

而是设法把它"打开",让它的各个侧面同时向多重的视角开放,"他的探索不是线性的或三段论式的解释,而是多侧面的解释,类似于立体主义画派同时表现物体许多侧面的风格"[①]。

默顿批评的是麦克卢汉关于其《机器新娘》的报告,《机器新娘》大致上是一个剪报簿,其中搜罗了59篇(不到其剪报手稿的1‰[②])报纸广告和麦克卢汉对其的评论。这种"剪报+点评"的方式也延续到后来的成名作《古腾堡星系》和《理解媒介》之中,只不过拣选的对象不再是报纸广告,而是历史事件或媒介技术。

从《机器新娘》开始,麦克卢汉就是有意识地使用这一马赛克拼图的剪报体例来写作的,这也正是"报纸"本身的风格。而麦克卢汉认为在报纸这一文本上所体现的"非连续性"特征,与现代科学(量子论)、现代艺术(毕加索)、现代文学(乔伊斯)、现代历史学(汤因比)等方面所体现的"非连续性"是共通的:

> 以各自不同的方式存在的非连续性,是量子论和相对论物理学的基本观念。这是汤因比看文明的方式,也是米德看人类文化的方式;同时,这也是毕加索绘画的视觉技巧和乔伊斯文学创作的手法。[③]

---

① 〔美〕詹姆斯·莫理逊:"马歇尔·麦克卢汉:现代两面神",载〔美〕林文刚编:《媒介环境学:思想沿革与多维视野》,何道宽译,第142页。
② 李洁:《传播技术构建共同体——从英尼斯到麦克卢汉》,暨南大学出版社2009年版,第107页。
③ 〔加〕马歇尔·麦克卢汉:《机器新娘——工业人的民俗》,第3页。

在成名作《古腾堡星系》(初版于 1962 年)中,麦克卢汉尝试着运用了他所发现的"汤因比写历史的方式"。显然,在这种风格上,麦克卢汉显得比汤因比激进多了:"《古腾堡星系》展开了一幅马赛克或一个场域来处理其问题。这样一幅由大量引人注目的资料和引证拼成的马赛克图像,提供了揭示历史的因果机制的唯一可行的方法。"[1]

后来麦克卢汉评价英尼斯的工作时,指出英尼斯从前期的经济史研究转向后期的媒介史研究时,改变了其"方法""他的工作方法变了,原来是从'观点'出发,后来是靠'界面'的方法,以产生洞见。在艺术和诗歌中,这正是'象征主义'的技法(希腊词的意思是'扔到一块儿'),就是靠形容法将不同的东西并置而不用任何连接成分。这是会话或对话的自然形态,而不是书面话语的形态。"[2]

事实上,无论是汤因比还是英尼斯,对这种"扔到一块儿"的写作技法,都没有麦克卢汉运用得那么自觉和鲜明。因此,与其把这种方法归功于汤因比或英尼斯,倒不如说这正是麦克卢汉的叙史方法。

这些被堆在一起的纷杂的材料,也并不是毫无关联的。恰恰相反,通过麦克卢汉的数理、分类和导览,读者将发现这些貌似不同的事物之间的关联。而这种联系呈现网络状的平面结构,而不是链条形的线性结构。

麦克卢汉所谓"揭示历史的因果机制",也决不能用牛顿物理

---

[1] Marshall McLuhan, *The Gutenberg Galaxy: the making of typographic man*, Toronto: University of Toronto Press, 1962. (卷首语)

[2] 〔加〕马歇尔·麦克卢汉:《麦克卢汉精粹》,第 138 页[90]。

学的方式，理解为一种线性的、单向的机械传动，而是意指事物之间互相影响、互相牵动的关联机制。经典力学恰恰是以某种孤立视角看待每一事项的，它只能看到在一个边界被严格控制的孤立系统中的固定的关系，而忽视了事物之间更为广泛的牵连关系。麦克卢汉指出："迄今为止文化史家们倾向于把技术事件孤立开，很像是经典物理学处理物理事件的方式……笛卡尔主义和牛顿主义者们的规程与历史学家们对个人'观点'的使用很接近。"①

麦克卢汉从"观点"走向"界面"，在"界面"上，因与果的诸元素以某种更发散、更松弛的方式勾连在一起。

在《古腾堡星系》中，所谓"星系（Galaxy）"，按照麦克卢汉看来，也可以用"环境"一词代替。"任何技术都倾向于创造一个新的人类环境……活字印刷创造出'公共'这一新环境。"②

尽管"星系"一词过于让人费解，而且麦克卢汉本人也在日后放弃了这个词而更多地强调"环境"，但"星系"一词也有某些好处，它更侧重于形容一幅碎片化、多元化的驳杂图景。这幅图景不再是基于一个固定的"观点"，而是由无数看似隔离但又互相牵连的散点构成。

而开辟出整个"星系"的是古腾堡的印刷机，在印刷媒介的影响下，人们的思想、文化、政治、生活、科学、宗教、艺术等各个领域都出现了许多新现象，而麦克卢汉的工作就是搜罗和记述这些事物，将他们摆置成一幅马赛克式的图样——近看是互相隔离、五颜

---

① Marshall McLuhan，*The Gutenberg Galaxy：the making of typographic man*，Toronto：University of Toronto Press，1962，p.5.
② 同上书，卷首语。

六色的碎片,但隔开距离却看得出秩序和结构的存在。马赛克的方法并不苛求细节呈现的精确严密,因此用放大镜去审视麦克卢汉论证的细部环节,将发现许多暧昧错乱之处,但这并不影响他所揭示的整体图景的冲击力。

"界面"其实也是某种"截面",是以某种方式对无限的历史材料来截取一个剖面。而一般现代人更熟知的编史方法则是仅仅抽取出一条线索,各种历史事件和材料通常被按照时间顺序被这一"线索"串联起来。而在"界面"中很难找到这一贯穿前后的线索,因而对这种编史手法过于陌生的读者经常会陷入混乱。

不过,从这种剖面图中所得到的理解,是否在梳理历史沿革的线索时是否仍然适用呢?麦克卢汉表示肯定,他提到:"结构主义者把处理问题的途径分为两类:历时的和共时的……共时方法假定任何文化事件的各种形式的所有侧面都同时呈现出来。尽管我是通过共时方法得出这些'媒介定律'的,不过它们也可以为历时方法所接纳,只要把它们填入历史背景和细节之中。"[1]

事实上,麦克卢汉的确从这些散点的、驳杂的观察和剖析出发,提示出(西方)历史自古至今发展沿革的脉络:口语媒介时代—文字媒介时代—电子媒介时代,交流媒介的变革作为理解历史的线索,新媒介的出现被看作推动历史变迁的动因。

---

[1] Marshall McLuhan, "McLuhan's Laws of the Media", *Technology and Culture*, Vol. 16, No. 1, 1975, pp. 74-78.

五　历史的动因

与英尼斯一样，麦克卢汉也把历史的变迁或文化的差异归因于媒介，口语到书写的转折基本上是所有媒介环境学家公认的最重要的一次历史性转折。不过针对书写时代的细节，英尼斯更关注与泥板、莎草纸、羊皮纸、纸张等书写载体的不同倾向，而麦克卢汉更加强调表意文字和字母文字的区别。

不过，麦克卢汉与英尼斯最关键的不同在于对媒介的偏向如何影响历史发展的理解。英尼斯从制度主义经济史出发，着眼于媒介技术的社会应用，由于不同的媒介更适用于不同的社会组织形式，便会形成不同的历史趋势。而麦克卢汉着眼于个体对媒介的使用，不同的媒介会延展和压抑不同的感官，因此会造成个人的感知和行为的不同倾向。

正如凯利所总结的："麦克卢汉和英尼斯都把传播技术认作核心，不同之处在于这种技术主要以何种方式发生作用。英尼斯认为传播技术主要作用于社会组织和文化，而麦克卢汉认为它们作用于感官组织和思想。麦克卢汉更多地谈论感知和思想而较少谈及机构；英尼斯则反之。"[1]

事实上，认识论与经济学，个体感知与群体互动，个人的生活世界与社会的组织结构——这"内""外"两方面总是互相影响的。

---

[1]　J. W Carey, "Harold Adams Innis and Marshall Mcluhan", *The Antioch Review*, Vol. 27, No. 1, 1967.

因此,麦克卢汉也承认媒介环境会影响社会组织结构,而英尼斯也同意媒介环境会影响个人的感觉和观念,但他们二人的出发点正好相反。

麦克卢汉所理解的历史变迁机制大致是,不同的媒介是人的不同的官能的延伸,因此会倾向于强化某些官能并压制另一些官能,而不同的"感官比率"让人们感知到不同的世界。在不同的感知世界中,人们有不同的行为倾向和交流模式,最终影响到人类文化的不同发展趋势。

说到这里,我们有必要进一步讨论"感觉比率"这一关键概念。麦克卢汉认为"媒介"或者"技术"是"人的延伸",简单的意思也就是说技术总是人体的某种或某些官能的延长、扩大或强化。比如,眼镜是眼的延伸,轮子是脚的延伸,衣服是皮肤的延伸,城市和社会也是人体的防御和平衡机制的延伸,等等。在麦克卢汉看来,"人的一切人工制品,包括语言、法律、思想、假设、工具、衣服、电脑等,都是人体的延伸"[①]。

一方面,"人的延伸"这一概念揭示了人的能力的无限开放性,任何动物就其身体本身的机能而言往往比人类强大或灵巧得多,但动物的能力只能以其身体机能为极限,人类却可能借助各式各样的技术去延伸自己。

另一方面,人终究又是一个有限的存在,特别是,每一个人永远只能从他自己有限的处境出发,以一个特定的视角去感知一切。当我的某些机能由技术所延伸时,我个人的感知世界并不会凭空

---

① 〔加〕马歇尔·麦克卢汉:《麦克卢汉如是说》,第192页。

增加。因为当我专注于某一些感官或能力时，其他感官则会相应被抑制。

麦克卢汉把"感觉"比作颜色①，一种颜色是红、绿、蓝等各原色的调和，但其总量永远都是100%。比如，黄色是50%的红加50%的绿，但在黄色中增添更多的红色，并不会把它变成某种70%的红加50%的绿的120%的状态，我们看到的总是某种100%的颜色。当红色的比例增多时，绿色就被压抑，甚至被冲淡或遮蔽。感觉也是类似，当某类感觉特别强烈时，其他背景就将变得模糊、迟钝乃至麻木、关闭，例如"止痛耳机"②可能通过过量的噪声掩盖痛觉。

"媒介作为我们感知的延伸，必然要形成新的比率。不但各种感知会形成新的比率，而且它们之间在相互作用时也要形成新的比率。"③每一种新技术的引入都将改变人类诸种感官间的相互关系，延伸视觉的技术将可能削弱听觉和触觉的地位，有些技术倾向于增强某几种感官之间的互通联系，而另一些则倾向于将它们割裂开来。

基于这样的方法，麦克卢汉对各种媒介技术都做了"感觉"的分析，其中最有代表性的就是对"口语""文字"和"电子媒介"三个时代的评述。麦克卢汉认为不同历史时代的各种不同的文化特征，根源就是人们拥有不同的感觉比率。口头语言延伸和强化的是听觉，于是口语文化的人们所感知的是某种声觉的空间，这又塑

---

① 〔加〕马歇尔·麦克卢汉:《理解媒介——论人的延伸》,第61页。
② 同上书,第60页。
③ 同上书,第71页。

造了口语文化人在思维、认知和生活方式上的各种特性。相应地，文字，特别是拼音文字和印刷术所塑造的是一个视觉的世界。到了电子媒介的时代，听觉—触觉又再度成了主导。下面，我以口语文化与书面文化的评析为例，例示麦克卢汉的研究。

"语言"也许是人类最基本和最重要的一种延伸，人类凭借语言才能把握世界的结构。要对世界形成知识，首先要能够在一定程度上与世界相分离，从而才能够与世界相照面。动物与其世界完全融为一体，从而不可能产生对象化的知识。麦克卢汉引述柏格森的话说："如果没有语言，人的智能就会全部卷入其注意的客体。语言之于智能犹如轮子之于脚和人体。轮子使人的肢体更轻盈、快速地在事物之间移动，而卷入却日益减少。"[1]

从口语到文字再到印刷术，语言的发展史似乎正是人与世界日益疏离的历史。文字的意义绝不只是能够把原有的语言记录下来以便更广泛地传播，而是从根本上改变了"语言"的性质。如果没有体验过无文字的口语文化，我们这些识文断字的人很难理解无文字的口语是一种怎样的语言。

尽管如此，我们仍然能够窥探口语文化与书面文化之间的种种差异。一种办法是去考察过去的和现存的无文字文化的情况，另一种办法是去探究口语和文字技术本身的特性。最后我们将发现，无文字和有文字的文化之间的差异，与口语技术和文字技术之间的差异，恰是相互对应的。

麦克卢汉引用了伦敦大学非洲学院的威尔逊教授关于向非洲

---

[1] 〔加〕马歇尔·麦克卢汉：《理解媒介——论人的延伸》，第100页。

人传播电影的相关报告①,通过把无文字的非洲人与一般的西方现代人并置比较,产生对历史发展的洞见。他指出,我们这些偏重文字文化的人习惯用"三维的或透视的眼光来看世界",因此"不需要训练就可以看懂照片或电影",但那些无文字非洲的非洲人未经训练是看不懂电影的。

所谓看不懂电影,不仅是指看不懂电影的"内容",而是指看不懂"电影"这种媒介本身。如果说电影播放的是华尔街证券交易所中的场景,那就很容易理解为什么那些非洲部落人会看不懂。然而,威尔逊播放的电影表现的是"一个非洲原始村落的普通人家如何消灭臭水坑"的场景,"画面是捡起空罐头盒,放到另一个地方等等"②,这些"内容"并没有什么超越非洲人日常经验的东西。当研究人员询问非洲人"看见了什么"时,回答是"看见了一只鸡"——研究人员并不知道里头有一只鸡!于是,他们"非常细心地搜寻这只鸡,一格一格地搜。果然,有一只鸡,闪了一秒钟,惊慌而逃。在画面右下角……其余的一切都是慢镜头。"③直到研究人员进一步追问,才回答说看见了一个人,但是自始至终,"他们没有看见一个完整的故事"④。威尔逊接着说:"他们没有看见整个的框架——他们在这个框架中搜寻细节。后来,我们请教了一位艺术家和一位眼科专家才知道,有经验的观众,即习惯看电影的观众,总是把目光聚焦在屏幕前面一点的地方,以便于总览整个画面的框架。

---

① 〔加〕马歇尔・麦克卢汉:《麦克卢汉精粹》,第 198 页[131]以下。
② 同上书,第 199 页[131]。
③ 同上书,第 199 页[131]。
④ 同上书,第 200 页[132]。

在这个意义上,我们又可以说,一幅画面就是一个约定俗成的习惯,你一定要首先总览整个画面。这些非洲人没有这样做,因为他们不习惯电影。"①

对此,麦克卢汉这样解释:"他们没有与客体拉开距离的观点,他们完全与客体浑然一体。他们很强烈地融进去。眼睛也用,但不是用来透视,而是仿佛用来触摸。欧几里得空间在很大程度上要依赖视觉和触觉、声觉的分离,他们没有欧几里得空间的生活经历。"②

简单地说,无文字文化中的人们缺乏某种让感官与身体相分离的能力,他们强烈地融入自己所感觉的世界中,而不善于扮演与之拉开距离的"旁观者"。威尔逊还报告说,对于电影开头的程式:"城市全景,缩小为一条街道,再缩小为一幢房子,再把镜头推进窗户,如此等等。他们看这些镜头时,硬是把镜头看成是自己在不断向前走,在做那些动作,直到被人拉进窗户里。"③而我们现代人在观看这样的镜头时,仿佛是很自然地把自己的"视觉"与自己的身体分离开来,我们能够经验这样一种视觉空间的移动,但却不会对我们的身体有丝毫的带动。这种把抽身而出而冷眼静观的习惯,恰恰是书写和阅读时的基本方式。口语的言说和聆听都要求强烈的参与,是情景化的,而书写和阅读则培养了疏离和超脱的态度。麦克卢汉说:"我们说话时倾向于对每一种情景作出反应,甚至对我们自己说话的行为本身也用语气和手势作出反应。然而,书写

---

① 〔加〕马歇尔·麦克卢汉:《麦克卢汉精粹》,第 200 页[132]。
② 同上书,第 201 页[132]。
③ 同上书,第 202 页[133]。

第七章　媒介的自然史——麦克卢汉的方法

倾向于一种分离的和专门化的行为,我们很少有机会对书写行为作出反应,而且也没有必要对它作出反应。有文化的人或社会都培养出了一种能力,就是做任何事情都抱相当疏离超脱的态度。不识字的人或社会却事事经历感情上或情绪上的卷入。"①

因此,我们就容易理解,书面文化中成长起来的人,面对书籍或电影时,就能很容易地扮演一个被动的角色。"但是,非洲的受众没有这样的训练,去静悄悄地跟随一个叙述过程。"②以至于给他们放电影的人必须时时注意如何引导他们与影片进行互动。"放电影的人要一边放一遍评述……如果片子中有人物唱歌,那么解说的人也要唱,而且要邀请观众一起唱……"③

不仅是阅读和书写的体验是冷漠和超然的,文字本身,特别是抽象和中性的拼音—印刷文字,更是冷漠和疏离的,倾向于割断人与世界和他人的种种羁绊。麦克卢汉举了一个形象的例子:"假定我们不展示星条旗,而是在一幅布上写上'美国国旗'这两个词将其展出。虽然这两种符号传达的意思相同,可是其效果却迥然有别。把星条旗丰富的视觉图案转换成文字,就会使星条旗失去大多数团队形象的性质和经验的性质,而抽象文字的束缚却保持不变。也许这一例子有助于说明部落人学会识字时所经历的变化,在他与社群的关系中,几乎一切情绪的和团体的家族情感都被剔除了。他摆脱了情感的羁绊,能从部落中分离出来,成为文明的个

---

① 〔加〕马歇尔·麦克卢汉:《理解媒介——论人的延伸》,第 100 页。
② 〔加〕马歇尔·麦克卢汉:《麦克卢汉精粹》,第 203 页[134]。
③ 同上。

体,成为一个靠视觉组织的人……"①

口语文化中的"语词"是具有"魔力"的,国旗、象形文字之类内涵丰富的视觉图案也是具有"魔力"的,能够调动人们多方位的感觉,唤起丰富的情感联系。然而,拼音字母却是完全空洞的——"字母表独特的力量,是使音形义分离。我们的字母在语义上是中性的。"②麦克卢汉指出:"唯有拼音字母表才将人的经验分裂为这样截然分明的两部分,使使用者以眼睛代替耳朵,使他从洪亮的话语魔力和亲属网络的部落痴迷状态中解脱出来。"③

总之,口语人和文字人的种种差异,正是麦克卢汉所谓"声觉空间"与"视觉空间"的差异。

口语延伸的是声觉,而文字更侧重于视觉。与象形和会意文字不同,字母文字不仅延伸着视觉,而且更使视觉趋于独立和分化。用麦克卢汉的话说,拼音文字文化造成了西方人的"精神分裂"——"除了拼音文字,其他文字从来没有把人从相互依存和相互联系的受钳制的世界中解放出来。相互依存和相互联系的世界就是听觉网络的世界。"④

麦克卢汉常常将听觉—触觉连在一起,这是因为一种触觉的世界或听觉的世界,是多种感官相联动的——"'把握'(grasp)和'领悟'(apprehension)指向借助一物求得他物的过程,即使用多种感官去感知许多方面的过程。显然,'接触'并不只是皮肤的感

---

① 〔加〕马歇尔·麦克卢汉:《理解媒介——论人的延伸》,第104页。
② 〔加〕马歇尔·麦克卢汉:《麦克卢汉精粹》,第426页[285]。
③ 〔加〕马歇尔·麦克卢汉:《理解媒介——论人的延伸》,第105页。
④ 〔加〕马歇尔·麦克卢汉:《麦克卢汉精粹》,第178页[118]。

第七章 媒介的自然史——麦克卢汉的方法

觉,而是几种感官的相互作用。"①

而视觉世界则特指视觉同其他感官相抽离的情况。麦克卢汉提醒我们注意:"让我们疏离的只有视觉,其他的感官使我们卷入。"②虽然人们也可以闭上眼睛只用耳朵倾听,但是在倾听他人言语的时候,闭上眼睛并不能加强专注力。在言语交流中,人的各个感官是联动的,你总是一边听着,一边盯着说话者,在言说的同时还会伴随着有意或无意的肢体动作。进行言语交流时不仅人与人之间的关系是密切的,各种感官之间的关系也是联动的。在运用触觉进行操作时,人们也最好要眼和耳同时参与。只有用文字来书写和阅读的情形完全不同,人与人、感官与感官之间非但没有紧密联动,反而是必须要加以分离才好。在阅读的时候最好要塞起耳朵,在书写的同时也绝不适合手舞足蹈。在文字媒介中,作者和读者也是相分离的,我们演说时总是希望被人注目,愿意让听众随时介入,至少是以点头、鼓掌或微笑等方式互动。但我们却不习惯在被人紧盯着的时候书写,即便身边的人就是将来的读者,我们也不愿意一边写一边被他指指点点。书写和阅读要求人,准确地说是要求人的视觉,从充满联系和丰富多彩着的世界中抽离出来,进入一个封闭的、单调的、独立的、空洞的、静默的空间。从此,"个体""私密""客观""抽象"等观念才渐渐地孕育出来。

麦克卢汉指出:"在部落社会中,由于非常实际的原因,触觉、味觉、听觉和嗅觉都非常发达,比严格意义上的视觉要发达得多。

---

① 〔加〕马歇尔·麦克卢汉:《理解媒介——论人的延伸》,第81页。
② 〔加〕马歇尔·麦克卢汉:《麦克卢汉精粹》,第365页[241]。

突然,拼音文字像炸弹一样降落到部落社会中,把视觉放到感官系统最高的等级。识字把人推出部落社会,让他用眼睛代替耳朵,用线性的视觉价值和分割意识取代整体、深刻、公共的互动。拼音文字是视觉功能的强化和放大,它削弱听觉、触觉、味觉和嗅觉的作用。"①

正是这种视觉中心主义奠定了西方文化中的时空观念。麦克卢汉指出,因为字母表②"希腊人创造了欧几里得空间,还同时发现了透视和编年体叙事"③。

口语文化中当然也有"历史",但那种历史是以史诗的形式存在的,讲述的是英雄人物的形象,而不是"历史"的形象。史诗是围绕着具体的人物组织起来的,而不是按照"年代"的顺序组织的。口语也不会有那种超越于具体人物和现实生活之上的客观的和线性的"历史"的概念。

麦克卢汉引述芒福德关于钟表对现代文明的意义的相关观点,并评论说:"芒福德认为,在对社会机械化的影响力上,时钟应排在印刷机的前面。但是,他却没有注意到拼音字母表的影响;使时间的视觉切分和统一切分成为可能的,正是拼音字母表。事实上,他没有意识到拼音字母表是西方机械主义之源,正如他不知道

---

① 〔加〕马歇尔·麦克卢汉:《麦克卢汉精粹》,第 365 页[241]。
② 希腊人的字母表与东方其他表音文字相比,其独创之处在于元音字母的发明。而另一些早期的字母文字只有辅音字母,在阅读时更要求情境和参与。而在麦克卢汉看来,"卷入"的程度正是声觉文化与视觉文化的主要差别,当然,这种差别是"感觉比率"的程度之差,而不是定性的二分法。
③ 〔加〕马歇尔·麦克卢汉:《麦克卢汉精粹》,第 184 页[122]。

机械化是社会从听觉—触觉型转向视觉价值型的过程一样。"[1]麦克卢汉认为:"不是时钟,而是受时钟强化的书面文化,造成了抽象的时间,导致人不是因为饿了才吃,而是在'该吃饭的时间去吃'。"[2]

所谓"该吃饭的时间",要害在于它是某种抽象的、符号化、视觉的印象,比如"12:00",而不是某种听觉印象。作为文字符号的时刻与作为"钟声"的时刻是截然不同的。如果"吃饭的时间"只是指"敲钟的时刻",无论定点敲钟的是人还是机械,都没有形成抽象的时间观念。而一旦"吃饭的时间"是某个视觉化的时刻,那就使得时间与具体的生活情境相分离了,同时也获得了连绵、客观和去魅的形象。"时间"的机械化不仅仅来自于"钟"的机械化,而且关键还在于"钟"从声觉转变为视觉,是"钟声"到"钟点"的转折塑造了现代人的时间观。

在机械时代之前和之后的乡村世界,所谓的"钟"无疑指的是声觉之钟。它既是乐器,也是礼器,当然也是报时的工具。与机械钟一样,鸣钟也可以建立统一的生活步调,但是这种统一性恰恰是反映着村落集体生活的联系性,钟声是维系群体的核心。而视觉之钟则提供了相反的倾向,即让人们从集体生活中疏离出来,把"时间"从大地和乡村中抽象出来。这种现象与操作时钟的究竟是敲钟人还是机械传动装置无关,而是与时刻究竟是声觉的还是视觉的有关。

---

[1] 〔加〕马歇尔·麦克卢汉:《理解媒介——论人的延伸》,第169页。
[2] 同上书,第178页。

关于鸣钟文化的消退,法国史学家科尔班(Alain Corbin, 1936—)的著作《大地的钟声——19世纪法国乡村的音响状况和感官文化》提供了一个有趣的讲述——"19世纪乡村的钟声,在另一个时代则变成了噪音。人们曾用今天业已消失的情感系统去倾听、去欣赏它。这钟声表明了人与世界,与神圣的另一种关系,表明了人存在于时空并感受时空的另一种方式。解读周围的音响环境也进入了个人和集体身份构建的过程。钟声构成一种语言,建立了一种慢慢瓦解的交流系统……"①

科尔班叙述了那种神圣而富有意义的钟声如何最终变成了扰乱"私人生活"的噪音,而拆除鸣钟的行为如何与当时的政治社会环境深深纠葛,当鸣钟被禁止时如何引起群情激奋,等等,在这里不再过多地引述了。我们只需注意到,时钟的历史与人们的感官文化和社会关系的变革深深地交缠在一起,"私人空间"的出现和时空的去魅又与声觉的退场相关联。

字母文字与"欧几里得空间"的关系更是时常被麦克卢汉论及。他指出:"今天,拼音文字文化在创造命题阐述技巧(形式逻辑)中的作用已经广为人知。但是人们依然认为,欧几里得空间和三维视觉感知是人类共性的论据,甚至人类学家都持这样的观点。土著艺术中没有三维空间。这样的学者认为,那是由于缺乏艺术技巧。"②而麦克卢汉认为:"希腊人进入图像空间和欧几里得空间绝不是自然而然的结果。无论古今,前文字的自然人生活的世界

---

① 科尔班:《大地的钟声——19世纪法国乡村的音响状况和感官文化》,王斌译,广西师范大学出版社2003年版,引言第6页。
② 〔加〕马歇尔·麦克卢汉:《麦克卢汉精粹》,第183页[121]。

第七章　媒介的自然史——麦克卢汉的方法

图式都是我们在儿童画和原始艺术中看到的图式。这样的艺术不追随眼睛主导的倾向。在洞穴画中,多层次、多样式的声觉和触觉处在优先的地位。"[1]

所谓空间,广义来说,就是整个感觉世界;狭义来说,可以说是从中感知事物的大小、距离、方位等性质之背景。然而,这些空间感知绝不只是视觉的专利,听觉和触觉都提供着关于距离和方向的感知,但通过不同的感官呈现出来的空间却是迥然不同的。

所谓声觉空间或听觉空间,"是指没有中心也没有边缘的空间。不像严格意义上的视觉空间,视觉空间是目光的延伸和强化。声觉空间是有机的、不可分割的,是通过各种感官的同步互动而感觉到的空间。与此相反,'理性的'或图形的空间是一致的、序列的、连续的,它造成一个封闭的世界,没有任何一点部落回音世界的共鸣。我们西方世界的时空观念是从拼音文字产生的环境中派生出来的。西方文明的整个观念也是从发明拼音文字派生出来的。部落世界的人过的是一种复杂的、万花筒式的生活,因为耳朵和眼睛不同,它无法聚焦,它只能是通感的,而不能是分析的、线性的。言语是要发出声音的,更准确地说,它是我们一切感官同时的外在表现。听觉场是同步的,而视觉场是连绵的"[2]。

当我们以视觉为中心想象"世界(视界)"的展开时,我们看到的是一条"地平线"。我们的视线迅速地脱离我们的身体,向着无限遥远的边界远去。在这个世界中我们并不位于中心,甚至可以

---

[1] 〔加〕马歇尔·麦克卢汉:《麦克卢汉如是说》,第20页。
[2] 〔加〕马歇尔·麦克卢汉:《麦克卢汉精粹》,第365页[241]。

说除了已然剥离出来的视觉之外,我们的整个身体根本不在这个"视界"当中。而如果我们以听觉为中心想象一个世界时,我们所想到的情形正好相反,正如翁引述梅洛—庞蒂时所说,"声音同时从四面八方向我传来,我处在这个声觉世界的中心,它把我包裹起来,使我成为感知和存在的核心"[①]。

在这里,我们不禁想起海德格尔所说的"世界图像的时代",他说:"世界图像并非从一个以前的中世纪的世界图像演变为一个现代的世界图像;毋宁说,根本上世界成为图像,这样一回事情标志着现代之本质。"[②]说世界成为图像,也正是说世界被视觉所接管。在海德格尔看来,世界的图像化意味着人从世界中抽身而出并且把世界对象化。而这恰恰是视觉的特性。无论是听觉还是触觉,都不会使人抽身而出,不会使人与世界相分离。

视觉空间除了导致人的抽离之外,其本身的结构也与声觉空间大有不同。视觉空间是平直的、连续的、可以切割和定格的,而听觉空间是不平的(球形的)、非连续的、整体的和动态的。

想象视觉空间时,我们头脑中浮现的或者是地平线,或者是墙角的三条正交的直线,然而听觉和触觉世界中根本不存在类似"直线"的东西,更不用说"平移""全等"之类的几何概念了。麦克卢汉引用小伊文思(William Ivins Jr.)指出,不靠视觉,光凭听觉和触觉,"空手不用工具时,不可能发现三四个物体是否处在同一条线

---

① 〔美〕沃尔特·翁:《口语文化与书面文化——语词的技术化》,何道宽译,北京大学出版社 2008 年版,第 54 页。
② 〔德〕马丁·海德格尔:《海德格尔选集》,孙周兴选编,上海三联书店 1996 年版,第 899 页。

第七章 媒介的自然史——麦克卢汉的方法

上的"。欧几里得几何学是视觉体验得到大大强化的结果,但小伊文思继续说:"希腊人具有触觉的头脑……只要在触觉和视觉之间有选择的余地,他们总是要本能地挑选触觉。"①小伊文思认为,触觉的残留是希腊几何学未能更进一步的原因。

在视觉世界中,人们可以从事冷静的分析,视觉世界是冷峻的、安定的,而听觉世界则将人"推向普遍惊恐的心态"②。麦克卢汉引用了亚历克斯·莱顿的一句话说:"'对盲人而言,一切都是突然的。'如果没有视觉,在普通的数据经验里就没有连续性、一致性和连接性的感觉。"③

视觉空间可以切分,从而进行"解析",而声觉的世界始终是浑然一体和变动不居。事实上,人类房屋形态的演变也反映着声觉世界向视觉世界的演变。麦克卢汉提示说:"人们生活在圆形的住所里,直到他们不再游徙,直到他们在劳动组织中走向专门化分工。人类学家常常注意到从圆屋走向方屋的变化过程,可是他们不知道原因何在。媒介分析专家可以在这个问题上给人类学家帮忙。"④麦克卢汉解释说:"帐篷或棚屋不是一块围界分明的空间或视觉空间。山洞或地穴居所亦非如此……方形房屋对我们说话用的语言是专业分工的定居人的语言,而圆形棚屋或圆锥形帐篷对我们所说的,却是以采集为生的初民社会那种整合的、游徙的生活

---

① 〔加〕马歇尔·麦克卢汉:《麦克卢汉精粹》,第 204—205 页[135]。
② 〔加〕马歇尔·麦克卢汉:《理解媒介——论人的延伸》,第 180 页。
③ 〔加〕马歇尔·麦克卢汉:《麦克卢汉如是说》,第 44 页。
④ 〔加〕马歇尔·麦克卢汉:《理解媒介——论人的延伸》,第 146 页。

方式。"①吴国盛也提到:"现代建筑是几何的线条,笔直的,有棱有角的,原始的建筑几何化程度不高,并不是有棱有角的。原始人的知觉系统,并不是按照几何化的方式来构造的……它的边界并不是很清楚的。所以你看一个地方,看它的几何形状是不是规整,就可以判别它的文明是不是现代。"②这种非几何化的原始知觉系统,按麦克卢汉的话说,正是声觉—触觉的空间结构。

最后,视觉的空间是可以"定格"的,而声觉空间始终处于运动流变的状态——"让声音停止并得以保留,是根本不可能的。我可以停止放映机的工作,把一格画面固定在银屏上。可如果我拦截了声音的运动,我就不再拥有任何东西……声音之外的其他一切感觉都不会以这种方式完全排斥一格试图把握的动作,排斥稳定的状态。"。

抽象、线性、客观、去魅、孤立、分析、静止等现代思想的要素,都可以说是视觉空间取代了声觉空间的结果,而这同时是文字媒介逐渐兴起的结果。

如此,麦克卢汉在媒介技术—感官比率—生活世界—思想观念等方面建立起了因果关联,当然这一联系并不是单向的。例如,偏重视觉的文化倾向于建造方屋,而方屋对生活空间的切割又会反过来强化视觉。在实际历史中,因与果总是交织在一起,难分先后。但在历史学研究的层面上说,媒介及其感官偏向的确可以是一个较好的切入点或聚焦点。

---

① 〔加〕马歇尔·麦克卢汉:《理解媒介——论人的延伸》,146—147页。
② 吴国盛:《技术哲学讲演录》,第29页。

在后期，麦克卢汉与其子埃里克·麦克卢汉合作出版了《媒介定律》，把媒介发挥影响的机制阐释为四个方面："提升—过时—再现—逆转"。每一种新媒介都会提升某些东西，同时让另一些东西过时，又让某些曾经过时的东西再现，最终在其趋势发挥到极致时逆转为相反的效果。例如，施乐(复印机)提升了印刷的速度，使书籍流水线过时，再现了口头传统，逆转于"人人都出版"[①]。麦克卢汉父子向维科致敬，试图通过这一"媒介定律"建立"一种新科学"。

笔者认为这一"定律"作为理论模型过于粗糙刻板，而实用起来又太过任意。不过值得注意的是，麦克卢汉所谓的"定律(Laws)"指并不是某种超越于人类知识之外的某种自在之物，而毋宁说就是一种认识、理解或研究的"方法"，人们凭借这种方法将更容易把握纷繁复杂的历史线索。历史固然有其超越于人类控制的"自然"趋势，或者说柏拉图意义上的"必然性"，但人仍然是"自然"的立法者。

六 存在论的追思

尽管以媒介环境为研究课题，但"人"始终是麦克卢汉的立足点和出发点。"认识你自己"是思想史的永恒主题，哲学、历史学乃至自然科学，归根结底都是对人类自身之处境的追思。通过麦克卢汉对媒介问题的现象学式的探究，我们最终所面对的依然是人

[①] Marshall McLuhan and Eric McLuhan, *Laws of Media: a New Science*, Toronto: University of Toronto Press, 1988, p. 145.

的问题。媒介是"人的延伸"的另一层含义是,对媒介的反思同时也是人的自我反思。

这方面已经在第二章"媒介存在论"的部分探讨过了,在这里,主要将再围绕麦克卢汉的贡献进行展开,一些地方会有些重复。

把麦克卢汉的"自然史"阐释为一种"回到事物本身的探究",或者说一种现象学—存在论的方法,这并不是笔者的异想天开。事实上,早已有不少国内外学者注意到了麦克卢汉与现象学的联系①。不过范龙、梅琼林等学者主要是借用胡塞尔的"本质直观"等概念来解读麦克卢汉。而笔者以为,相比于胡塞尔,麦克卢汉的思路倒是更接近于后来的海德格尔、萨特、梅洛-庞蒂等存在主义的现象学家,与其说麦克卢汉的方法是"本质直观",倒不如说是"存在论"更加恰如其分。

事实上,麦克卢汉本人就认同这一定位。他明确提到:"我的方法被恰当地说成是'结构主义的'……媒介领域只有我冒险使用结构主义的或'存在主义'的方法。这是一种高雅的方法。"②

麦克卢汉本人显然对欧陆哲学家的作品有所广泛而持续涉猎。早在麦克卢汉成名作《古腾堡星系》中,有一节的标题就叫作"踏着电子浪潮而来的海德格尔如同驾乘着机械浪潮的笛卡尔那

---

① 例如,陈作平:"现象学方法与新闻理论研究的逻辑起点",《现代传播》2006年第2期;梅琼林:"透明的媒介:麦克卢汉对媒介本质的现象学直观",《人文杂志》2008年第5期;范龙:《媒介现象学——麦克卢汉传播思想研究》,中国大百科全书出版社2012年版。

② 〔加〕马歇尔·麦克卢汉:《麦克卢汉书简》,第582页。

第七章 媒介的自然史——麦克卢汉的方法

样意气风发"[1]——他认为,正如笛卡尔的哲学反映着机械世界的思维方式,海德格尔的哲学则是这个崭新的电子世界的杰出代表。当然,麦克卢汉继续评论说,海德格尔本人并没有意识到自己的思想所根植其中的电子媒介技术的环境,而麦克卢汉本人则是更自觉地运用着这种新世界的思维方式了。也就是说,在麦克卢汉看来,他的思想与海德格尔一样,都是电子媒介世界的体现,不过他比海德格尔更有自觉。

麦克卢汉又说:"欧洲现象学者的结构主义是听觉—触觉的世界,我对此非常熟悉,因为我就在用这个世界。"[2]

所谓"存在主义",按照萨特给出的经典表述,其基本口号是"存在先于本质"。也就是说,"人首先存在着,遭遇他们自身,出现在世界之中,然后再规定他们自己。我们首先只是存在,然后我们也不过是成为我们自己把自己造就成的东西"[3]。

换言之,人没有什么本质,或者说人的本质是可能性,而不是任何规定性。然而,这并不是说人能够毫无局限性地规定和塑造自己,这其中还有两个关键之处,首先是"在世界之中",其次是"造就"。"世界"是什么?如何来"造就"?——这就不得不引出"技术"或者说"媒介"这样东西来。所谓的"媒介存在论",并不是存在论在媒介领域中的引用,而就是一种对存在论的诠释。

---

[1] Marshall McLuhan, *The Gutenberg Galaxy:the making of typographic man*, Toronto:University of Toronto Press,1962,p. 248.

[2] 〔加〕马歇尔·麦克卢汉:《麦克卢汉书简》,第 562 页。

[3] 〔美〕撒穆尔·伊诺克·斯通普夫:《西方哲学史——从苏格拉底到萨特及其后》,第 421 页。

关于"在世界之中",吴国盛认为:"'在世'不是我们通常想象的那样,世界像个篮子,我们则像菜一样被扔到篮子这个世界中。不是这么回事。通俗地说,不如把'在世'的'世'写成'视觉'的'视'。这个世界是一个领域,是一个'视野',是一个地平线……那么'这个世界'是如何展开的,通过什么来展开的呢?……在我看来,技术是展开世界的方式,是世界展开的具体化。"[①]

麦克卢汉所谈论的"媒介"大约就是这里所说的"技术",是"展开世界的方式"。在麦克卢汉看来,媒介技术不仅会影响到人类的思维,而且正是媒介构成了"世界"或"自然"本身——"新媒介对我们感知生活的影响……不是改变我们的思维而是改变我们世界的结构。"[②]

吴国盛把"世界"写成"视界",指出世界就像是一种延展开来的视野。然而这样一种比方,按麦克卢汉说来,恰恰是所谓"视觉世界"或"视觉空间"的展开方式,而这种"视界"乃是西方拼音—印刷文化的产物;口语文化和电子时代的世界却并不是如此以视觉为主导地展开的。在所谓"声觉世界"中,并没有类似"地平线"这样的遥远的"边缘"的存在,人们并不会以这种向远方眺望的图景来想象"世界"的展开,"世界"始终是紧紧地包裹在人的周围的。

当然,存在主义和麦克卢汉的媒介存在论都是反本质主义的,人所展开的世界并不是某种与"客观世界"相对立的"主观世界",并不是说有自然和心灵两个世界而媒介作为其间的中介把客观世

---

① 吴国盛:《技术哲学讲演录》,第 174 页。
② 〔加〕马歇尔·麦克卢汉:《麦克卢汉精粹》,第 410 页[274]。

界的事物传递到人类感知中来——媒介"不是人与自然的桥梁,它们就是自然"①。人们所能"谈论"的,已经是"言语"这一媒介技术所规定的结构了,超越于任何媒介之外的自在世界是不可谈论的。媒介的意义并不是把具有如此这般规定性的事物之规定性传递给人知道,而是说正是媒介才使得事物具有了如此这般的规定性。麦克卢汉指出:"媒介(即人的延伸)是一种'使事情所以然'的动因,而不是'使人知其然'的动因。"②

另一方面,在世界中的人要来"规定他们自己",那么我们拿什么来规定人性呢?又到哪儿去理解人性呢?技术存在论给出的说法是:"技术与人相互规定"——"你是什么样的人,取决于你采用什么样的技术;你如何理解人,你就如何理解技术。"③这也正是麦克卢汉的观点——"我们塑造了工具,此后工具又塑造了我们。"

也就是说,人的延伸不仅仅是延伸了人的能力,同时也是人性的一种外化的"表达"。"人的技术是人身上最富有人性的东西。"④麦克卢汉说:"……无论这个延伸是鞋子、手杖、拉链还是推土机,一切延伸形式都具有语言的结构,都是人的存在的外化或外在表达。就像一切语言形式一样,它们都有自己的句式和语法。"⑤

---

① 〔加〕马歇尔·麦克卢汉:《麦克卢汉精粹》,第407页[272]。
② 〔加〕马歇尔·麦克卢汉:《理解媒介——论人的延伸》,第67页。
③ 吴国盛:《技术哲学讲演录》,第40页。
④ 〔加〕马歇尔·麦克卢汉:《麦克卢汉如是说》,第196页。
⑤ 同上书,第195—196页。

于是,技术作为人的延伸,成了某种外化或者说对象化、结构化的人性,理解技术也就是在理解人自己。但人们常常不能意识到,我们在那些器物中见到的品性,其实正是人性的"复现",是自己的映像。关于此,麦克卢汉引用了那喀索斯的故事,这一希腊神话说的是那喀索斯迷恋上了自己在水中的倒影以至于陷入不可自拔的痴狂。麦克卢汉指出,那喀索斯并非人们通常所说的"自恋狂",而恰恰是缺乏自爱。他并没有意识到水中的倒影正是自己的映像,"如果他知道倒影是自己的延伸或复写,他的感情是会迥然不同的"[1]。他将会重新理解倒影的意义,对自己的理解也将有所更新。麦克卢汉以这一神话来寓指现代人与技术的关系:人们痴迷于器物,以至于不可自拔,但却如此麻木和迟钝,没能认出自己的映像,遗忘或否弃了自己。针对现代的技术至上主义之类的沉迷或狂热造成的困境,麦克卢汉并没有给出什么解决方案,但他相信,一旦人们能够在技术中觉察到自己的映像,就将获得一种全新的态度。通过对媒介技术的反思来理解人自己,这也正是麦克卢汉最基本的理论诉求。

麦克卢汉是媒介环境学的旗帜,他的思想是最全面和最具代表性的。在本书所阐述的媒介史强纲领中,麦克卢汉扮演的也是提纲挈领的角色。

当然,麦克卢汉也贯彻着媒介史的对称性、公正性和反身性,但他最着力于揭示的是"因果性"的侧面。也就是说,揭示"历史的因果机制"。首先,麦克卢汉强调这种因果机制首先并不是机械式的

---

[1] 〔加〕马歇尔·麦克卢汉:《理解媒介——论人的延伸》,第58页。

第七章 媒介的自然史——麦克卢汉的方法

线性关系,而是一种"相对论式"的立体关系。进而,麦克卢汉以"感觉比率"的理论说明了媒介如何作为历史的因果机制发挥作用。

我们用"自然史"重新定位了麦克卢汉的研究方法,这使得我们能够体谅麦克卢汉风格上的不羁和结构上的散乱。但这也并不是说,我们只需满足于此。同样是自然史研究,也有不同的层次和风格,深入自然的探险家带回的惊心动魄的第一手体验报告属于自然史的范畴,而端坐标本室、实验室中进行枯燥的文本整理和解剖分析的工作也属于自然史的范畴。而麦克卢汉的工作偏向于前者,即作为一个探险家。他把自己的工作称作"探查"(probe,探针),他深入某种媒介之内进行"刺探",反馈出情报,但又很快抽身而出,转向下一个课题。

而基于这位探险家描绘的地图和带回的情报,后人可以在其边缘之处继续拓宽探索,或者在某些领域作进一步深入的挖掘,也可以回到书房进行更严谨的归纳和分析。

例如,莱文森、罗伯特·洛根[1]等模仿麦克卢汉的形式,对麦克卢汉身后兴起的互联网等各种新兴媒介进行了陈列,莱文森的《软利器》更是以"信息革命的自然史"作为副标题。而翁、爱森斯坦等则试图以更严谨的形式推进关于书写媒介或印刷媒介的研究。梅洛维茨用社会学的模型取代麦克卢汉的感觉比率而对媒介产生影响的具体机制进行了深入解剖。这些工作各具风格,但都是麦克卢汉自然史研究方法的某种延伸。

---

[1] 〔加〕罗伯特·洛根:《理解新媒介——延伸麦克卢汉》,何道宽译,复旦大学出版社2012年版。

第八章　媒介的革命史
——爱森斯坦的实践

一　范式就是共同体的媒介环境

麦克卢汉将媒介变革视为历史的动因，口语媒介偏向声觉空间，书面媒介偏向视觉空间，而不同媒介环境下，人们生活在不同的"世界"中，感觉和认知都有所差异，互相间往往难以交流。抽象、线性、客观、去魅、孤立、分析、静止等现代思想的特征也正是人们从声觉世界迁入视觉世界的后果。

麦克卢汉对媒介环境所塑造的"不同世界"也有许多论述，但翁和爱森斯坦更充分且严谨地运用这套思路去解释历史中的变革。这两位学者分别对口语文化到书写文化，以及书写文化到印刷文化这两个最大的变革进行了深入考察。他们的实践成果展示出媒介史纲领的有效性。本章将简单叙述他们的工作，以例示媒介史视野的叙史策略。

在具体展开之前，我们不妨先仔细讨论究竟何为一种"变革"。对于这种整个"世界"的变革，科学史已有充分探讨，库恩的《科学革命的结构》揭示了这种变革的性质。

第八章 媒介的革命史——爱森斯坦的实践

我们不妨把决定着不同的感知和思维方式的媒介环境理解为库恩的"范式",这有两层涵义。首先,媒介环境是"一种"范式,它具有库恩所谈论的范式的种种特征,如优先性、稳定性、不可通约性。其次,媒介环境"就是"范式,不仅仅是对库恩范式理论的一种应用,而是一种补充或诠释——库恩所说的范式不是别的,恰好就是媒介环境。

尽管媒介环境学派的作家和研究者经常谈论诸如"媒介革命"这样的概念,但很少有意识地追究"革命"一词的涵义,更没有借用范式理论来诠释媒介革命的特征。另一方面,库恩在《科学革命的结构》中在非常宽泛的意义上引入了"范式"概念,而在后来的辩护中不断收缩,最后将"范式"的含义限定于"科学共同体共有的成功实例"①。尽管定义更为精确,但也减弱了这一概念的揭示力。因此,在媒介史视域下探讨范式问题,一方面有助于对媒介革命的把握,另一方面也是对库恩科学哲学的一种推进。

库恩意义上的"科学革命"是复数的,范围可大可小,既包括发生于16、17世纪的"那一场"科学革命,也包括在具体学科领域中发生的重要转折。当然,从亚里士多德的古代世界到牛顿的现代世界那一场根本性的科学革命也是范式理论最为显著的范例。在媒介环境学中,"革命"也可大可小,小到每一种新技术的出现,都会创造出一个"新环境",而这一环境下的所有事物将在全新的背景下得到观照。在这个意义上,每一种新技术都是一次范式革命。

---

① 〔美〕托马斯·库恩:《必要的张力》,范岱年、纪树立等译,北京大学出版社2004年版,第306页。

同时,媒介环境学视野下也有一场(或数场)根本性的革命,那就是口语到书写的革命(以及印刷时代和电子时代有时也被视作同样重要的革命)。

麦克卢汉对口语时代与书写时代的差异有了许多讨论,但更全面和深入地探讨这一课题的是麦克卢汉的学生和好友沃尔特·翁。

翁是麦克卢汉在英语文学专业的硕士生,他和麦克卢汉同时从文学研究转向媒介史。两人亦师亦友,互相启发,大致算是同一代人。

翁将"口语文化—书面文化"之对比研究称作"定理"[1],它不属于任何"学派"[2],而是可以在各个学派的研究中提供"参考框架"。他指出,"对口语文化和书面文化的历时研究"[3]不仅仅针对口语到书写这两个相继的历史时代,也有助于我们理解印刷文化、电子文化等。

翁认为,从口语到书面再到电子的媒介变迁,"必然要引起社会、经济、政治、宗教等结构的变化",但这并不是翁直接关注的问题,翁的研究针对的是"口语文化和书面文化不同的'心态'(mindset)"[4]。

---

[1] 〔美〕沃尔特·翁:《口语文化与书面文化——语词的技术化》,第120页。
[2] 同上书,序言第1页。
[3] 同上书,序言第2页。
[4] 同上。

第八章 媒介的革命史——爱森斯坦的实践

中译本所称的"心态"或许译为"思维定势"更为恰当,包含习惯、模式之意,也更容易与"范式"相关联。但直译为心态也没有错,翁与麦克卢汉一样,不是从社会结构,而是从媒介的感官偏向对人的心理状态的影响出发来研究媒介环境的变迁的。

口语文化和书面文化下的两种思维定势并不是非此即彼的。翁指出:"许多文化和亚文化都不同程度地保留着大量原生口语文化的思维定势,即使在高技术的环境中也存在。"[①]

也就是说,从口语文化到书面文化的变迁并非在哪个关键时刻一蹴而就,而是分阶段、分程度地演进的。翁把"口语—书面"用作一个对历史或文化的衡量维度,他提到:"迄今为止从巫术到科学的转变,或者从所谓'前逻辑'到日益'理性'的意识的转变,或者从列维-斯特劳斯所谓的'野性'思维到驯化思维的转变——所有这些标签都可以用口语文化到书面文化各阶段的转变来解释……许多所谓'西方'观点和其他观点的差别,似乎可以简化为另一种反思,深深内化的书面文化与意识里或多或少的口语遗存的反差。"[②]

从表面看来,这似乎否定了把口语文化到书面文化的变迁看作一场范式革命的思路,因为这一变迁似乎是渐进的。但事实上,库恩的学说也面临着类似的问题,即他反而消解了"那一场科学革命",在《科学革命的结构》中,库恩并没有将16、17世纪的那一场科学革命作为一个关键例子来处理,而是摘取了其中至少四个部

---

① 〔美〕沃尔特·翁:《口语文化与书面文化——语词的技术化》,第6页。
② 同上书,第21页。

分作为独立的案例来分析[①]。这样一来似乎用一系列局部的变革取代了一次全盘的革命。科恩(Hendrik Floris Cohen,1946——)提到,库恩后期在"物理科学发展中的数学传统与实验传统"一文中,通过给出"古典物理科学"和"培根科学"这一基本区分,给出了一幅分划科学史的图示,各门古典科学在16、17世纪都发生了剧烈转变,而直到19世纪古典科学传统才与新兴的培根科学相融合。这在一定程度上"恢复"了"科学革命时期"的历史地位,但问题仍然存在,这一所谓革命时期中所发生事情都是局部的、渐进的。培根科学与数理科学的发展相互独立,如果把现代科学的最终整合视作科学革命的结果,那么这场革命看起来是从16世纪持续到了19世纪,而且其中发生了多次范式变革。

但这并不意味着库恩思想矛盾,本来库恩就没有承诺将那一场科学革命解释为仅仅一次决定性的范式变革的产物。库恩之所以使用"革命"这一概念,是有意识地将科学发展与政治革命相类比[②],政治革命总是在某一共同体内发动,但也很少一蹴而就,实情很可能是由多个地区发动的局部革命逐渐汇流,也可能是一场革命被分成好几个相对独立的战场或阶段。有些革命将原本互不相干的共同体融合起来,而有些革命现在边缘地区建立独立政权而后再慢慢吞并旧领土。而即便在新政权达成统一之后,旧势力的残余势力仍可能在许多局部生存……这些革命可能找到一些标

---

① 〔荷〕H.弗洛里斯·科恩:《科学革命的编史学研究》,张卜天译,湖南科学技术出版社2012年版,第166页。
② 〔美〕托马斯·库恩:《科学革命的结构》,金吾伦、胡新和译,北京大学出版社2003年版,第79页。

第八章 媒介的革命史——爱森斯坦的实践

志性的事件,但很难被描述为一次性的全盘颠覆。

关键在于,范式革命总是发生于相应的范式所支配范围之内,范式可大可小,但总是位于某个界限之内,这就是"共同体"。

库恩承认,他所用范式一词"无论实际上还是逻辑上,都很接近于'科学共同体'这个词。一种范式是,也仅仅是一个科学共同体成员所共有的东西。反过来说,也正由于他们掌握了共有的范式才组成了这个科学共同体"[1]。

也就是说,范式革命总是在某一特定的共同体中发生的。从广义上说,造成某一共同体的瓦解或建立的事件也可以称作革命,某个革命应该放在多大的背景下考察,取决于我们关注的究竟是哪一个共同体。范式的大小和层级相应于共同体的大小和层级,一个大的共同体之内可能有许多小的共同体,这些子共同体在某些更基本的层面上共享着某种范式,但又各自占有独立的范式。

但库恩以为自己犯了把范式与共同体循环定义的错误。他认为:"要把'范式'这个词阐述得好,首先必须认识科学共同体的独立存在。"[2]他相信学术界即将提出系统的识别方法以界定科学共同体,而他自己给出了一些对如何识别科学共同体的直觉说明。例如,"内部交流比较充分,专业方面的看法也比较一致,很大程度上吸收同样的文献……"这些说明要么过于简单,要么仍然与"范式"的概念相重合。也就是说,事实上库恩并没有解决这个"循环

---

[1] 〔美〕托马斯·库恩:《必要的张力》,第 288 页。
[2] 同上。

定义"的问题。

所谓共同体（Community）的概念，实质是一个传播/交流（Communication）的问题，顾名思义，共同体就是由交流活动维系成的群体，识别共同体，实质是识别交流活动的聚集方式。一个共同体的成员总是共享着一个交流平台。

而媒介环境学的基本洞见是所谓"媒介即讯息"，也就是说对于社会文化而言，媒介本身的形式特征比媒介所传递的信息更为重要。因此，要分辨不同的共同体，理解不同共同体的不同特征，这些共同体赖以维系的交流媒介本身比他们所交流的具体内容更加关键。

古代科学很难说存在明确的、持久的共同体，与其说因为科学范式尚未建立而难以形成共同体，不如说是因为难以形成共同体而无法建立范式。当然，在抄本书化中，仍然形成了一些科学传统，科学交流以非常局限的形式开展着。例如，雅典的广场，柏拉图学园，亚历山大里亚的"缪斯宫"，伊斯兰世界的"智慧宫"，中世纪的修道院、大学……总之，前现代的科学共同体的交流局限于一时一地，而围绕着经典抄本而建立起来的传承也极不稳固。因此，前现代科学自然就少有统一的范式，即便有一些范式，也极不稳固。直到印刷术的出现，才使得现代意义上的学术共同体成为可能，由书籍和期刊组建成学术圈，构建起作为整体的"文人共和国"，现代科学的范式才有机会支配全局。

不同范式之间的"不可通约性"，也就是不同共同体之间的"交流障碍"。当然，不同语言和文化背景下的人们终究是可对话的，但是这种互相理解总是不彻底的。双方有各自不同的世界观、价值观，而无法在二者之间找到一个公有的标度来达成融合。库恩经常以语言的沟通和翻译来类比范式之间的交流，两种语言可以互相翻译，但其中的词汇永远不可能精确对应。

范式（Paradigm）一词也包括"词形变化表"的意思：一种语言中的词形变化往往遵循一定的规则，但又充斥着大量模糊和特例之处，因此人们无法仅仅通过遵奉确定的规则来掌握词形变化，而必须通过广泛接触实例，在实际运用中掌握这些用法。因此，"范例"的概念特别强调这种"前规则性"。也就是说，一个科学共同体并不是靠遵奉同一套教科书中的明确规则而达成一致的。而是在实际运用规则的实例中达成一致的，这种一致性当然在合规则的用法中体现出来，但更具决定性的恰恰在反规则、超规则的用法中体现。只会一板一眼地遵奉教科书上的语法规则恰恰是"外人"的证明，而真正共同体之内的人反而极少关心语法规则。

范式的一致性超出了规则性，这一点库恩本人有明确的认识。他强调"范式比能从其中明白地抽象出来进行研究的任何一组规则更优先、更具约束力、更加完备"①。

后期他认为这种前规则性的原始程度甚至是前语言，乃至前人性的东西："我一直称之为词汇分类系统的东西，也许称为概念图式会更好一些，在这里，一个概念图式的'特定观念'不是一系列信念的观念，而是一个思维模块的特殊运作模式的观念，这个模式立刻提供并限制了它可能构想的一系列信念，我认为一些这样的分类模块是前语言的，为动物所具有。据推测，它最初是为了感觉

---

① 〔美〕托马斯·库恩：《科学革命的结构》，第38页。

系统而进化的,最明显的是为视觉系统。"①

但是在这里,库恩似乎走得过远了。事实上,语言先于语法,语言的实际使用先于词典和语法书,这就已经足够表达出范式作为前规则的优先性的特性了,而不必再退缩到前语言、前技术的领域去寻找这种前规则的约束力。

事实上,范式相对于规则/教条的优先性,说的正是媒介相对于讯息的优先性。也就是说,媒介构成一个交流和生活的环境,这一环境对于在其中共同生活的人而言有一种约束力和导向性,而这种约束力先于该共同体通过该媒介制定出的具体规则和信念。在向我们呈现具体的对象之前,媒介环境限制着可能呈现的对象及其呈现方式。

每一种媒介都提供着某种前规则的约束力,影响着人们的感觉系统。而对于人类而言,这些媒介中最基本的一项就是交流媒介,亦即语言了。与其说范式是前语言的,不如说范式就是语言的形式本身——在具体的语法规则和词汇概念之前,在语言的具体内容之前,语言的形式本身就约束着人们的"概念图式",影响着人们的感觉系统。

二 媒介史中的范式革命:
   口语—书写—印刷

关于不同语言各自的结构特点,语言学家早已有了诸多研究,

---

① 〔美〕托马斯·库恩:《结构之后的路》,邱慧译,北京大学出版社2012年版,第87页。

但翁指出,现代语言学的各个派别都"很少注意原生口语文化与书面文化的差别"[①]。大多数语言学研究只注意文本分析,研究那些已然被记录下来亦即已然经过规则化的语言资料,而少数注意口语传统的研究,也较少把口语传统与书面文化进行对照比较。

类似地,对于库恩的范式理论,人们关注的也往往只是规则化之后的不同规则系统之间的差异,例如亚里士多德体系与牛顿体系之间的差异,但对于前规则的社会和媒介环境缺乏关注。事实上,从古代知识到近代科学的转折,不仅仅是从一套成文的规则系统到另一套成文的规则系统之间的变革,而是从原本仍然藕断丝连的口语传统中分离出来。在近代科学之后,文字世界才获得了独立性,学术的范式才真正独立于口语传统或日常生活而自成一体。

因此,把库恩的范式理论与口语到书写的媒介革命相比是有一些错位的。口语到书面的转折发生于比科学革命更为基元的层面,口语传统这一"范式"或者不妨说"元范式"不仅仅是一种自然知识的范式,更是社会生活和日常交往的范式,而自然知识并没有从日常世界中剥离开来形成一个自成一体的概念世界,因此谈不上有一种"自然科学的范式"。而从口语文化到书面文化的变迁,就是基于文本的概念世界日益获得独立的过程。只有这个概念世界自成一格了,才谈得上科学的范式。但由于书面文化的进一步扩张,概念世界喧宾夺主,反过来覆盖了口语传统,支配了日常经

[①] 〔美〕沃尔特·翁:《口语文化与书面文化——语词的技术化》,第1页。

验，因此现代科学的范式最终又成为某种"元范式"，不仅是自然知识的范式，也成为日常生活的范式了。而要理解其中的来龙去脉，不仅要在相应的范式之间作对比，还应注意书面文化如何从口语传统中剥离、独立并成为主导的历史过程。

针对中世纪到近代科学的兴起，翁也指出，前人很少关注这一事实，即中世纪到近代早期的哲学和科学以"学术拉丁语"(Learned Latin)作为基底，这种语言并不被任何人用于日常交流的母语，而是后天学习而得，这种学术语言让使用者从丰裕的、情感化的、无意识的、主观的口头语言中解放出来。[①] 而与此同时，学者们所使用的母语却仍然处于口语文化，这种分裂状态造成的影响至今尚未得到充分研究。进而，印刷术之后通俗方言的文本化，恐怕也不仅仅意味着知识传播的范围和效果方面的变化，事实上这些语言在那一时期也经历了深刻的变化。与母语和学术语分裂的状况相比，母语的书面化可能促成了书面文化的思维定势进一步"内化"的过程，这一书面化过程直到浪漫主义时代，亦即普及教育的启蒙时代之后，才告一段落。翁认为："相比古代，中世纪的文字偏向远甚，但相比我们，却仍然难以置信地偏向口语……直到浪漫主义时代之前，所有西方文化都包含显著的口语特征。"[②]

书面文化的胜利和口语文化的退隐在西方历史中是逐渐发生的，这一线索从古希腊时期一直到浪漫主义时期。而当前的电子

[①] W. J. Ong, "Orality, Literacy, and Medieval Textualization", *New Literary History*, Vol. 16, No. 1, 1984, pp. 1-12.

[②] W. J. Ong, "World as View and World as Event, American Anthropologist", *New Series*, Vol. 71, No. 4, 1969, pp. 634-647.

文化时代则被翁认为是"次生口语时代",也就是说许多口语文化的特征又在电子媒介环境下得以复兴。但要理解这一连续的历史过程,我们不得不设法理解口语文化的特征究竟是什么。而这一工作非常困难,因为我们已然处于书面文化的范式之下了,我们按照书面文化的定势去理解口语,把口语理解为尚未写下的文字,把口语文化称作"前文字"或"非文字"的,这就好比要通过"无轮汽车"的概念去理解"马"那样[①]诡异。事实上,我们赖以分析口语文化特征的基本概念,包括"文化""范式"等,都已经带上了书面文化的烙印。我们必须对这一不可通约性有所自觉,努力悬置文字对口语的优越性,借助语言学和人类学的一些工作,去体会口语文化的思维方式。

库恩指出"革命是世界观的改变",在不同的范式下人们感知到的是不同的世界——即便面对同样的对象也经历了某种格式塔转换,革命前的鸭子在革命后变成了兔子,"科学家对环境的知觉必须重新训练"[②]。

而在口语文化到书面文化的变革中,"对环境的知觉"的变更程度甚至难以用"世界观的改变"来概括,因为"世界观"这一概念本身就是书面文化的产物。翁指出:"口语文化中,他们的'世界'并不是像某种'观'那样在眼前展开为一个显著的东西,而更像某种动态的和相对而言不可预料的东西,是一个'事件—世界'而不是'对象—世界'。"

[①] 〔美〕沃尔特·翁:《口语文化与书面文化——语词的技术化》,第7页。
[②] 〔美〕托马斯·库恩:《科学革命的结构》,第94页。

"世界观"是视觉的、静态的,而且是由主体"发动"的,我们从不说某人"接收某个世界观",而总是说他"持有或采纳一个世界观"①。"世界观"意味着人主动地截取并在自己的观念中处理这个世界,但"对古人来说世界是某种他只能够参与其中的东西,而不是一个可以在其意识中被处理的对象"②。

口语文化中人们的"世界感"是以听觉为主导的,这种世界并不呈现为一目了然的静止图景,但在其动态和不可预知之间仍然蕴含秩序或统一性,那就是世界作为和谐整体。翁引入"听觉综合"的概念:宇宙不是当作图片,而是和谐或交响乐。"在古希腊时期这种和谐宇宙仍然常见,宇宙被设想为某人要对其应答的东西,而不仅仅是要对之探索的东西。"③

视觉的世界是破坏性的,一切事物被拆解为外在的关系,而内在性在听觉的世界中得以保全。"声音不必通过物理的介入就可以揭示内在。例如我们轻叩墙面而发现墙内部的空洞,或弹响银币而发现其中含铅。若要通过视觉发现这些事情,我们就要打开所检查之物,将其内部变成外部,从而破坏了其内在性。"④

口语文化偏向听觉,而书面文化偏向视觉,视觉空间有抽象、线性、客观、去魅等特征,这方面翁与麦克卢汉的意见相近,略有不

---

① W. J. Ong,"World as View and World as Event,American Anthropologist", New Series, Vol. 71, No. 4, 1969.
② 同上。
③ 同上。
④ W. J. Ong, The Presence of the Word: Some Prolegomena for Cultural and Religious History, Minnesota: University of Minnesota Press, 1967, p. 117.

同的是翁将触觉置于靠近视觉的一端(因为其外在性特征),而麦克卢汉把触觉与听觉并提。相关的细节问题不必赘述了。与麦克卢汉不同的是,翁更加着重口语的时间性特征,及其与记忆的关系。

我提到过斯蒂格勒的"滞留有限性"——"任何回忆都是一种遗忘",而可遗忘的东西又总是可记起的,即可以由某种第三者填补的东西。记录的技术正是记忆的能力。"记起"的可能性取决于"记下"的可能性。

翁用最直白的语言表达了类似的洞见:"你费尽心机说出来的话如何才能够回忆起来呢?唯一的答案是:你思考的是可以记住的东西。"[1]

在口语文化中,要害在于没有什么外在的设备能够固定记忆,因此"如何保持知识的稳固是口语文化中的主要问题"[2]。

当然,知识的保存仍然要依赖"第三滞留",亦即记忆的技术化,但这里所谓的技术更多地是身体技术,是有待修炼的记忆术。"在原生口语文化里,为了有效地保存和再现仔细说出来的思想,你必须要用有助于记忆的模式来思考问题。"[3]

口语文化中得到传承的内容往往带有强烈的节奏感、富含重复和对仗、别称和套语以及大量的箴言。翁进一步将口语文化中

---

[1] 〔美〕沃尔特·翁:《口语文化与书面文化——语词的技术化》,第 25 页。
[2] W. J. Ong, "World as View and World as Event, American Anthropologist", New Series, Vol. 71, No. 4, 1969.
[3] 同[1]。

思维和表达的特征概括如下:"附加的而不是附属的;聚合的而不是分析的;冗余的或'丰裕';保守的或传统的;贴近人生世界的;带有对抗色彩的;移情的和参与式的,而不是与认识对象疏离的;衡稳状态的;情景式的而不是抽象的。"①

这一系列特征并不只是文体风格的问题,记忆的模式决定了知识的形式,在口语文化中作为身体技能的"知识"与印刷时代中成为教科书上白纸黑字的"知识"形成了鲜明的两级,从口语文化到书面文化的变革并不仅仅变更了知识的内容,而是改变了知识的形式。

古代的知识形式就与书写媒介的形式有关,前文提到英尼斯指出莎草纸和羊皮纸就建立了不同的知识形式,前者偏重空间和数学,后者偏重时间和宗教。但印刷术的产生造成的知识革命是最为显著的,这也是现代科学兴起的机缘。下面我将借助爱森斯坦的工作,梳理印刷术与现代科学兴起的关系。

伊丽莎白·爱森斯坦(Elizabeth Eisenstein, 1923—   )是主攻法国史的历史学家,严格来说不属于媒介环境学派。她受到麦克卢汉《古腾堡星系》一书的刺激,但反感于麦克卢汉天马行空的空谈,试图以厚实的历史研究来厘清印刷术的历史影响。她耗时17年功力著成的《作为变革动因的印刷机》一书影响深远,也常被媒介环境学家引为经典。当然,她谈论的不止是科学革命,更包括印刷术对文艺复兴和宗教改革这一系列变革的意义。作为科技哲

---

① 〔美〕沃尔特·翁:《口语文化与书面文化——语词的技术化》,第27页。

学领域的研究者，我主要关注她对科学革命的分析。下文主要借助她的工作来说明印刷术对科学革命的意义，但也加入自己的思路(特别是培根部分)重新进行了梳理。

在这里不妨再次重申一下，所谓历史的因果关联并不是数理逻辑意义上的充分或必要条件。爱森斯坦没有使用"原因"一词，而是把印刷术确定为从文艺复兴到科学革命这些西方现代的种种变革之"动因(中介)"①，这可能更加准确。我已经提到，媒介好比是历史的"催化剂"，亦即一种促成的中介。

有人也许会质疑，"文艺复兴"难道不是在印刷术发明之前就来到了意大利吗？那么怎么还能说是印刷术带动了文艺复兴呢？爱森斯坦认为文艺复兴最初在哪里开始，与这些先驱者是否就是运动的动因，这是两个问题。② 事实上，我们可以找出许多可能的"起点"，例如在11、12世纪欧洲也有过一次短暂的"文艺复兴"，更早的还有"卡洛林文艺复兴"，彼特拉克等所谓文艺复兴的先驱者的思想和风格也并非完全是前无古人的。但问题是，之前的"复兴"始终都局限于狭小的范围，从未超出经院而成为一股蔓延全欧洲的文化思潮，而恰好是这一场文艺复兴一发而不可收拾，成为文明史中不可逆转的一次大变革呢？这里头就不能忽略印刷术的影

---

① 爱森斯坦的原题是"The printing press as an agent of change"，agent 除了"动因"，主要是代理人、中介者的含义，它指的与其说是作为动力因的施动者，不如说是"传动"的媒介。

② 〔美〕伊丽莎白·爱森斯坦：《作为变革动因的印刷机——早期近代欧洲的传播与文化变革》，何道宽译，北京大学出版社2010年版，第100页。

响。催化剂不带来新的原料,反应的原料很可能在古代就已经准备好了,但印刷术这一催化剂仍然可以视为促成这一反应以不可逆转的方式爆发起来的动因。

三 自然观、史学与科学方法

现代科学塑造了一种新的自然观念,从此自然世界作为一种客观的求知对象摆在人们面前。最初"自然"一词只有"本性"的含义,所谓"自然哲学",主要的意思始终是研究事物的"本性"。某种意义上说,自然哲学的研究对象不是"自然界",而是理念世界,它并不关心事物的性质和表象,而是关注那些支配着自然界的理念原则。而到了"自然科学",自然界或者说自然物成了研究的对象。科学家虽然仍关注事物的"本性",但是现实的事物也成了实验台上仔细打量钻研的客观对象了。

可以把现代科学的兴起看作这个新的自然世界的浮现过程。那么,在新自然观的构造中,印刷术扮演了怎样的角色呢?它只是单纯地把一种新的观念广为传播,还是更根本地参与了这一观念的形成过程呢?

要考察其中的关系,我们需要把视野转向另一个世界,即"文本世界"。随着自然的对象化,自然世界与文本世界之间的张力也开始浮现,而新的自然科学恰恰要在这个自然与文本之间的缝隙中开展出来。

而"史"代表着"文本"的世界,"有史以来"与"有文字以来"是一个意思。于是,我们发现"自然史"(Natural History)这一概念变得引人注意了。我们提到，这个概念一般译作"博物学"，但在本书中，它将继续被译为"自然史"，以便揭示自然——史这两个概念之间的张力。

如果不能充分意识到这个所谓的固定搭配毕竟是由"自然"和"史"这两部分组成的这一事实，我们将很难理解"自然史"在近代早期所经历的复兴及其意义。我们甚至会误以为："博物学"——作为"博识万物之学"——显然是古已有之的，甚至在史前时代，在任何原始部落里，都存在"博物学"，因为人们都要和各种各样的事物打交道嘛！但好比人们总要生活在社群之中这一事实并不意味着任何文化都有"社会学"，人们总要说话这一事实也并不意味着"语言学"古已有之。"博物知识"是任何文化都不可或缺的，但"自然史"这一概念形成为一种独特的知识传统，并不是理所当然的事情。这一概念的形成暗示着自然世界与文本世界的新关系，在自然的对象化或者说人与自然之间展开一个间隙之前，这个间隙首先是从文本世界中打开的——随着自然史的复兴，自然变成了史学的，也就是文本记录的对象。也就是说，当我们"介入"了一个新媒介（印刷书）之后，原本作为背景的"自然"才成为对象。下面我们将阐述，最终在现代"自然科学"中成型的现代的"自然"观念，如何得益于印刷术推动下的"史（文本）"形态的变迁。

人们经常谈起现代科学的旗帜性人物——弗朗西斯·培根（Francis Bacon，1561—1626），把他所鼓吹的归纳法或实验方法视为现代科学的标志性元素。这一新兴实验传统与古老的自然哲学传统（数理传统）的结合，成为现代科学的主流，而更古老的"博物学"（自然史）传统，则被渗透和排挤，最终被完全边缘化。但是关于这三条传统之间的关系却仍晦暗不明。鉴于我们当前所处的局面①，我们很容易认为，伴随着现代科学的兴起，数理+实验传统趋于强势，而挤压了所谓的博物传统。

然而，如果我们实际去回顾培根的文本，我们一定会感受到异样的气氛——培根所鼓吹的"科学方法"，真的就是传说中的归纳法吗？特别是，一旦我们发现那个将要在现代科学中饱受挤压的"Natural History"，在《新工具》里竟以如此高的频率被提及，我们会感到纳闷——培根费尽口舌在鼓吹的难道不首先是这个"自然史"吗？

说培根所谓的"历史"只是沿用了它的希腊文古意，即一般的"探究、研究"的含义，这是不够的。事实上，现代意义上的历史概念也正在那个时代成型。培根把"自然史"同"社会史、宗教史、学术史"②并列而提，把严谨的做（自然）史的方法和李维等史学家相对比。尽管李维等史家的历史观与现代不同，但我们至今仍然追认他们为历史学家，然而我们却很少把"自然史"置于史学传统下考量。

事实上，培根口口声声所强调的"自然史"，的确就是一种史学，而培根把这种史学工作"作为自然哲学的基础"③。培根在《新

---

① 虽然说"博物学家"的地位在今天的确已经被挤压到科学的边缘，但这并不意味着现代科学的方法和精神内部仍然延续着"自然史"的传统。这就好比说"逻辑学家"的地位在今天也不好过，被挤到哲学专业中，并且在哲学里头仍然饱受挤压，但我们很容易理解逻辑在现代科学中扮演了至关重要的角色。

② 〔英〕弗朗西斯·培根：《学术的进展》，上海人民出版社 2007 年版，第 64 页。

③ 〔英〕弗朗西斯·培根：《新工具》，许宝骙译，商务印书馆 1984 年版，第 78 页（I—98）。

工具》中以最大的篇幅谈论的并不是"归纳法",而是如何"把历史准备好并排列妥当"。

培根的方法论至少包含三个环节:"首先,我们必须备妥一部自然和实验的历史……这是一切的基础……第二步必须按某种方法和秩序把事例制成表式和排成行列……第三步必须使用归纳法。"[1]简单地说,即记录—编纂—归纳。前两个步骤无非就是一般意义上的"史学"的工序,而这也正是培根着力最多的部分。《新工具》的整个后半本书(中译本第160页至最后的291页)全部都在讨论"应该被优先记录的二十七种事例"。换言之,在讨论的是如何像一个敏锐的史官那样搜集事例——"事例的搜集还必须照着历史的样子去做。"[2]

除了《新工具》,培根自己身体力行的工作也集中于史学之上,从早期的学术史研究,到未完成的《10个世纪的自然史》——培根在这本书中"留下了他搜集的大量既属于书本,又属于直接观察的'事实'……这本通常与《新大西岛》合印在一起的作品是培根所有著作中重印次数最多的"[3]。

因此,培根最大的和最有影响的洞见与其说是归纳法的提出,倒不如说是"自然史"的自觉,尽管自然史是归纳法的一个环节。

当然,从亚里士多德到老普林尼,古代人也有许多"自然史"的

---

[1] 〔英〕弗朗西斯·培根:《新工具》,第117页(II—10)。
[2] 同上书,第118页(II—11)。
[3] 〔英〕玛丽娜·弗拉斯卡-斯帕达·尼克·贾丁:《历史上的书籍与科学》,苏贤贵等译,上海科技教育出版社2006年版,第86页。

成就，那么为何说直到培根的时代"自然史"才成为科学研究的"新工具"呢？一方面，古代的自然史地位远在自然哲学之下，不可能被置于基础的地位；另一方面，更重要的是，古代的自然史只是一些零星的成就，而形不成一种能够积累发展的传统。

而使得"自然史"在近代得以发扬光大的，正是印刷术带来的技术条件。培根本人也在一定程度上意识到记录装备的重要意义："即使……经验上的一堆材料已经准备在手，理解力若是一无装备而仅靠记忆去对付它们，那还是不能胜任的，正如一个人不能希望用记忆的力量来保持并掌握对天文历书的计算一样。可是在发明方面的工作迄今始终是思维多于写作，经验是还不曾学会其文字的。而我们知道，发明的历程若非由文字记载保其持续推进，总是不能圆满的。一旦文字记载广被采用而经验变成能文会写时，就可以希望有较好的事物了。"①

让"经验学会写作"的正是印刷术。在印刷时代以前，除非有像亚历山大里亚的缪斯宫那样庞大而稳定的机构支持，一个人要想掌握整套天文历书并作出准确而可以积累的计算，简直是不可能的。爱森斯坦指出："12世纪《天文学大成》在西方恢复并翻译成拉丁文之后，其保存和传播也花费了不少的心血。在手抄书时代……西方天文学家都很少读到全本的《天文学大成》，很少有人传授应用该书的心得。天才的天文学家穷毕生精力抄写、校订、做概要，但他们所用的抄本一开始就是有瑕疵的，讹误不断增加的本

---

① 〔英〕弗朗西斯·培根：《新工具》，第79页(I—101)。

第八章 媒介的革命史——爱森斯坦的实践

子。"①"从托勒密到雷蒙塔努斯的千百年里,新证据不太可能'逐渐'积累,而是容易出错和脱漏……我们需要解释的不是'停滞'的问题,也不是进步缓慢的问题,而是错漏的过程是如何得到遏制的。"②

培根抱怨古人不保留他们的经验记录,以至于他们的研究难以被继承和推进。他提到:"古人们在开始思考之初,也曾备有大堆丰富的事例和特殊的东西;把它们分条列目地汇成长篇;据以完成他们的哲学体系和各种方术;并在把事情弄明白之后就将那些体系和方术发表出来——可是这时却仅在几个地方插入少数的举例以当证明和解说之用,至于要把全部札记、注解、细目和资料长编一齐刊出,古人认为那是肤浅而且亦不方便。这种做法正和建筑工人的办法一样,房屋造成之后,台架和梯子就撤去不见了。"③

在这方面,培根对古人显然是过于苛求了。即便说古人并不把经验记录为冗长繁杂的札记和细目这一活动视为肤浅,即便他们任劳任怨地把它们一一记录在案,试想这些乏味而重复的记录有可能被流传于世吗?即便说古人身后的抄写员们也孜孜不倦地把这些乏味的记录传抄下去,这些记录难道不是很快就将变得讹误丛生吗?即便偶尔留存有在某个档案柜中妥善保存的准确版本,其他学者有可能自由地获取它们从而推进自己的研究吗?

---

① 〔美〕伊丽莎白·爱森斯坦:《作为变革动因的印刷机——早期近代欧洲的传播与文化变革》,何道宽译,第289页。
② 同上书,第290页。
③ 〔英〕弗朗西斯·培根:《新工具》,第99页(I—125)。

只有印刷术才促成这种往往由冗长的记述、易错的数据和乏味的图表构成的经验记录或实验报告有可能进入学术空间,从而可能被人重复和修订。在这方面,再发达的通信网络也不能取代印刷术的效应——"毫无疑问,如果手写书信传达的是开普勒正在研究一套公式的新闻,那是有效的。然而,用书信来传递《鲁道夫星表》,那就行不通了。当你印行数百册的一部专著,而里面又包含着大量的数字、图表、地图和海图时,甚至当你需要精确而详尽地传达口头报告时,手抄本的效能和机印书相比就极其低下了。"①

培根科学方法的第二步也同样源自印刷术的激发,即"必须借着那些适用的,排列很好的,也可说是富有生气的'发现表',把与探讨主题有关的一切特殊的东西都摆开而排起队来"②。

这种"发现表"是给事物排定次序,但实质上就是给文本编制索引。分条缕析、纲举目张地撰写文本,是印刷术之后才出现的习惯。"手抄书经常没有书名,而是用卷首词来归类。"③更不用说章节名和清晰的目录了。中世纪的学生们偶尔会在自己的笔记中制作索引,以便复习查找,布道者们则为了宣讲方便而为一些作为德行范例故事建立索引。但在这些索引用于印刷术之前,显然都是极其私人化,只是为了方便个人的记忆,而并没有任何客观知识的意味。

---

① 〔美〕伊丽莎白·爱森斯坦:《作为变革动因的印刷机——早期近代欧洲的传播与文化变革》,第287页。
② 〔英〕弗朗西斯·培根:《新工具》,第80页(I—102)。
③ 〔美〕沃尔特·翁:《口语文化与书面文化——语词的技术化》,第95页。

而一旦印刷书出现,索引很快就被以一种中性和客观的方式被推广了。"印刷索引早在15世纪80年代就已经出现,主要是在植物志中。"①"启动人们做索引和编写参考材料的动机起初是宗教的传授和说教;然而当索引和参考材料的工作被印刷商用于一切文本时,这样的工作就中性化甚至不带道德色彩了。"②

可以想象,培根所说的"把探讨主题有关的一切特殊的东西都摆开而排起队来"的制表方法,是随着印刷术以来的索引和目录学的发展而培养起来的。

四 从史学的兴趣出发关注自然

于是,我们不难理解近代欧洲的"动物学"和"植物学"的先驱者——瑞士学者格斯纳(Conrad Gesner,1516—1565)——恰好也堪称"目录学之父"。

格斯纳狂热地追求图书的编目和系统化,他"致力于编纂第一部(也是最后一部)真正综合性的'通用书目',以陈列印刷术百年之内出版的一切拉丁语、希腊语和希伯来语著作"③。

---

① 〔英〕玛丽娜·弗拉斯卡-斯帕达、尼克·贾丁:《历史上的书籍与科学》,第88页。
② 〔美〕伊丽莎白·爱森斯坦:《作为变革动因的印刷机——早期近代欧洲的传播与文化变革》,第59页。
③ 同上书,第57页。

如果把格斯纳刻画为"博物学家",就可能造成误解。事实上,格斯纳所关心的不是"物",而是"史",是文本的编目和系统化。只不过"他非凡的分类学天赋被用于动物的研究,而不是精神现象的研究"①。在当时,"自然史"首先就是一门名副其实的史学。

乔治·萨顿"注意到,地理学倾向于成为语文学的一个分支……尽管如此,当他看见'对自然现象的好奇心'和'文学'和'史学'的研究结合在一起时,他还是感到吃惊。其实,这样的结合不值得大惊小怪,因为许多早期的田野考察是由出版商、编辑和翻译发起的……萨顿笔下的皮埃尔·贝隆就是一个很好的例子:'贝隆想要把迪奥斯科里德斯和泰奥弗拉斯托斯翻译成法语,但他的翻译工作步履维艰,他很难辨认古籍里的动植物。他意识到……需要到东方去考察……古希腊博物学家描绘的动植物。'贝隆得到皇家赞助到中东考察,记录观察到的动植物,满载而归。他的书成为自然史研究的里程碑,1553年在巴黎首次印行,接着出了很多版……"②

即便到了17世纪,探险家从美洲带来的动物记录,也被用来编纂《词典》——旨在"整理大量围绕亚里士多德动物学原文所作的解释和评论,并纠正它们在传播中的错误。"③

任何时代都不会缺少热爱自然的旅行者,或着迷于新奇事物

---

① 〔美〕伊丽莎白·爱森斯坦:《作为变革动因的印刷机——早期近代欧洲的传播与文化变革》,第57页。
② 同上书,第302页。
③ 〔英〕玛丽娜·弗拉斯卡-斯帕达、尼克·贾丁:《历史上的书籍与科学》,第177页。

第八章 媒介的革命史——爱森斯坦的实践

的冒险家,但促使"自然史"这一学问发展壮大的,却并不是探险家们对野生动物的好奇心,而是史学家们对整编史籍的迫切愿望。

诚如福柯所言,仍然被林奈(Carl von Linné,1707—1778)称作"自然史学家"的自然学者(又译博物学家)"关注的是可见世界的结构及其依照特性而作出的命名,他并不关注生命"[1]。

简单地说,伴随印刷术而兴起的首先是史学的兴趣,即整理和校订古籍的需求。而为了修正古籍由于失传和抄写错误而造成的错漏,人们开始求助于自然界。实地考察、采集标本等活动首先并不是出于对事物本身的兴趣,而是出于校订文本的需要。当然,到最后,"自然"逐渐从史学的关切中解脱出来,反过来成为了历史的对象。这一个过程颇为漫长,直到布丰(Buffon,1707—1788),自然终于拥有了自己的"历史"——布丰不再按照事物在人类史籍中的位置,而是按照自然本身的发展史来安排事物。

随着"自然—史"这门学科的兴起和发展,自然与文本、自然与知识的关联发生着变化。而这种变化与其说是人们眼中的"自然"发生了变化,不如说自然观的变化首先仍是由"历史"或"文本"的地位的变迁所带动的。福柯指出:"要让自然史出现,大自然没有必要变得浓密和暗淡……恰恰相反,历史必须成为自然的。在16世纪,直到17世纪中叶,所有存在的一切都是历史……1657年,琼斯通出版了《四足动物的自然史》……(标志着)在历史的领域中,……两个认识秩序突然分离了。直到阿德罗芬弟,历史就是有关一切看得见的物以及在物中被发现或置放的符号的错综复杂和

---

[1] 〔法〕米歇尔·福柯:《词与物》,莫伟民译,上海三联书店2001年版,第215页。

完全统一的结构:撰写一个植物或一个动物的历史,是一件描述其要素或器官的事,同时也是描述能在它上面发现的相似性,被认为它拥有的特性,与它有所牵涉的传说和故事,它在讽刺诗中的位置,从它的实体中制造出来的药物,它所提供的食物,古人对它的记载,以及旅行者关于它可能说的一切。一个生物的历史就是这个身处把它与世界联系起来的语义学网络内的生物本身。"[1]

也就是说,在古人那里,到自然界中研究某个生物,和到史籍中研究某个生物,这两种活动是一致的,生物学和词源学即便不是同一的,至少也是融为一体的。拉丁西方的百科全书之最——伊西多尔的《词源》称得上一个范例,伊西多尔认为:"语词是一种超越的东西,本身就可以同真理相联系,通往知识的道路是通过语词来实现的,这些语词应当通过诉诸其词源而不是它们代表的事物才能澄清……他试图通过对拉丁词的追根溯源来理解整个世界的结构、获得知识。"[2]

早期的自然史家,乃至自然科学家们,一直到致力于"圣经年代学"的牛顿,都或多或少保留着伊西多尔的态度:研究自然与研究史籍都同样有益于对事物的认识。

在一般人的印象中,"近代早期科学家更可能被描绘为手握植物或星盘的人,而不是研究文本的人。博物学家可能研究过托勒密、普林尼、盖伦或亚里士多德著作的早期机印版本。就此而言,

---

[1] 〔法〕米歇尔·福柯:《词与物》,第170页。
[2] 张卜天:"拉丁西方的百科全书之最——伊西多尔的《词源》评述",《中国科技史杂志》2008年第3期。

第八章　媒介的革命史——爱森斯坦的实践

他们常常被指责为看错了方向。'你可能会想,航海家令人惊叹的发现使人的注意力从渺小的人为之书转向了伟大的自然之书。'但你禁不住要问,如果不用'渺小的人为之书'交换信息,'伟大的自然之书'又如何研究呢?"[1]爱森斯坦指出,人们往往曲解了研究自然的方法,天真地构想着科学活动总是要摒弃旧的观念,亲自做一手的观察。[2]而事实上,正如培根早已明示的所谓"经验证据",首先依赖的是记录和整理,归纳法只有基于这些已然被妥善整理后的经验史才有可能。

事实上,"应该相信亲眼观察而不是书本"这一口号不是在近代刚刚兴起,反而是在近代由于印刷术的出现而刚刚过时。爱森斯坦提到,"古典权威告诫人不要信赖图像,其理由很充分,那就是因为图像会随着时间的流逝而走样变形。盖仑说:'病人是医生的医书。'"[3]而在印刷时代,科学家终于可以信赖书本和图像,可以信赖其他学者的描述记录,从而可以免于亲自奔波,坐回到书房中进行研究了。

远离自然,而非亲近自然,成为现代科学的革命之处。正如拉图尔(Bruno Latour,1947—)所说,处在知识背后的是文本,和更多的文本,以及"层层排列的图表、记录、标签、手术台和示意

---

[1] 〔美〕伊丽莎白·爱森斯坦:《作为变革动因的印刷机——早期近代欧洲的传播与文化变革》,第284页。
[2] 同上书,第294页。
[3] 同上书,第303页。

图……我们并没有自然……我们有的是一个阵列"①。"自然"是论证的结果而非根据——"没有人能以如下方式介入一场争论,即说:'我知道它是什么,自然这样告诉我的,它是氨基酸序列。'这样的断言将被报以哄堂大笑,除非这个序列的拥护者能出示他的图表、提出他的引证、提供他的支持来源。"②拉图尔这样来诠释近代科学的"哥白尼革命",即不再是人在自然事物之间漫游,而是改以"绘图室"为中心,把事物聚集起来(Drawing things together)。③

而要聚集事物,就必须要用简便的、可靠的媒介来把事物"刻印"下来(拉图尔所谓 inscription),除了制作标本之外,纸张和铅字是最好的媒介。

正如福柯所说,"自然史发现自己处于现在在物与词之间敞开的那个间距中"④。而这个间距空间,就是那个由印刷术促成并开拓出来的,由文本和更多的文本构成的"阵列"。芒福德也发现:"印刷术……促进了隔离和分析的思考方式……与现实中发生的事情相比,印刷物给人们留下的印象更深刻……存在就意味着在印刷物中存在,学习就意味着学习书本,所以书本的权威被大大地拓展了……阅读印刷品和亲身经历之间的鸿沟已经变得越来越大。"⑤

现代科学家当然关注自然,并且走向自然去寻求知识。但"关

---

① 〔法〕布鲁诺·拉图尔:《科学在行动》,刘文旋、郑开译,东方出版社 2005 年版,第 132 页。
② 同上书,第 164 页。
③ 同上书,第 364 页。
④ 〔法〕米歇尔·福柯:《词与物》,第 171 页。
⑤ 〔美〕刘易斯·芒福德:《技术与文明》,第 124 页。

注"和"走向"的前提是首先已经远离了自然。和教条主义者一样，当经验主义的自然科学家谈论自然知识时，他们摆弄和指点的总是文本，是数据或记述。区别在于科学家并不把面前的文本当作毋庸置疑的"原版"，而总是通过文本的推敲和经验的佐证来不断校订它们。

五 自然成为标准的原版

我们已经说到，科学革命的实质与文艺复兴、宗教改革一脉相承，仍旧是"回到文本"。而校订文本的需求促使人们走向自然。不过这一过程尚不明朗——为何这种需求非但促使人们走向自然，而且还大大激发了人们认识自然的能力？相比同样观察自然的古人而言，为何现代知识能以如此惊人的速度暴涨？

这里涉及整个现代科学的学术界的形成，这个学术界营造出积极的竞争与合作的环境。尽管这一崭新的学术环境比起古希腊的广场或亚历山大里亚的缪斯宫而言，或许多了几分功利和冷漠，不过却空前地高效。除了自由、民主等基本的条件外，现代学术界至少新增了以下几个新元素：标准化、公开性和著作权。

首先来谈谈标准化。除了秦国的弩机等少量例外，印刷机称得上是历史上第一种实现标准化生产的器械。芒福德感叹道："印刷术为所有未来的复制技术奠定了基础。印刷的纸张是第一种可以机械化生产，而且完全标准化的产品，这一点甚至比军队的军装都要早。而金属活字就是第一种完全标准化、可以相互置换的机器零部件,从每个方面讲它都可算是个革命化的发明。"①费夫贺与马尔坦也认为:"发展初期的印刷铺,比较像是现代的小工厂,而非中世纪修道院工作室。早在1455年,傅斯特与修埃佛的印刷事业,就已经具备标准化生产的倾向。"②尽管早期的印刷书仍然错漏百出,但印刷书能够印发大量勘误表这一实情"本身就显示了印刷术赋予人的新的能力……勘误表展示了标准化的一些效果"③。

在某种意义上,"勘误表"的意象对于标准化概念的形成也许更加重要——尽管我眼前这本书错漏百出,但是它终究是可以得到修订的。在流传着的各式各样错漏的版本背后,还有一个最准确的原始版本,修订的工作有可能朝向这个原版步步逼近,最终还原出标准的版本来。

一旦人们也用这样的态度去看古代流传下来的经典著作,他们将想到的第一件事就是着手"复原"这些经典著作。事实正是如此——"盖伦、亚里士多德……他们被抛弃是在印刷术之后一百年才发生的。在1490年至1598年的一百年间,盖伦的著作已经印行了660版……老普林尼卷帙浩繁的百科全书1550年之前印制出来,其内容而不是风格受到重视……诚如乔治·萨顿所云:'古代科学论著在文艺复兴时期印行绝不是出于好奇……而是为了使用……新文本的发现……是积极的知识积累……搜寻医学手稿是

---

① 〔美〕刘易斯·芒福德:《技术与文明》,第123页。
② 〔法〕费夫贺、马尔坦:《印刷书的诞生》,李鸿志译,广西师范大学出版社2006年版,第123页。
③ 〔美〕伊丽莎白·爱森斯坦:《作为变革动因的印刷机——早期近代欧洲的传播与文化变革》,第48页。

一种形式的医学研究。'"①

教条主义恰恰是在这个时候才刚刚兴盛起来,在古代,即便是《圣经》那样被妥善保存和严密传抄的文本,其权威性仍然不能自明,而是靠教会的权威来保障的。爱森斯坦提出:"直解《圣经》的原教旨主义是印刷术出现以后才有的现象……《女巫的铁锤》出版后出现的巫师审判也是印刷术出现以后才有的现象。"②"各地的教士在16世纪都受制于更加严格的'以书为准'的纪律。"③"布道者的布道词应该直接从《圣经》取材——在伊拉斯谟的时代,这个观点远没有过时,而是刚刚才开始形成。"④

当"以书为准"的观念兴起之后,科学家首先不是去试图凭空构建一个新的自然体系,而是想方设法去修订古代的经典文本。早期的科学家相信古代哲人的著作经过漫长的传抄,错漏和佚失无数。因此,亟需通过辛勤的研究去复原它们。

然而,一旦校订的工作开始,其效果就远远不止于对某本古书进行一次全面的改写了。关键在于,古书的原版、校订版和改写版等都将同时流传于世。在这个意义上,说托勒密是哥白尼的同时代人绝不为过,托勒密仅在哥白尼之前不久成为流行,而在哥白尼之后继续流传了许多年。同时流传于世手抄本的"版本"差别暧昧不清,而不同版本的印刷术却泾渭分明,可以拿来互相对比和

---

① 〔美〕伊丽莎白·爱森斯坦:《作为变革动因的印刷机——早期近代欧洲的传播与文化变革》,第118页。
② 同上书,第272页。
③ 同上书,第269页。
④ 同上书,第226页。

批评。

爱森斯坦说得好:"新的《普鲁士星表》之所以具有重大的历史意义,并不在于它'代替'了《阿方索星表》,而是因为它成了另一种选择,这就促使天文学家用两种星表去观测天象(第谷的观测就是明证)。"[1]"或许,哥白尼最重大的贡献与其说是他找到了'正确的'理论,不如说是提出了经过透彻研究的另一种理论;于是,他提出问题,让下一代天文学家去解决,而不是自己做出答案,让后人学习……在里奇奥利1651年版的《新天文学大全》的卷首插图里,哥白尼的图示和第谷的图示被置于缪斯女神天平的两端,而托勒密的图示则被置于地上……我们应该看到,一个画框里表现三种图示清晰的行星模式,这倒是颇为新异的。互相矛盾的《圣经》评注鼓励人们去研究《圣经》本身,同理,'渺小的人之书'里那些互相矛盾的判断促使人坚持不懈地用'伟大的自然之书'去检验。"[2]

"第谷之所以有别于过去的观星人,并不是因为他观测夜空而不研习古籍。"第谷也没有望远镜,但他掌握有"前人很少掌握的资源,那就是两种不同的理论的两套计算方法……他有一所图书馆,塞满铅印的文献,他还有擅长印刷术和镂刻艺术的助手。他亲自动手安装印刷机,还在他工作的赫文岛上办了一座

---

[1] 〔美〕伊丽莎白·爱森斯坦:《作为变革动因的印刷机——早期近代欧洲的传播与文化变革》,第387页。
[2] 同上书,第390页。

造纸厂"[①]。印刷术所提供的资源使得近代早期科学家的知识更新和积累达到了空前的速度。

六 自然成为公开的知识

我们说第谷还没有望远镜,靠的就是印刷术的助力。但是毕竟伽利略就有了望远镜了。那么,在诸如望远镜之类的技术中,是否还有比印刷术扮演更重要角色的新事物呢?不可否认,钟表、透镜等技术在近代科学的发展史上也扮演了至关重要的角色。然而,要害在于印刷术对于其他诸多技术的发展而言,也起到了某种关键性的作用。

"在印刷术出现之前,重要的事件即使报告,也是在布道坛上口头报告的。'透镜在13世纪已广为人知……但在三百年的时间里,有关透镜的一切都停留在一种静默的密谋中……到了16世纪以后,透镜才成为理论研究的对象。'……到了17世纪初,技术发明已经见之于印刷品了,报界披露光学仪器的发明。于是,许多人就开始争夺发明的优先权,所谓'伽利略的镜筒'即为一例。"[②]

印刷术一方面把知识条目化,同时把知识公开化,这促进了技术的知识化。使得原先只是在工匠传统中言传身教的技巧和秘诀有可能和科学知识一样,变成一种可积累、可批判的公共学术资源——"印刷术不是把文件紧锁深藏,而是把它们从箱子和密室里

[①] 〔美〕伊丽莎白·爱森斯坦:《作为变革动因的印刷机——早期近代欧洲的传播与文化变革》,第387页。

[②] 同上书,第346页。

拿出来复制,让人们都能看到这些文档。保存宝贵资料的最佳途径是将其公开,这一观念和传统的观念背道而驰。"[1]

印刷机同时开启了自然史与技术史——古腾堡算得上第一个真正因为伟大的技术发明而名留青史的人物。以往那些被历史记住的发明者多半出于偶然,而且他们发明的前因后果也晦暗不明。而在古腾堡之后,专利权和著作权同时兴起,那些用技术改造世界的匠人都将有机会得享不朽的声名,这是古代工匠难以想象的。

另一方面,在古代非但技术的发展始终依赖私人的秘传,科学的传统也同样没有完全脱离秘密的领域。爱森斯坦举例说:"塔尔塔利亚……这位自学成才的工匠一作家率先用通俗语翻译欧几里得,但他还是不愿意和算师这一行业里的最新技巧分手告别。实际上,卡尔达诺公布他解三次方程的办法时,塔尔塔利亚竟然大发雷霆……'现代学者满脑子装着罗伯特·默顿这样表述的一个观点:你将一个想法传达(宣传)给别人之前,这个念头并不真是你的想法。对这样的学者而言,塔尔塔利亚的态度似乎莫名其妙。然而……个人拥有想法的观点本身在塔尔塔利亚那时就是新异而奇怪的。'"[2]

---

[1] 〔美〕伊丽莎白·爱森斯坦:《作为变革动因的印刷机——早期近代欧洲的传播与文化变革》,第68页。
[2] 同上书,第345页。

第八章 媒介的革命史——爱森斯坦的实践

另一个例子是炼金术的转变,正如卢瑟福所说的,从炼金术到化学,最重要的转变与其说是对自然的态度究竟是迷信还是理性,不如说是从秘传到公开的转折。[①]

在现代,我们心目中的"知识"这一概念本身已经带有了公共性,因此原本属于"知识"的涵义之内的身体知识、技能性知识等意味逐渐被人淡忘。这与其说是现代人柏拉图主义的形而上学视野忽视了技术,倒不如说是由于印刷术新近赋予"知识"这个概念之上的公开性要求——知识应该呈现为那种白纸黑字的,能够公开传阅的东西,而不该是任何不能被印刷的隐晦的东西。事实上,柏拉图本人的"知识"概念本质上仍是一种技能——回忆的,或者直观真理的技能,而绝非现代人眼中白纸黑字的书本知识。因此在柏拉图那里,只有具备哲学王资质的极少数人才能领略到真知识,而绝不是一个普通的排字工就有可能认识的。

而到了培根的"理想国"里,秘密的知识被严令公开:"自然的知识应该公开,实际上严格保守秘密的工匠应该用多种文集的形式来写成'历史'。"[②]

这种"自然史"的特征是知识的公共性,是公众围绕着文本进行开放的辩论的新传统,而不是浪漫情怀的自然主义者所憧憬的那种走近自然深处的不可言传的私密体验。

[①] 〔美〕伊丽莎白·爱森斯坦:《作为变革动因的印刷机——早期近代欧洲的传播与文化变革》,第352页。

[②] 同上。

七　媒介环境学的实践

本章把两个相对独立的主题和人物并在了一起，翁的部分（前两节）主要讨论科学革命理论与媒介史的关系，而随后关于爱森斯坦的部分主要讨论媒介理论与科学革命史的关系。翁的部分讨论了口语到书写、科学的前范式到范式的历程，而爱森斯坦的部分讨论了书写到印刷、科学范式的革命历程。由于他们二人都代表了对媒介史强纲领典范性的实践应用，因而放在一起加以阐述。

范式不可通约的概念涉及强纲领的"公正性"问题。这要求我们悬置现成的标准，尝试理解不同范式、不同的思维框架或世界观之间的鸿沟，尝试理解与我们相异的生活世界和历史境遇。

范式的界限正是"共同体"，而一个共同体的界限和特征取决于人们在其中互相交流"媒介环境"。范式理论所暗示的，恰好就是"媒介即讯息"。也就是说，一个共同体所特有的交流环境，比他们实际交流的内容更加关键。在理解历史的发展时，科学的范式比具体的科学命题更为关键。

科学的范式脱胎于生活世界的不同形式，在口语世界中并没有一个相对独立的"科学共同体"，只有在书写文化中，科学的共同体才可能取得相对的独立。而直到印刷书的时代，一个可以持久传承，拥有共同语言，又能够与自然拉开距离的科学共同体才走向成熟。这正是现代科学革命的条件。

借助爱森斯坦对现代科学之兴起的阐述，是媒介史纲领的一个实例。它没有严格地按照英尼斯或麦克卢汉的路数，但较好地

第八章　媒介的革命史——爱森斯坦的实践

演示了这一纲领的揭示力，通过把媒介当作媒介的"第三种态度"，在媒介兴替切换时考察其影响，揭示出现代人感知世界的方式如何与媒介环境的变迁相对应。

需要补充的是，本章只是借助了两位学者的工作，把他们引入我自己的思路之内。事实上，他们更多的工作在本书中被忽略了。例如，翁把弗洛伊德的心理学对应于历史阶段，爱森斯坦对文艺复兴、宗教改革的论述等。

写到这里，媒介史强纲领的基本范例已经勾勒完成了，但一个学科范式一旦建立起来，就随时有被教条化、简单化、狭隘化的危险。尽管这是无可避免的事情，但对于一些已然呈现出来的弱化或后退倾向，也值得在这里加以纠正。因此，后面两章将引入对媒介环境学第二三代传人的批评性讨论。

第九章　媒介的教育史
——波斯曼的立场

一　媒介的说教家

尼尔·波斯曼(Neil Postman,1931—2003)是媒介环境学的"纽约学派"的代表人物,也是"媒介环境学(Media Ecology)"作为专门的课程和学科点的开创者之一。尽管技术生态、媒介环境等概念在麦克卢汉乃至芒福德的口中早有提及,但波斯曼抓住并发扬这一概念而使之成为标示一个学派的线索。就此而言,波斯曼功不可没。

所谓成也萧何败也萧何,波斯曼一方面在学术界和公众视野中树立起了"媒介环境学"的旗帜,但另一方面,自他之后建制化的媒介环境学学派面临某种狭隘化。在芒福德和麦克卢汉他们那里,"媒介作为环境"的思想是某种哲学和历史学意义上的视野或纲领,在某种意义上可以说是"第一哲学"或"元史学"。但建制化后的媒介环境学家们最终满足于做传播学内的"第三学派",而淡化了其哲学和历史学方面的内涵。本书试图把"媒介环境学"从传播学领域引入(或者说引回)技术史与技术哲学的领域,因此对于波斯曼之后的发展,我将以批评为主,旨在扭转一些将媒介环境学

第九章 媒介的教育史——波斯曼的立场

洞见简单化、狭隘化的趋向。

波斯曼于1958年在哥伦比亚大学获得英语教育博士学位，在他攻读研究生期间，麦克卢汉正好在纽约市度过了一段时光。很明显，波斯曼的学术生涯深受麦克卢汉的影响，波斯曼从不否认这一点。但许多时候，波斯曼也有意地想摆脱麦克卢汉的阴影，强调其学说不仅仅来自麦克卢汉，而是早在芒福德、马克思等前辈中就可以找到根源。甚至他提到，最早激发他的思想的是《圣经》中十诫的启示，上帝告诫人们"不可为自己雕刻偶像"[①]。波斯曼认为这暗示着表达崇拜的方式与表达崇拜的对象同样重要，信仰不仅取决于崇拜对象，更取决于崇拜方式。

的确，波斯曼的思想与麦克卢汉的关系颇为微妙，他在继承和发扬麦克卢汉的同时，也在某些根本的方面作出了忤逆。下面我会提到，波斯曼之于麦克卢汉在某种意义上是一种倒退。当然，无论如何，我无意抹杀波斯曼在媒介环境学的学科建设和教学方面的推进。

我所谓"教学方面的推进"，包含着双重含义。一方面，波斯曼最终的身份是一个教学者，他一手创立起学科点并毕生讲授媒介环境学课程；另一方面，波斯曼最初的身份也是一个教学者，他的学术生涯是从英语教学领域出发的，波斯曼毕生的工作都可以理解为把媒介环境学的洞见引入教育学领域。

波斯曼的第一部著作是与"美国英语教师学会电视研究委员

---

① 〔美〕尼尔·波斯曼：《娱乐至死／童年的消逝》，章艳、吴燕莛译，广西师范大学出版社2009年版，第10页。

会"合作撰写的《电视与英语教学》(1961)①,从 60 年代"直至 1970 年代中期,尼尔·波斯曼一直与美国的激进教师运动(American movement of radical pedagogues)相联系"。他与查尔斯·韦因加特纳(Charles Weingartner)合著了一系列关于语言和教育的书籍,特别是《作为颠覆活动的教学》(*Teaching as a Subversive Activity*,1969)这部著作"确定了他公共知识分子和教育理论家的身份"。在该书中,波斯曼指出:"学校只关注印刷文化,环境却要求把学校的关怀延伸到一切新形式的媒介,新媒介和环境的变化是不可分割的。换句话说,虽然新媒介的重大影响还在评估之中,如今的趋势却要求,凡是给教育增加现实意义的努力都必须充分考虑新媒介的作用。"②在这部书中,波斯曼首次承认麦克卢汉的影响,他接受了麦克卢汉的洞见,强调媒介并不是中性的信息传输管道,而是有着积极的塑造作用的"环境"。

在稍后的《软性的革命:以学生为主动力的教育改革提案》(1971)一书中,波斯曼"向学生发出诉求,不是刺激猛烈地革命去反对教育制度,而是要发动一场'软性'的革命"③。他呼吁学生们采取柔道的策略对抗陈腐的教育体制,体制的力量比学生们强得多,与之激烈地硬碰硬是无效的,但可以用借力打力的方式突破学校的束缚。

---

① 〔美〕托马斯·金卡雷利:"尼尔·波斯曼与媒介环境学的兴起",载〔美〕林文刚编:《媒介环境学》,第 154 页。
② 同上书,第 161 页。
③ 同上书,第 163 页。

第九章　媒介的教育史——波斯曼的立场

笼统地说,在这一阶段,波斯曼的主旨是"对在媒介技术的发展面前过于滞后和无能的学校系统发起抨击"[1],波斯曼及其合作者倡导在学校教育中积极地采用视听媒介。

学校教育与电子媒介的关系是贯穿波斯曼毕生研究焦点。然而在 70 年代中期,波斯曼对这两者的态度却发生了一个 180 度大转弯,激进的先锋派几乎一夜之间变为保守的卫道士,从积极把电视引入课堂,转变为极力抵制电视的影响。

这一转折虽然从态度上看是一个惊人的逆转,但从思想发展来看,倒也并没有太严重的断裂。《作为保存活动的教学》(1979)可以视为这一转折的标志,这本书的标题恰与他 10 年前的成名作《作为颠覆活动的教学》形成鲜明对比,但就其内容而言,其实仍然是前作的延续。在《作为保存活动的教学》中,波斯曼进一步阐发了"生态学"的视角,只不过这一回他更加强调"生态平衡"的意义。他引入了所谓"恒温器观点"(the thermostatic view)的概念,他认为,我们应当"在创新的环境下保护传统,并在被传统束缚的社会中促进创新"[2]。在早期,波斯曼或许感觉教育体制中束缚的方面太多,因此更偏向于倡导创新的方面。但在后期,波斯曼终于发现,学校教育体制是被电子媒介侵袭的整个社会中传统的印刷文化硕果仅存的地方了,自此波斯曼转而强调学校的保存意义,也开

---

[1] Tommi Hoikkala, Ossi Rahkonen, Christoffer Tigerstedt, and Jussi Tuormaa, "Wait a Minute, Mr. Postman! Some Critical Remarks on Neil Postman's Childhood Theory", *Acta Sociologica*, Vol. 30, No. 1, 1987, p. 88.

[2] Neil Postman, *Teaching as a Conserving Activity*, New York: Dell Publishing, 1979, p. 19.

始着力批判电子媒介对传统的破坏。

学校与教育问题也是《童年的消逝》(1982)与《娱乐至死》(1985)这两部脍炙人口的名著中的隐含主题,而在《技术垄断》(1992)中学校仍然作为与技术相抗衡的最后据点而出现。到了晚年,波斯曼更是以《教育的终结:重新界定学校的价值》(1996)回归自己的本业——事实上他也从未离开过。

正如金卡雷利所说,波斯曼"首先是一位教育家,献身语言、文学和印刷文化素养的教育家。当时,大多数集中探讨媒介的教学计划和著作,都是从社会学的视角去进行研究;与此相反,波斯曼从偏重文学的教师的角度着手去研究电视"[①]。

这一教师立场既是波斯曼的独特之处,也同时造成了某些根深蒂固的局限性。他似乎只是跳过了而非超越了社会学的视角。汤米·霍伊卡拉(Tommi Hoikkala)等芬兰学者语带挖苦地指出,尽管波斯曼与阿多诺、马尔库塞等人的"社会批评理论"有着相同的敌人,但波斯曼"对社会既没有进行严肃的分析,也没有一个清晰的概念。他的'信息环境'没有包含经济和政治的权力、社会阶层、利益斗争、社会压制等。社会压根就不存在。这就是为什么波斯曼的批评不同于社会批判","波斯曼不是一个社会批判家,他是一个道德的技术学家(moral technologist)。"[②]

[①] 〔美〕托马斯·金卡雷利:"尼尔·波斯曼与媒介环境学的兴起",载〔美〕林文刚编:《媒介环境学:思想沿革与多维视野》,第 155 页。

[②] Tommi Hoikkala, Ossi Rahkonen, Christoffer Tigerstedt, and Jussi Tuormaa, "Wait a Minute, Mr. Postman! Some Critical Remarks on Neil Postman's Childhood Theory", *Acta Sociologica*, Vol. 30, No. 1, 1987, p. 93.

的确,我们不妨说波斯曼是一个媒介的"说教家",他像一个刻板的老教师那样喜欢数落新媒介的缺点,特别是道德方面的问题。波斯曼本人也承认他的偏见,他承认自己与疯狂地爱慕技术的人一样,都是"独眼龙",他"往往只议论新技术带来的包袱,对新技术提供的机会,却三缄其口。技术爱慕者应该为自己辩护,到处宣传自己的主张。我自卫的立场则是,有的时候,我们需要不同的声音,以缓和成群结队的技术爱慕者喋喋不休的喧闹"①。

波斯曼强调,他和共同创立媒介环境学学科点的同事们都是"一群强调道德关怀的人""我们特别感兴趣的是媒介环境如何使我们生活得更好或更糟,我们想弄清楚媒介环境是否真有这样的作用。"②

麦克卢汉虽然热烈欢迎学科点的建设,但对波斯曼的道德倾向却深感不安,他多次提醒波斯曼"注意斯蒂芬·文森特·贝尼特的长诗,其中写道:'不要说,它赐福于人,或应该诅咒。'你只须说:'它在这里。'"③

波斯曼并不否认麦克卢汉的态度自有其道理,但他更愿意追随芒福德和艾吕尔:"他们落笔写下的每一个字,几乎都要传达这样一种感觉:技术造成的后果是人性化的或反人性的。"④

---

① 〔美〕尼尔·波斯曼:《技术垄断——文化向技术投降》,何道宽译,北京大学出版社 2007 年版,第 2 页。
② 〔美〕尼尔·波斯曼:"媒介环境学的人文关怀",载〔美〕林文刚编:《媒介环境学:思想沿革与多维视野》,第 44 页。
③ 同上。
④ 同上书,第 45 页。

当然,技术并非中性,这是技术哲学的出发点。我们既然在讨论技术的时间或空间偏向(英尼斯),或者技术的感官偏向(麦克卢汉),那又为何不能讨论技术的道德偏向呢?的确,在这个意义上,波斯曼的取向并没有问题,甚至可以说技术的道德偏向本来就是"技术非中性"的基本含义,脱离了好坏的衡量来谈论一种"中立的偏向"本身就是某种虚伪或自相矛盾的概念。

但问题在于,既然要讨论道德的维度,我们就不得不对道德哲学或伦理学展开一番反思,而不应使用一套现成的、未经反省的价值观来评判技术。而波斯曼的问题恰恰不是过分强调道德的概念,而是缺乏对道德概念的充分关注。例如,波斯曼经常强调电视是感情化的,而文字是偏向理性的、逻辑的,但对于理性化为什么比感情化更好,波斯曼却缺乏更深的追究,仿佛这理所当然。

二 认识论:二元对立和本质主义

当波斯曼追问技术的后果是"人性化的还是反人性的"时,他也并没有对何谓"人性"展开充分的反思。

尽管他已经意识到"技术重新界定'自由''真理''智能''事实''智慧''记忆''历史'等词汇的意义"[①]。也意识到"从人性的观点去思考媒介时,你必须考虑一个明显的事实,人们对善恶好坏持不同的观点"[②]。他还意识到,"任何认识论都是某个媒介发展

---

① 〔美〕尼尔·波斯曼:《技术垄断——文化向技术投降》,第4页。
② 〔美〕尼尔·波斯曼:"媒介环境学的人文关怀",〔美〕林文刚编:《媒介环境学:思想沿革与多维视野》,第45页。

阶段的认识论。真理和时间一样,是人通过他自己发明的交流技术同自己进行对话的产物"[1]。但是,他仍然坚定地拒斥相对论。

波斯曼了解麦克卢汉、翁、哈夫洛克等人的主张,即"媒介的变化带来了人们思想结构或认知能力的变化",但"我的观点不需要我这样做。因此,我不想证明这样的可能性……只有口头语言的人在智力上不及有书面文字的人,而'电视文化'里的人比前两者都表现的智力低下。我的观点仅仅是说,一种重要的新媒介会改变话语的结构。实现这种变化的途径包括:鼓励某些运用理解力的方法,偏重某些关于智力和智慧的定义以及创造一种讲述事实的形式,从而使某个词语具有某种新的内容。我想再次说明,在这件事上我不是相对论者,我相信电视创造出来的认识论不仅劣于以铅字为基础的认识论,而且是危险和荒诞的。"[2]

与其说波斯曼的观点不需要他承认更"强"的主张,不如说他的观念根本不允许他采取这种主张。因为一旦承认人的思想结构本身也是媒介环境的产物,那么波斯曼就压根无法跳出具体的媒介环境,来衡量两种媒介环境之间的优劣好坏了。事实上,麦克卢汉也从没有说口语人和书写人在智力上谁更低下,他极力避免的就是在不同的媒介文化之间加入一套更高的道德评判。麦克卢汉只是努力去描述它们的异同。而波斯曼一定要在口语文化、书写文化和电视文化之间分出高下优劣来,他就不得不从麦克卢汉那里退缩回来。

---

[1] 〔美〕尼尔·波斯曼:《娱乐至死/童年的消逝》,第23页。
[2] 同上书,第24—25页。

注意到波斯曼认为改变"话语结构"和改变"思想结构"是两个层次的事情,他似乎认为新媒介可以"只是"改变了话语的结构,而不必深入"思想"的层面。这种割裂在麦克卢汉那里并不存在,话语的结构包含于思想的结构之内,话语本身就是思想的"延伸"。

波斯曼分割开人的智力(人性)、人的文化表达(知识、话语、符号环境)和媒介技术这三者。波斯曼的模型是"人—(通过技术/在媒介环境下)表达—文化",在他看来,媒介环境能够改变的只是人性的表达方式(如何创造文化),智力的实现方式(如何获取知识),亦即文化环境或话语的世界,而在技术世界和话语世界背后,还有一个不为技术发展所动摇的,与技术相对的"自然的""人性"存在着。因此,参照于这个固定的人性,媒介技术就有可以优劣之分,这取决于这种表达形式是否偏离人性中固有的价值取向。

正如霍伊卡拉所说:"媒介从其相应的语境下被孤立出来,这也是源于它被当作一个简单地控制者接收者的'外在力量'。也就是说,媒介存在于人们'外部'的某个地方,这不是人们日常生活的真实情况。这一观念基于某种假定,即存在某种'自然的'生活关系,某种脱离媒介的人类学常态(anthropological constant)。"[1]

波斯曼把媒介环境学的思想归纳为"表达思想的方式将影响所要表达的内容"[2]。但在麦克卢汉那里,表达思想的方式就是思想本身,而在波斯曼这里,在这些方式之外似乎还存在着一个独立

---

[1] Tommi Hoikkala, Ossi Rahkonen, Christoffer Tigerstedt, and Jussi Tuormaa, "Wait a Minute, Mr. Postman! Some Critical Remarks on Neil Postman's Childhood Theory", *Acta Sociologica*, Vol. 30, No. 1, 1987.

[2] 〔美〕尼尔·波斯曼:《娱乐至死/童年的消逝》,第29页。

自存的"思想"，波斯曼就是用这个"思想"来评判技术的善恶的。

在这方面，笔者认为波斯曼的立场是一种倒退。前文提到，近代哲学的"认识论转向"在某种意义上就可以理解为"媒介的发现"，即任何认识都不是"直接"的，而总要"通过什么"，因此哲学的焦点就从追问知识的内容转向了追问求知的方法或追问何以获得知识。但认识论哲学尽管发现了媒介，但仍然把媒介理解为主体与客体之间的桥梁——尽管不是透明的、中性的通道，但仍然仅仅是带有偏向或阻碍的通道。而以海德格尔为代表的存在论转向，以及麦克卢汉媒介即讯息的洞见，都已打破了认识论哲学的主客对立思维，把媒介看作某种先于主客心物之分的先验条件。

而波斯曼拒绝了麦克卢汉的推进，似乎退回到认识论哲学的主客对立和本质主义的思维方式中去了。诚如麦克卢汉所说，这种哲学恰是古腾堡的产物，而波斯曼也是一个坚定的印刷文化人。

无独有偶，波斯曼本人正是把媒介的影响定位于"认识论"。尽管当他强调"认识论"这一概念时，意思是他的焦点不在于媒介的内容或对象，而在于媒介的传达方式本身。但这一术语的使用暗示了波斯曼对媒介理解的狭隘之处。在波斯曼眼中，媒介似乎主要只是作为知识的传递者而被关注的，因此终其一生波斯曼所分析的媒介始终只是文字、印刷术、图片、电视等其作用可以被理解为"传递知识"的特定媒介，而远远不像麦克卢汉那样，以宽阔的视野关注各式各样的媒介技术，包括衣服、建筑、玩具、汽车、城市等。

进而，这一认识论的立场与他教师的立场互相强化，以至于在波斯曼那里，"知识的传授"始终是头等大事，教育问题也同样被局限于"认识论"的维度。

当然,波斯曼并不认为教育仅仅是知识内容的传授,在他看来,教育学关注的不是传授知识的技术手段,而是形塑人格的"环境"。波斯曼认为,真正重要的不是学校中具体课程的具体内容,"关于学校的任何东西都会有意无意地影响着年轻人如何被塑造,(……)整个学校环境就是一门课程"①。

而在这个意义上,电视也是一门课程,它先于学校,并且影响力更大,"电视是第一门课程,而学校是第二门"②。

然而,认识论在这里仍然挥之不去,尽管学校并不简单地被理解为传达知识的"管道",但仍然被理解为传授"知识"的环境,而这里的"知识"是印刷时代的概念,即"信息"。波斯曼把"课程"定义为"感化、教导、训练或培养年轻人的心灵和品格"的"信息系统""根据这一定义,电视和学校不仅仅'有'课程,而且就'是'课程,也就是说,他们是完整的学习系统。"③

我们看到,尽管波斯曼推广了课程的含义,但其意义仍然被局限于"信息"的提供,而人的心灵和品格的成长,也取决于信息的获取。在波斯曼那里,教学体系本质上是一套"信息控制"的装置,波斯曼坚持把学习或者说人格的成长理解为信息获取的过程。

这仍然是印刷文化的思维方式,诚如芒福德所说,在印刷术之

---

① Neil Postman,"The First Curriculum:Comparing School and Television",*The Phi Delta Kappan*,Vol. 61,No. 3,1979.
② 同上。
③ 同上。

后,"学习变成了从书本学习"。波斯曼也注意到,"印刷将信息和信使分开"①"信息"这个概念实在是印刷文化的产物(当然电脑又为它赋予了新的意义,暂且不表),这个概念本身往往就被自觉不自觉地理解为"印在纸上的东西"。在这一隐喻下,波斯曼从获取信息的角度去衡量媒介的优劣,他无疑会立刻发现印刷文化的优越之处——既然信息就是"可被印刷的东西"本身,印刷书当然最适宜获取信息了,如理性化、条理化、逻辑化等特点,自然就被毫不犹豫地放在了"善"的一端。

尽管波斯曼不纠结于具体的信息本身而是关注信息的传达形式,但他所注意到的终究只是信息的问题,而非麦克卢汉意义上的,更为丰富和广义的"讯息"的问题。

三 印刷术:童年的历史

波斯曼完全明白他所捍卫的东西正是印刷文化的产物,"现代的学校是活字印刷术的产物,因为学校是年轻人来学习如何获得文化修养(literate)的地方"②。

事实上,在波斯曼看来,印刷术不仅改变了年轻人的学习环境,而且在某种意义上造就了"年轻人"本身。波斯曼发现,成年人与儿童的概念不仅仅是一个客观的生理学问题,更是被文化环境所塑造着的。波斯曼把这一发现推向极致,他指出,童年是且仅是

---

① 〔美〕尼尔·波斯曼:《娱乐至死/童年的消逝》,第 210 页。
② Neil Postman, *Building a bridge to the 18th century: How the past can improve our future*, New York: Random House LLC, 2011, p. 132.

印刷文化的产物,在中世纪不存在儿童,而在电子时代童年正在消逝。

波斯曼指出:"印刷创造了一个新的成年定义,即成年人是指有阅读能力的人;相对地便有了一个新的童年定义,即儿童是指没有阅读能力的人。"① 而"在口语世界里,成人的概念并不存在,因此儿童的概念就更不用提了。这也是为什么所有的原始资料都表明中世纪的童年在 7 岁就结束了的原因所在。为什么是 7 岁?因为儿童在 7 岁时就已能够驾驭语言。"②

正如英尼斯早已揭示的,任何社会阶层之间的差别,是由某种技术环境所塑造的。对知识的垄断和控制方式维系着相应阶层的存在。波斯曼只是把英尼斯的视野应用于儿童与成人的差别上,他指出:"童年要求社会必须有一个将人划分为不同阶层的基础……我们暂且称它为'知识差距'(knowledge gap)……"③

所谓"知识差距"从两个方面体现。一是在印刷术之后,知识本身变得无比丰富了,儿童需要更漫长的学习才可能抵达"知识"的前沿波斯曼提到:"印刷导致了我们今天所说的'知识爆炸'。要成为一个完全意义上的成人,人们需要超越习俗和原有的记忆,去探索过去不知道也不曾考虑过的世界。"④ 二是借助印刷术及随之而来的学校制度,成年人能够有效地控制儿童吸收信息的内容和阶段。这一儿童不得不经历的循序渐进地吸取知识的过程——主

---

① 〔美〕尼尔·波斯曼:《娱乐至死/童年的消逝》,第 180 页。
② 同上书,第 176 页。
③ 同上书,第 190 页。
④ 同上。

要即是在学校学习的过程——构成了儿童与成年人之间的"差距"。波斯曼说:"在这个(印刷文化的)环境下,一些专为成人控制的、特定形式的信息,通过分阶段用儿童心理能吸收的方式提供给儿童。如何维护童年的概念,则有赖于信息管理的原则和有序的学习过程。"[1]

一方面,知识爆炸本应意味着信息的"失控";但另一方面,信息的控制却也是印刷时代的成就。一方面,成年人是打破原有记忆、探索未知的先锋;另一方面,成年人又是掌控并向孩子传递原有知识的保守者。

失控与控制、先锋与保守,在此并没有矛盾。事实上,的确是因为印刷术给人们提供了有效的控制信息的方式,使得知识可以一步一步地积累起来,这才造就了知识爆炸的时代。

但波斯曼的问题在于,他只注意到成年人如何开拓和控制作为书面信息的知识,而成人之外的儿童,以及求知之外的日常生活,都仅仅被看作某种"之外"的东西,是被作为"非—成人"或"非—知识"而被理解的。

正如帕金翰所说:"在近代工业化国家的历史中,童年在本质上一直被定义为一个排除性的问题……主要是从儿童不是什么与儿童不能做什么的观点来定义他们……造成这种结果的原因主要是人们用某种'非社会性'的方式来定义儿童。"[2]童年被定义为一

---

[1] 〔美〕尼尔·波斯曼:《娱乐至死/童年的消逝》,第229页。
[2] 〔英〕大卫·帕金翰:《童年之死——在电子媒体时代成长的儿童》,张建中译,华夏出版社2005年版,第12页(本书原名 *After the Death of Childhood*,应译为《童年之死之后》。该书并不是对波斯曼"童年之死"一说的呼应,反倒更多是持批判立场)。

种"成为"的过程,而成年就被看作一个完成、完善的状态。正如女性往往被定义为"非—男人"那样,童年仅仅被视作"未—成年",这在某种意义上恰是"男权主义对儿童的应用"。①

并非偶然地,波斯曼的"成人"标准恰好也是男权主义心目中的男人标准:理性、严谨、冷静、逻辑……相反地,感性、情绪和身体都被视作负面的、"未成熟"的状态。

除了书写能力和学校教育之外,在儿童与成人之间划分界限的关键元素,还包括"羞耻心"。波斯曼指出,被小心管制起来的"成人的秘密"把儿童撇在一边。不仅仅是关于世界的知识,更包括关于"身体"的知识,需要经历一个漫长的阶段才能最终被孩子们触及。而"身体"之所以成为成人的秘密,不是因为关于身体的知识也经历了"知识爆炸"从而难以企及,而是因为"身体"在印刷文化下进一步遭到贬黜。波斯曼提到:"由于印刷创造了一个抽象思维的世界,由于印刷要求身体服从于头脑,由于印刷强调思考的美德。所以,印刷强化了人们对头脑和身体的二元性的看法,从而助长了对身体的蔑视。印刷赋予我们的是脱离躯壳的头脑,但却留下了一个我们该如何控制身体的其余部分的问题。羞耻心正是这种控制得以实现的途径。"②

可想而知,波斯曼的观点将遭到文化多元论者、女性主义者和后现代主义者的强烈反对。但对波斯曼所讲述的史实本身能够取得共识,也就是说,印刷书支持了这样一种理性压倒感性、头脑压

---

① 〔英〕大卫·帕金翰:《童年之死——在电子媒体时代成长的儿童》,第12页。
② 〔美〕尼尔·波斯曼:《娱乐至死/童年的消逝》,第210页。

倒身体，知识被线性逻辑地加以控制的文化形式，只是波斯曼认为这种文化形式是好的，而多元论者或女性主义者则认为这种文化过于偏执和片面。

批评者认为，波斯曼没有注意到"儿童"的积极面相。事实上，儿童不仅仅是"未—成年"，而且代表着一个相对独立的，有自身特点并在整个社会中扮演着积极组建角色的亚文化群体。特别是"儿童和年轻人在当前电子媒介发展中都处于'先锋'的位置"①。我们很容易注意到，最新的电子产品总是孩子们比成年人更易上手，孩子们通过最新的电子媒介进行的游戏和社交活动，往往走在成年人的前面，引领着时代的发展。除了波斯曼所谓的"知识差距"之外，"技术代沟"也成为隔在儿童与成人之间的距离。但与知识差距相反，在对新技术环境的适应方面，成年人反而是滞后的。

这种儿童作为技术时代"先锋"的现象究竟是好是坏暂且不论，但无论如何，我们注意到儿童和成人的差距并没有像波斯曼所说的那样逐渐消逝，而是出现了许多新的形式。在许多时候，儿童与成人的差距不仅在于儿童的"不足"之处，更在于儿童的特长之处。

另一方面，波斯曼把求知之外的日常生活视为次要的背景，他更多考虑的是在信息获取方面儿童与成人的差异，但缺乏从其他社会行为角度去观察儿童与成人的界限。因此，他得出了印刷时代之前不存在"儿童"的结论。但波斯曼所描述的，与其说是儿童

---

① 〔英〕大卫·帕金翰：《童年之死——在电子媒体时代成长的儿童》，第87页。

的诞生,不如说是儿童的"专业化"。的确,只有到印刷术之后,特别是启蒙时代之后形成了现代教育体系之后,"儿童"获得了一个专门的"职业",即"学生"。儿童都是学生,学生也都是儿童,儿童作为儿童的生活环境正好就是学校。这样一种稳定的社会建制确实是印刷时代的产物。

因此,当电子时代的孩子们开始"不务正业"时,波斯曼认为"童年"受到了威胁。波斯曼说:"如何维护童年的概念,则有赖于信息管理的原则和有序的学习过程。但是,电报开始争夺原来属于家庭和学校的信息控制权。电报改变了儿童所能享用的信息的种类、信息的质量和数量、信息的先后顺序以及体验信息的环境。"[1]随后的电视和计算机更是进一步加剧了信息的"失控",学校不再能够垄断儿童的成长环境。

但这与其说是童年的消逝,不如说是童年的回归——儿童开始去专业化,从学校这一严格控制的环境中走出来,重新回到社会的大环境之下。

正如波斯曼本人所说,印刷术之后,"读者及其反应跟社会环境脱离开来,读者退回到自己的心灵世界……阅读成为反社会的行为"[2]。进而,我们不妨说,以阅读为主旨的"学校",正是一个反社会的机构。儿童在这里与其他的社会生活相隔离。

把这种儿童的反社会化、专业化说成儿童概念的诞生,这是可疑的。事实上,诸如"女性""老年人"等概念首先都不是特指某个

---

[1] 〔美〕尼尔·波斯曼:《娱乐至死/童年的消逝》,第229页。
[2] 同上,第189页。

与社会生活的其他部分相区隔的专业人群，而是一种以特定身份参与社会生活的社会角色。老人的概念并不是在养老院之后诞生的，同样，儿童的概念也未必是在学校之后诞生的。

波斯曼忽略了前现代社会中许多明显区分儿童和成人的社会行为，例如在许多原始部族中都可以发现的形形色色的"成人礼"，包括中国先秦时代就存在的"冠礼"和"笄礼"。许多成人礼都不是在7岁，而是在将近20岁时才举行的。如果说中国古代的冠礼仍旧与读写能力有一定的关系（冠而字），原始部落的成人礼就很难与之扯上关系了。无论如何，这些区分标示成年的古老礼仪并不是象征着读写能力的成熟，而是标志着进入一个新的社会角色。这些社会角色的分别并不体现于专业化的社会建制，而是通过一定的礼仪和行为规范体现出来。

当然，在任何社会中，儿童与成人的概念都与相应的技术环境有关，与信息的控制和传递方式有关。例如，在原始部落中，成人礼更可能与狩猎技术有关。随着技术环境的变迁，关于何谓成熟、何谓教养的概念也会随之变化。波斯曼揭示出童年的历史性，警醒人们注意在新的技术环境下应当重新审视成人与儿童的关系，就此而言，波斯曼的论述是成功的。

四　电视：视觉还是触觉？

波斯曼谈论电视如何让童年消逝，宗旨是要反抗电视文化对印刷文化的破坏，而焦点就在于"学校"——这一严密、线性地控制信息传授的机构——的地位受到了挑战。波斯曼认为，"由于童年消逝了,学校也一定会消逝"[1]。

波斯曼认为电视是当代儿童接受的"第一门课程",而学校是第二门。[2] 因此,从儿童进入学校起,学校的最大挑战就在于如何把学生从电视那里拉回印刷文化的世界。波斯曼说:"在学校里,两种强大的技术毫不妥协地竞争,以求控制学生的大脑。争夺的一方是印刷词语的世界,其重点是逻辑、序列、历史、解说、客观性、超脱和纪律;另一方是电视的世界,它倚重的是图像、叙事、历历如在眼前的现实性、同步性、贴近性、即刻的满足和迅速的情感回应。"[3]

这对立的两端有时也被刻画为"文字"与"图像"的对抗——"图像(具体的、独特的、不可释读的)与文字(抽象的、概念的、可翻译的)的对抗可能是电视与学校之间最重要的斗争。显然,电视的课程是本质上图像化的,即图片中心的。它的教学方式因此几乎完全是叙述(narrative)。另一方,学校的课程是语词或概念中心的,其教学方式是阐明(exposition)。"[4]

然而说到这里,还看不出波斯曼为何激烈地抗拒电视。事实上,这两门课程完全可以被理解为互补的关系。如果说理性与情感、逻辑与叙事、文字与图像构成一对对互相补益的张力,那么孩子同时接受电视和学校这两门课程,未必是什么坏事。

---

[1] 〔美〕尼尔·波斯曼:《娱乐至死/童年的消逝》,第291页。

[2] Neil Postman, "The First Curriculum: Comparing School and Television", *The Phi Delta Kappan*, Vol. 61, No. 3, 1979.

[3] 〔美〕尼尔·波斯曼:《技术垄断——文化向技术投降》,第9页。

[4] Neil Postman, "The First Curriculum: Comparing School and Television", *The Phi Delta Kappan*, Vol. 61, No. 3, 1979.

第九章 媒介的教育史——波斯曼的立场

女性主义者卡米尔·帕格里亚(Camille Paglia)认为波斯曼和当代的教育制度一样,忽视了人的身体和人脑的多元性,逻辑的、分析的窗口只是人机能的一小部分。帕格里亚也同意理想的教育应当是"以文字为基础和以理性为中心"的,但仅此而言是片面的,"电视文化让另外一部分大脑在这个教育系统的外围自由运动"[①]。

但波斯曼表示反对,他认为帕格里亚与他在证据方面没有分歧,只不过帕格里亚认为电视带来的情感化和多元性是有益的补充,而波斯曼则认为这是一场噩梦[②]。

在波斯曼看来,电视对于学校教育而言完全是破坏性的。关键在于,波斯曼并不认为上述各项对立是互补的关系,而是认为前者高于后者——理性高于情感,抽象高于具体,文字高于图像。他指出:"图画和任何图像可被看作是'认识上的一个倒退'。至少跟印刷文字对比是如此。印刷文字要求读者对它的'真实内容'有积极的反应。人们也许不一定总能做出评价,但是,从理论上说,只要人们有足够的知识或经历,评价是能够做到的。但是,图画要求观画者有审美的反应。图画要求我们诉诸感情,而不是理智。"[③]

这个"倒退"实质上是波斯曼自己的倒退,前文说到,波斯曼拒

[①] 〔加〕戴维·克劳利、保罗·海尔:《传播的历史:技术、文化和社会》《第五版》,董璐、何道宽、王树国译,北京大学出版社 2011 年版,第 380 页。
[②] 同上书,第 373 页。
[③] 〔美〕尼尔·波斯曼:《娱乐至死/童年的消逝》,第 230—231 页。

绝了麦克卢汉的推进,似乎退回到认识论哲学的主客对立和本质主义的思维方式中去了。他仅仅从二元对立的认识论层面去衡量电视,当然会认为它是一个倒退。

波斯曼的洞见在于,他强调这种认识上的倒退并不只是在传递的知识内容更低俗或更肤浅,而是在于人们对待知识的态度或追求知识的方法被侵蚀了。波斯曼引用杜威的话指出:"课程的内容是学习过程中最不重要的东西。一个人学到的最重要的东西是学习的方法。"①

麦克卢汉已经提出,书面文化不仅让人在阅读时变得个人化、线性化、抽象化,而且这种倾向渗透到阅读之外的所有生活之中,成为人们看待世界的基本方式,而电子媒介时代中这些倾向遭到了逆转。而波斯曼同意麦克卢汉的洞见,也就是说,人们在看电视时所培养出来的倾向,将渗透在看电视之外的生活之中,包括阅读、学习和政治生活的方方面面。

波斯曼把电视文化的基本倾向称作"娱乐至死"(amusing ourselves to death),这并不是指电视中播放的娱乐性内容,而是指电视把娱乐变成了人们看待世界的基本方式。"我想要说的不是电视的娱乐性,而是电视把娱乐本身变成了表现一切的形式。我们的电视使我们和这个世界保持着交流,但在这个过程中,电视一直保持着一成不变的笑脸。我们的问题不在于电视为我们展示具有娱乐性的内容(entertaining subject matter),而在于所有的

---

① 〔美〕尼尔·波斯曼:《娱乐至死/童年的消逝》,第124页。

内容都以娱乐的方式表现出来。"①

中译本把 amusing、entertainment，有时把 fun 之类都译为"娱乐"，把 show business 译为娱乐业，这大致上是符合波斯曼原意的，但这可能隐含某些成见，即偏重于快乐这一主观感受。但快乐只是结果，更关键的环节在于"吸引"。西文"a-muse"的词源意为"让人沉思"，而"entertain"原意是让某人的心思保持在某个特定状态。简言之，首先都是"抓人眼球"、让人"卷入"其中的意思。

同样说电视的是 amusing，波斯曼侧重的是"快乐"的一侧，他强调电视给孩子们带来太多"快感"（pleasure），从而让他们融入一个"热爱娱乐（fun-loving）的文化"。② 而麦克卢汉更强调电子媒介"让人卷入"的特性，他认为这是向口语文化的某种回归，是对偏重"疏离"的印刷文化的纠正。

于是，我们注意到麦克卢汉与波斯曼对电视有着截然相反的归类，麦克卢汉认为电视是偏向"触觉"的，而波斯曼认为电视代表着"图像化"。麦克卢汉认为电视激励观众更主动地参与和介入，而波斯曼认为电视只是让观众被动地接受刺激。

乍看起来，波斯曼的描绘更接近于一般人对电视的印象，但麦克卢汉的令人困惑的描述更应引人注意——明明电视顾名思义就是偏重视觉的，麦克卢汉为何竟说它是触觉的呢？

当然，麦克卢汉对电视的偏见恐怕比波斯曼更深，而且麦克卢汉谈论的是 20 世纪中期的低清晰度的电视。那时的电视画面更

---

① 〔美〕尼尔·波斯曼：《娱乐至死／童年的消逝》，第 76 页。
② 同上书，第 122 页。

像漫画,他的论述不再适用于 20 世纪末早已能够媲美电影的高清电视。麦克卢汉本人也说过:"如果技术将电视图像提升到电影的水平……电视也不会再是电视了"①。

但无论如何,我们也有必要去理解麦克卢汉为何把当时的电视归为"触觉"的,而这也可以反观波斯曼的洞见为何不够深入。

电视明显是通过视觉和听觉观看的,但麦克卢汉却说它延伸的是触觉。很明显,麦克卢汉的分类依据并不是简单地考察使用某种媒介时是哪种感官在接受刺激,关键在于这种媒介拓展或增强着哪些感官。

因此,同样是文字,麦克卢汉认为字母文字要比象形文字更偏重"视觉",带有元音的字母文字比无元音的字母文字更偏重"视觉"。我们知道象形文字明明更偏重视觉形象,而元音字母文字能够最精确地"刻录"下词句的语音,为什么反而是呈现语音的后者更偏重视觉呢?问题的关键恰恰是这一"语音的视觉化",它强化了视觉的作用,让视觉获得了独立性。原本阅读是一个需要动嘴朗读的事情,只有在声觉、视觉互相配合的情况下,只有在整个身体投入参与的情况下,文字才是可解读的。而元音字母文字让每一个单词都脱离开具体的语境,成为一个独立自存的视觉对象。这些视觉对象不再需要读者时时参与补全,它自身就是完整了的。

麦克卢汉认为,视觉是唯一一种疏离的感官。在口头交流时,我们更愿意同时注视对方,时而配合以手舞足蹈的肢体语言。在

---

① 〔加〕马歇尔·麦克卢汉:《理解媒介——论人的延伸》,第 358 页。

第九章 媒介的教育史——波斯曼的立场

触摸时，我们也乐意开放视觉与听觉。唯独在运用视觉时，特别是在阅读印刷书时，我们却倾向于压抑乃至关闭其他感官。

因此，评价某一媒介是否是视觉偏向的，关键不在于它是否需要调动视觉，而是在于它是否在延伸视觉的同时压抑了其他感官。同样是一幅图像，按照透视法严密构图的景物画是更偏向视觉的，因为它把观看者隔开，观看者置身于与画面无关的透视点上，除了视觉以外的整个身体都被画面排除在外。而立体主义画作更偏向触觉，在画作面前不再存在一个孤立的视点，画面也不再呈现一个现成的客观景象，观看者无权冷眼旁观，而必须主动参与对画面的重构和解读。

麦克卢汉认为，电视缺乏清晰性和线性逻辑的特征恰好证明了电视是触觉的。在由线性逻辑安排妥当的印刷文本面前，读者只能按部就班地跟随其后，而散乱无章的电视节目则要求观者积极介入去重新构成意义。

波斯曼与麦克卢汉的判断相同，但他只强调电视难以为观众搭建好一个完成了的逻辑层次和意义结构，而没有进一步讨论观众在面对这种碎片化的信息时能否扮演更积极的角色。麦克卢汉认为电视的不连续、不清晰恰好能够促进观看者的亲身介入，而波斯曼认为观众在电视面前只有被动的情绪反应，

甚至波斯曼说的"电视只是引发直接的（immediate）情绪反应"[1]，波斯曼似乎要强调电视激起的反应是不经思考而"即时"发

---

[1] Neil Postman,"The First Curriculum:Comparing School and Television",*The Phi Delta Kappan*,Vol. 61,No. 3,1979.

生的，但这个词字面上就是"无媒介的"意思，这个概念在媒介环境学的视野下理应是相当可疑的。任何感受或反应总是通过某种媒介或者说在某种环境下发生的。同样是被激起情绪反应，相应的媒介和情境不同，性质也是截然不同的。即便都是即时的情绪反应，看到手表指针划过12点或听到下课铃声感到"该吃饭了"，看到温度计显示0度和遇到一阵寒风吹过时感到"好冷"，其性质并不等同。即便说电视引发的仅仅是情绪反应，波斯曼也缺乏对这种"情绪反应"的不同形式进行更细致的分辨，他只是把情绪反应理解为"非一理智反应"，从而把所有人在所有场景下对电视的反应一概而论。正如霍伊卡拉所说，"波斯曼认为6岁的小孩和60岁的老人以同样的方式看电视。"[1]事实上，波斯曼似乎也认为6岁的小孩和60岁的老人也以同样的方式阅读，他认为阅读是成人的行为，儿童学习阅读的过程就是其走向成人的过程，但他也没有注意到，儿童可能以儿童的方式阅读。他自始至终只是从教师的角度出发，他考虑的是如何对文本进行逻辑的编排和分级，以及难以对电视进行同样的组织，但他没有注意到任何编排最终是在读者那里才完成的，读者总是从自身的背景和角色出发进行自己的解读。

波斯曼也强调读者对文本的"参与"，但他所理解的"参与"仅仅被理解为辩驳。也就是说，文本作为一个现成的立场，读者可以站在另一个立场上对之进行反驳。而"电视的内容是不可驳倒的。

---

[1] Tommi Hoikkala, Ossi Rahkonen, Christoffer Tigerstedt, and Jussi Tuormaa, "Wait a Minute, Mr. Postman! Some Critical Remarks on Neil Postman's Childhood Theory", *Acta Sociologica*, Vol. 30, No. 1, 1987.

你可以不喜欢它,但无法不同意它"①。在这个意义上的"参与"实质上恰好是一种疏离。文本只是现成地摆在读者面前的靶子,是一个业已完成了的现成对象,读者只能选择是否与它对峙,但并没有卷入其中,参与它的构成。

波斯曼明白,"对"与"错"这两个词来自于"符号世界"——"命题有对错之分,而图片没有。"②但问题是,符号世界归根结底并不是一个脱离于生活世界的理念王国,任何符号的意义首先都要在生活世界中生成。这需要身体的参与,情绪的介入。

当然,电视激发情绪的方式,观众通过电视参与构建意义世界的方式,究竟是好是坏,这是另一个问题。但我们不能因为电视没有提供现成的条理,就说它没有意义。

这一点波斯曼理应是清楚的,他曾经提到在"社会科学"中,"对""错"这样的词汇并不像数学或自然科学中那样被应用,他认为弗洛伊德、马克思、韦伯、芒福德等人的工作"是某种形式的讲故事(story telling)……(社会科学)好比是编撰小说(fiction)"③,而"媒介环境学的目的是讲述关于技术之后果的故事"。④ 既然如此,如果说"以图片为中心的电视教学"只是"讲故事"而没有"对错之分",那又有什么不妥的呢?当然,说上面这句话的波斯曼正处

---

① Neil Postman,"The First Curriculum:Comparing School and Television",*The Phi Delta Kappan*,Vol. 61,No. 3,1979.

② 同上。

③ Neil Postman, *Teaching as a Conserving Activity*, New York: Dell Publishing,1979,p. 12.

④ 同上书,p. 18。

于其学术生涯的转折期,也许到后期完全把攻击的矛头指向电视时,波斯曼已经忘记了他此时的观点了。

波斯曼引用柏拉图在《费德罗篇》中关于"文字损害记忆"的著名故事,他认为人们虽然"为读写能力付出了代价"[①],但通过这一浮士德式的交易换来的知识形式是值得珍视的。现在,波斯曼扮演的是塔姆斯法老的角色,在电视的鼓吹者面前指出"电视损害记忆"。他自己知道他的主张可能像塔姆斯法老的箴言那样最终被时代遗弃,但他坚持站在印刷文化一边:"每个人都有权利维护自己的文化,我肯定我所珍重的文化可能会为此付出代价。"[②]

但是在波斯曼之后,我们没有必要像他那样顽固,印刷时代的媒介环境被电子媒介时代的新环境所取代,这是我们无法抗拒的历史处境。在新时代中知识和记忆的形式将会怎样变化,这是更值得我们关注的问题。

人的本性就是技术的,包括记忆的能力在内,任何所谓人的"能力",本质上都是某种"技能",总是在某种技术环境下而言的。文字并没有增强或损害人的记忆能力,而是让"记忆能力"这种东西本身发生了变化,掌握书写的人可能以一种完全不同的形式进行记忆。

---

① 〔加〕戴维·克劳利、保罗·海尔:《传播的历史:技术、文化和社会》(第五版),第372页。

② 同上书,第377页。

第九章 媒介的教育史——波斯曼的立场

这就好比人的打猎能力，在石器时代一个人的打猎能力，和在火器时代一个人的打猎能力，是难以对比的。在火器环境下好的猎手理应是猎枪的善用者，他没有必要去学习如何打磨石矛和使用弓箭。但如果我们把这样一个好猎手放到石器环境下去"测试"，将发现它几乎没有打猎能力，他在石矛面前不知所措，弯弓射箭比不过十岁孩童。那么，我们是不是可以得出结论说，火器损害了人的打猎能力？

这种测试令人啼笑皆非。但波斯曼以及许多电子媒介的批评者所做的恰恰就是这类错位的测试。他们让人通过电视或网页接触某些信息，然后以印刷文化的方式测试他们的记忆能力——例如一份条理分明的问卷，让人复述一些数据或细节，等等。总之，他们把电子环境下的学生放回到印刷环境下测试，结论当然是显而易见的。① 但"精确复述"这一能力难道不像"使用弓箭"那样，在电子环境下是一项过时的技能吗？如果我轻扣扳机就能让猎物毙命，又为何要学习如何为弓箭上毒呢？如果我轻点鼠标就可以找到丰富的资料，我又为何要练习快速背记和精确复述呢？在电子环境下，联想的能力恐怕比复述的能力更为重要。一个深受电子环境影响的人很难再在印刷环境下做一名好学生，这一点是波斯曼强调的，但同时，一个印刷环境下的好学生更可能缺乏适应电子文化的能力，但对此波斯曼并不关心。

当然，一个过分沉迷电视的孩子很可能难以适应任何环境，无

---

① 例如，〔美〕尼古拉斯·卡尔：《浅薄——互联网如何毒化了我们的大脑》，刘纯毅译，中信出版社 2010 年版，第 139 页。

论按什么标准看都表现糟糕。但正如霍伊卡拉所提示的,这里有一个"但先有鸡还是先有蛋"①的问题。他们可能本来就缺乏上进心,家庭环境也糟糕,缺乏关爱和激励,因此才沉迷电视。例如,当前的网瘾问题也是类似,沉迷网络的青少年往往会有更加糟糕的家庭背景:缺乏管教或管教过严,过分溺爱或缺乏关爱等。沉迷于某种事情很可能只是他们糟糕的成长环境中的一个副产品。而不是扼杀成长的主要原因。

五 电视:疯癫还是生活

当然,电视的意义不仅在于对"知识"的影响,不仅在于它和学校的关系,而是在于它在对整个生活世界的影响。

校园生活是某种疏离于日常生活的专业化生活方式,学校成为与日常生活世界相平行的所在。但电视却直接打入日常生活的核心,整个日常生活围绕着电视被重新组织起来。在这个意义上,电视代表着新的"生活"。

波斯曼侧重于作为知识形式的电视,却忽视了作为生活形式的电视。事实上,波斯曼压根不理解"生活"。波斯曼理想中的"生活"似乎也是修道院式的,层次分明,条理有序的。波斯曼期望抵制时代精神的家长们团结起来促成所谓"修道院效应"(the Monastery Effect),来延续印刷文化的传承。这并非偶然,修道院

---

① Tommi Hoikkala, Ossi Rahkonen, Christoffer Tigerstedt, and Jussi Tuormaa, "Wait a Minute, Mr. Postman! Some Critical Remarks on Neil Postman's Childhood Theory", *Acta Sociologica*, Vol. 30, No. 1, 1987.

的"生活"正是单调的、线性的、条理分明的、受严密控制的。只有修道院式的生活方式才能抵御世俗生活的纷杂琐碎。

波斯曼有时也把电视带来的趋势说成"世俗化",但帕格里亚提醒他这种所谓世俗化只是特定的基督教修道院传统的失落,而未必是一般意义上的宗教性的失落。因此,帕格里亚宁可称其为"重新异教化"——电子媒介时代似乎又回到了希腊多神教世界那样阿波罗与狄奥尼索斯、理智与狂欢、哲学与诗歌、头脑与身体和谐共存的时代。帕格里亚认为,这种丰富斑杂才是"生活"的应有之义,而波斯曼斥之为"疯癫"①。

敌视"生活"的修道院心态贯彻在波斯曼的各种判断之中,他关于电视的许多斥责都可以适用于"生活"。例如,他提到:"电视的内容是不可驳倒的。你可以不喜欢它,但无法不同意它。"②这里最适合用"生活"替换"电视"——每个人所面对的"生活"难道不正是不可驳倒、即便厌恶也不能不同意的东西吗?

波斯曼把当代世界称作"躲躲猫的世界":"一会儿这个,一会儿那个突然进入你的视线,然后又很快消失。这是一个没有连续性、没有意义的世界。"③但是除了修道院生活、学校生活和其他现代的职业化生活环境之外,无论哪个时代,人们的日常生活不都是这样的吗?我出门上街,一个朋友突然进入我的视线,打个招呼后

---

① 〔加〕戴维·克劳利、保罗·海尔:《传播的历史:技术、文化和社会》(第五版),第381页。

② Neil Postman,"The First Curriculum:Comparing School and Television",The Phi Delta Kappan,Vol. 61,No. 3,1979.

③ 〔美〕尼尔·波兹曼:《娱乐至死/童年的消逝》,第70页。

又很快消失了。我准备去买青菜,但突然看到有人叫卖新鲜的萝卜,就买了两斤;偶然被街头艺人的杂耍吸引驻足片刻;随后老天突然下起雨来,便去茶馆避了避;我一边喝着茶,一边听着茶馆里的音乐,同时还听着邻桌王五聊起马六的轶事,偶尔还瞟两眼路过的美女,随时还在留心着窗外的雨势……这是非常典型的日常生活,没有太多的连续性,是多线程的、纷繁琐碎的。生活世界的焦点经常在跳跃变幻,有时突然会插播"广告",没有什么被严密控制的信息环境。正如帕格里亚所说:"现实本无理性,事情就这样发生了。电视实际上比书本上的任何东西都更接近生活,电视的疯狂就是人生活的疯狂。"①

波斯曼只关心作为电视的教育意义,而不关心它在日常生活中扮演的新角色。也许在波斯曼看来,纷杂琐碎的日常生活世界本来就是"没有意义的世界",这导致了他几乎无视电视对日常生活,特别是家庭生活造成的影响这一课题。事实上,同样是充满琐碎的、缺乏理性的日常生活,在不同的媒介环境下也呈现出截然不同的面貌。

正如霍伊卡拉所说:"毕竟电视主要是一种面向家庭(family-oriented)的媒介。"②因此,从一开始电视在家庭中的地位就是人们关注的焦点。林恩·斯皮格尔指出:"在电视刚刚进入家庭的日

---

① 〔加〕戴维·克劳利、保罗·海尔:《传播的历史:技术、文化和社会》(第五版),第 381 页。

② Tommi Hoikkala, Ossi Rahkonen, Christoffer Tigerstedt, and Jussi Tuormaa, "Wait a Minute, Mr. Postman! Some Critical Remarks on Neil Postman's Childhood Theory", *Acta Sociologica*, Vol. 30, No. 1, 1987, p. 96.

子里，人们对电视作用的看法，其核心就是和睦与分裂的矛盾。电视是家庭的，把爸爸、妈妈和孩子聚在一起。同时，电视必须小心掌控，这样它才能与独立的性别角色和单个家庭成员的社会功能有机地结合在一起……实际上，在当时风行一时的关于电视及家庭的论述中，争论的焦点就是在这两者之间如何取得平衡。"①

自1950年代开始，美国各种杂志或广告中，电视就开始取代壁炉在家庭中的中心位置。② 显然，壁炉在美国传统家庭中并不只是一个取暖设备，它几乎就是家庭生活的象征，是鲍尔格曼所谓的"焦点物"。而电视的出现立刻取代了壁炉的地位，成为维系家庭生活的新焦点。

在电视流行之前，由于工业化和二战的影响，以壁炉为中心的欧美家庭生活几乎就要分崩离析。男人们走进工厂和战场，女人们也越来越多外出工作，孩子们当然是走进学校。除了提供睡眠场所之外，家庭生活没有多少凝聚力了。而电视风行之初，人们立刻把"促进家庭生活的复兴"的使命寄托在电视身上，1950年代的各种电视机广告都在渲染这一点，当时的社会调查也显示电视让"人们比以前更愿意呆在家里"③，父母们更是"相信电视能够让他

---

① 〔加〕戴维·克劳利、保罗·海尔：《传播的历史：技术、文化和社会》（第五版），第341页。
② 同上书，第342页。
③ 同上书，第347页。

们的孩子不再在街上游荡"①。

波斯曼提到1981年《尼尔森报告》的研究:"成年男子最喜欢的电视辛迪加节目中,10个里面有6个节目是跟12到17岁年龄组所喜欢的一样,10个里面有4个节目是跟2到11岁年龄组所喜欢的一样。"②波斯曼引用这一数据证明儿童与成人界限的消失,说明成人的低幼化。但是这一现象也显示了电视把男女老幼不同的家庭成员凝聚在一起的能力。在电视以前,很少有类似的活动能够让丈夫、妻子、孩子和老人都能乐在其中并找到共同语言。

即便是为同一些电视节目所吸引,不同人群对于电视的解读方式也千差万别。正是因为电视节目本身不够理性、缺乏条理、难以控制的特性,强化了电视内容的多义性。约翰·菲斯克指出,电视的公开性及其充满矛盾和不稳定的特性"使它可以通过许多不同方式随时与许多不同的群体的口头文化相结合"③。例如,学生会以自己校园生活的体验去解读《囚犯》这样的节目;部分女性主义者会把麦当娜当作独立自强的榜样,而男性主义者可能只是把她看作一个只懂卖弄风骚并讨好男人的女郎。

当然还有更多节目对应于不同亚文化群体的偏好。例如,家庭主妇更爱看肥皂剧,男人更偏爱新闻节目和战争片,孩子更爱看

---

① 〔加〕戴维·克劳利、保罗·海尔:《传播的历史:技术、文化和社会》(第五版),第348页。
② 〔美〕尼尔·波斯曼:《娱乐至死/童年的消逝》,第282页。
③ 〔美〕约翰·菲斯克:《电视文化》,祁阿红、张鲲译,商务印书馆2005年版,第154页。

动画片，等等。这些节目虽然都是在家中观看的，但都会明显渗透在各个亚文化群体的社会生活之内。孩子们会一起谈论电视情节，模仿动画片中的角色，更会根据电视节目设计出新的游戏。肥皂剧的情节及其人物性格成为妇女们品头论足的谈资，男人们聚在一起时则更喜欢借助新闻节目高谈阔论天下大事。另外，诸如球迷、歌迷、影迷等新的亚文化群体也在电视的推动下形成。尽管我们也很难说电视一定让文化环境变得更丰富和更多元了，但是至少我们也不能轻易地把电视视为文化的破坏者。

六　历史与教育

从学术方面说，我对波斯曼的立场和观点有所反对。但从历史角度来说，波斯曼这样的保守者的存在并非坏事。在时代变革之际，不同文化立场的人互相对峙，保持恰当的张力，对促进文化繁荣是有益的。

无论如何，毫无反思地浸淫在某一种文化传统下，总是会视野狭窄，看不到丰富的可能性。特别是对于青少年而言，接触更多元的文化和知识无疑能够培育其独立思考和探索精神。但是，关于如何让青少年接触多元的文化传统，波斯曼的方案是把学校与家庭、把课堂与电视对立起来。让学校作为印刷文化的最后堡垒，在学校中维持印刷文化一元独尊的控制力。一方面，这种一厢情愿的期望难以落实；另一方面，这种专制的教育环境能否培育出既有自由精神又能够适应电子媒介环境的新一代，恐怕是令人怀疑的事情。

不过波斯曼的确为我们提示出一条可取的教育方案,那就是"历史教育"。波斯曼认为一切科目都应当作为历史学而被教育,包括那些数理科学的科目,也应当作为"人性的进步史"[1]来讲授,以便让儿童从小就知道,"知识不是固化的物体,而是人类发展的某一阶段,有过去也有未来"[2]。

尽管历史学也包含文化的偏向,但的确是打破文化偏向,走向多维视野的最佳入口。对于包括当下主流在内的不同的文化传统和知识形式,历史学不需要把它们当作真理和教条来讲述,而是当作不同的历史阶段和可能性来陈列和对比。学生可以了解到知识的来龙去脉,而不是把知识当作现成固定的东西来接受。

但波斯曼没有明言在这一历史教育中印刷文化和电视文化将被如何处理,似乎仍然把这一教育体系当作让印刷文化维持控制的方案。但如果进一步贯彻历史教育的方针,把印刷文化到电子媒介文化的变迁也作为人类历史的一部分来看待,不必把学校的定位固定在印刷文化之内,应该是更合理的立场。

无论如何,波斯曼从教育的历史走向历史的教育,他揭示了现代教育(包括童年的概念)的历史性,也试图通过自觉引入历史性来改进教育的形式,这都是非常重要的工作。

本章对波斯曼的立场是批评性的,但并没有否认波斯曼的意义。首先,我们注意到即便有所后退和有所简化,波斯曼对童年和电视的考察明显还是对媒介环境学思路的应用,特别是从印刷术

---

[1] 〔美〕尼尔·波斯曼:《技术垄断——文化向技术投降》,第112页。
[2] 同上书,第114页。

第九章 媒介的教育史——波斯曼的立场

和电视的兴替的角度对童年历史性的考察。

不过，波斯曼对媒介环境学的应用显得不够到位，他忽视了"儿童"的积极面相和电视的生活维度，忽视了"认识论"之外的媒介问题。通过重新引述麦克卢汉作为比照，我们发现波斯曼的缺陷并非偶然，而是由于他继承媒介环境学的基本旨趣时有所倒退。

波斯曼通过对"教育的历史"（童年或印刷文化的历史）的考察，最终强调"历史的教育"的重要意义，这一点值得我们重视。人类世界中的一切事物都是历史性的，也就是相对于特定"环境"的，这正是媒介环境学的基本洞见。无论是最普遍适用的理论知识还是最习以为常的生活方式，也都是历史性的产物。既然如此，把一切知识都作为历史学来教授，是一个恰当的方案。

第十章 媒介的进化史
——莱文森的批评

一 对悲观论者的批评

保罗·莱文森(Paul Levinson,1947—)是麦克卢汉和波斯曼的学生,是当今"媒介环境学"的领军人物。特别是,由于何道宽教授的大力引介,他在中文学术界也有了不小的影响。

何道宽认为,莱文森"超越了麦克卢汉和波斯曼,他用媒介乐观主义、人类沙文主义、人性化趋势理论和补救性媒介理论,树起后麦克卢汉主义的大旗"[①]。

但是,作为后继者,莱文森的超越会否只是一种背离或倒退呢?当然,既然要超越,就总有偏离之处,关键在于他究竟丢掉了哪些传统,又开辟了哪些新的理论空间?

莱文森从媒介环境学传统中继承了某种媒介史与媒介哲学相结合的学术路径,他们研究各种媒介的特性和历史,但并不是旨在

---

① 〔美〕保罗·莱文森:《莱文森精粹》,何道宽译,中国人民大学出版社2007年版,序第Ⅵ页。

第十章 媒介的进化史——莱文森的批评

年表和数据的开列,而是通过媒介研究展开一种对人性的哲学反思。相比于经常天马行空,而不太注意理论建构的前辈们(特别是麦克卢汉),莱文森的理论纲领更加明确,他试图以一种"媒介—知识进化论"把哲学与历史融会贯通。

具体而论,莱文森急于批评埃吕尔等人的技术悲观主义,但并未充分消化前辈们的深刻洞见,导致其"进化论[①]"学说和技术乐观主义流于肤浅。

莱文森不同意埃吕尔[②]为代表的批评家对技术的敌视态度,认为他们只盯着技术的弊端。他提到:"我们看到媒介批判里有一个普遍的错误,我称之为'埃吕尔式的错误',因为它贯穿埃吕尔的著作,这一错误好比是在飞蛾孵化之前就批判其幼虫……显然,媒介支配我们的观点使人看不见从一种技术到另一种技术的媒介演进,而且使人看不见一种媒介发展的不同阶段。"[③]

莱文森指出,应从整个演化史的角度评价技术革新,新的技术总有弊端,但随着历史的演化,这些弊端将得到不断的"补救"。他说:"一切技术进化都有得有失,实际上一切进化都是利弊皆有的交易……然而,理性使我们能超越得失皆有的困境……因为我们

[①] evolutionism 一般应译为"演化论",但莱文森非常强调不断向前进步的含义,因此仍译作进化论。

[②] 埃吕尔也经常被认作媒介环境学的先驱者,与芒福德地位相当。本书没有为埃吕尔专设一章,一是由于能力和时间有限;二是由于埃吕尔作为法国哲学家,与媒介环境学派并没有实质上的交集,只是因为思想上的共鸣而经常被追认而已,也可以被排除在外;三是由于埃吕尔的相关问题,其实已经在本书的字里行间提及了。因此,尽管直到这一章才开始引用埃吕尔,但需要注意的是埃吕尔并非与媒介环境学无关,莱文森对埃吕尔的批评同时也就是对媒介环境学前辈的批评。

[③] 〔美〕保罗·莱文森:《软利器》,第 94 页。

能评估利弊,也许能发明并运用新技术即补救性媒介,借以改良得失的平衡,使之对我们有利,哪怕是微弱的优势也好。"①

值得补充的是,在莱文森看来,"理性"的作用一般不是在新技术的"发明"环节,而在于"选择"的环节。莱文森认为,知识和技术的发展类似于生物进化,大致分为生成(变异)—批评(淘汰)—传播(繁衍)三个阶段②,而新"变异"的发生往往是盲目的,莱文森引用柯斯勒(Arthur Koestler)的话说:"大多数最重要的科学发现达成的方式使我们联想到'梦游者'的表现。"③

莱文森所批评的"埃吕尔式的错误"就是只盯着新技术的初生阶段而指责其弊病和盲目性,但没有注意到这些弊病会在优胜劣汰的选择过程中被剔除或补救。在这个环节,对技术的选择是由理性的人所主导的,他说:"无论是好是坏,人的指引对一切技术都具有决定性的作用。由此可见,一切技术在我们手中都是各种形式的刀子……它证明以下观点的荒谬:技术是自主的,其本性是人不能控制的。"④

乍看起来,莱文森似乎背叛了整个媒介环境学派的立身之本——"媒介偏向论",而退缩回某种认为技术是"双刃剑"的,平庸而肤浅的技术中性论上来了(技术无好坏,取决于人怎么用)。特别地,当我们看到他诸如"饥饿的猎人用枪来打猎以便果腹,枪就

---

① 〔美〕保罗·莱文森:《软利器》,第5页。
② 〔美〕保罗·莱文森:《思想无羁》,何道宽译,南京大学出版社2003年版,第3页。
③ 〔美〕保罗·莱文森:《软利器》,第52页。
④ 〔美〕保罗·莱文森:《莱文森精粹》,第130页。

用于好的目的"①这样的言论时,一定会大跌眼镜。但平心而论,莱文森也不至于如此浅薄,我们始终要把他的主张放在整个技术演化史的视野下看——比方说,一把大砍刀显然不是中立的,它更倾向于被用来杀人而非切菜,但随着制刀技术的演进,通过在人类历史中长期的选择和淘汰,把刀用于更好目的的那些倾向将会得到更多的繁殖,而坏的倾向将得到抑制或补救。因此,评估刀这一技术不能光看它运用在战场上的原始形态,还要看到从大砍刀到切菜刀这样一条完整的进化谱系。

但埃吕尔等批评家也并非没有看到技术的改进和演化,埃吕尔指出:"对于某个技术麻烦,它的每一种解决方法都只能在其总体上加强技术系统。"②这一点莱文森也会同意,只不过整个技术系统的加强在埃吕尔看来意味着对人类的日益压制,而莱文森看来则是人类知识和理性的日益进步。

然而,"演化论"的视角并不必然导出"进步"的结论。相反,自然选择的演化图景原本似乎是残酷而盲目的,莱文森如何能够肯定演化的方向总是美好的呢?

我们需要更细致地考察莱文森的"进化论"。如果说达尔文进化论的核心概念是自然选择、适者生存,那么在莱文森的技术进化论中,又是谁在进行选择?如何选择?选择的结果如何评估?对这三个问题,莱文森的答案都是"自然—人性"。

---

① 〔美〕保罗·莱文森:《莱文森精粹》,第129页。
② 吴国盛:《技术哲学经典读本》,上海交通大学出版社2008年版,第121页。

二 谁选择技术？

我可以用枪杀人，也可以用枪打猎；我可以选择买把大砍刀，或者买把菜刀。在这个意义上，我显然可以对技术进行控制和选择。但恰恰是把技术问题放到总体演化的背景下看的时候，这种一个人在一时一地的控制和选择失去了意义。埃吕尔说："人成为主体而非客体的……条件是他必须对技术发展进行控制。所有人对此大概都会同意，但它事实上完全无效。比问题'如何'更令人感到棘手的是'谁'的问题。我们必须具体而实际地自问，到底是谁能对那些为技术辩护的价值进行选择，并对其进行控制？"①

究竟是官员、技术员、学者还是科学家，在对技术进行选择呢？都不是。所有的人都处于一个总体的社会系统之下，从演化史的宏观视野看，是整个社会在选择技术。但问题在于，这个社会体系本身也是技术主宰着的——这也正是埃吕尔所说的"技术社会"，芒福德所说的"巨机器"（Mega-Machine），海德格尔所说的"集置"（Gestell）或波斯曼所谓的"技术垄断"（Technoply）。埃吕尔说："人类自身试图发明手段控制其技术，并通过在这些技术之间进行选择，使它们服从于他自己的目的。选择和目的都建立在信仰、社会先决条件和神话的基础上，后面这些

---

① 吴国盛：《技术哲学经典读本》，第124页。

第十章 媒介的进化史——莱文森的批评

都是由技术社会决定的。"[1]

这些技术批评家不约而同地把现代社会看作由技术的逻辑所决定的巨型机器,人们服从于技术所安排的角色,个别人的逆流而动在整体上不过是磨损或噪音,人在技术面前不过是一些被动的螺丝钉。

莱文森也并不强调个人的力量,在他那里选择技术之"谁"也并不是具体的个人,而似乎是一个大写的"人"或"理性"。莱文森可能会说,即便个别的人总是受制于整体的技术环境,但这个技术环境同时又是由"人"选择的。

那么,这个抽象的"人"的选择难道不是一句自欺欺人的空话吗?不完全是。在这里,莱文森的"人"颇有一点黑格尔"绝对精神"的味道——他超越于任何个人的意志,推动着历史的车轮,但又不是机械或盲目的,而是精神的和理性的。

在莱文森看来,"技术是人的思想的物质体现……是精神和物质可以感觉到的互动"[2]。一切技术都是"知识"的物化形式,一根牙签中也包含了从伐木到就餐的一系列知识,整个技术环境其实就是人类知识的外化。因此,技术的进步同时是知识的进步,知识通过在人类心灵和技术环境之间的往复运动不断前进——尽管莱文森更多地引用康德和波普尔,只是非常偶尔地提到了黑格尔给表面上无理性历史赋予理性的逻辑的努力[3],但他显然更像是黑

---

[1] 吴国盛:《技术哲学经典读本》,第 121 页。
[2] 〔美〕保罗·莱文森:《思想无羁》,第 102 页。
[3] 同上书,第 282 页。

格尔的信徒。黑格尔的"正—反—合"对应于莱文森的"精神—物质—技术",而"绝对精神"对应于自然或宇宙:人类来自于宇宙并要回归宇宙,在某种意义上是"宇宙"在"通过"人类和技术的演化进行着自我认识和自我改造。莱文森说:"技术具有这样的意义,通过这些物化的冒险,宇宙达到一个新的水平,一个新的时代;在这个新时代,理性、渴求、意志、梦想和许许多多心灵的历险,都会越来越声势浩大地表现出来。"[1]

或许黑格尔的绝对精神也有点自欺欺人,但绝不肤浅,其在思想史中的地位毋庸多言。而莱文森事实上修订了黑格尔的学说。在黑格尔看来,物质世界是绝对精神的"外化",精神和物质构成互相转化的辩证关系。在黑格尔那里,精神和物质仍旧是对立的两极,其间沟通转化的机制并不明朗。而在莱文森看来,"精神和物质的冲突在技术之中已然解决了"[2]。精神和物质通过技术联结起来,精神通过技术外化为物质,并在这一过程中得到自我确认和自我改造。

当然,要进一步评估莱文森的这一创见,还需要牵扯到对黑格尔哲学的深入阐发。因篇幅有限,不再赘述。我们暂且承认莱文森把这样一种大写的"人"或"理性",或者说"宇宙",指认为技术的选择者这一策略是合法的,那么接下来的问题就是,凭什么说"它"的选择是理性的和人性的,而不是非理性的和反人性的?

---

[1] 〔美〕保罗·莱文森:《思想无羁》,第281页。
[2] 同上书,第83页。

三 如何选择技术？

仅仅说技术是"知识"的体现或外化，并不足以表明技术的演化是令人乐观的。相反，如果说技术的演化趋于机械和僵化，岂不是意味着人类知识趋于刻板和单调？而莱文森还要强调，技术演化的趋势并非与人性背道而驰，他提出了媒介演化的"人性化趋势"（anthropotropic，其中 tropic 有向性或回归线之意）或者说"人性回归"说①——"一切媒介的性能终将越来越人性化……越来越像人'自然'加工信息的方式，也就是像媒介出现之前人加工信息的方式"②。

在这里，莱文森错误地设定了某种前技术的"自然状态"的人性，而技术的发展始终是向这一"自然状态"的"回归"——"现代技术搜集和加工信息，不是以取代自然能力的方式，而是以复制和延伸自然能力的方式，使人能够达到自然能力过去不能运作的领域，比如星系。因此，技术的胜利，根本不是战胜自然的胜率，而是自然本身的胜利……技术的人性化即自然化。"③

看来莱文森遗忘或曲解了麦克卢汉的洞见——媒介"不是人与自然的桥梁，它们就是自然"。关键在于，麦克卢汉的"人与自然"都不是某种固定不变的"原型"，而是不断被技术重新塑造

---

① 〔美〕保罗·莱文森：《软利器》，第69页。
② 同上书，序言第5页。
③ 〔美〕保罗·莱文森：《思想无羁》，第121页。

的——"我们塑造了工具,此后工具又塑造了我们。"[1]"我们"或"人类"是不断地随着技术的演化而被重塑的,但莱文森忘记了已由技术哲学和媒介环境学揭示了的人的实际性,退回到卢梭式的原始人理论。

事实上,莱文森的失误不仅仅出于技术哲学方面,也出于他对演化论本身的理解有所偏差。达尔文的演化论是盲目的,并没有一个外在的目的或方向。如果说有某种方向的话,那也只能从整个生态系统趋于丰富来说。而就单个物种的演化来看,优胜者与劣汰者之间只存在相对于相应环境的优劣之分,不存在一个超越环境的、统一的方向。每一个物种都在它的自然环境中被"选择"着,但同时,自然环境并不是一个固定的东西,而是由其中的每一个物种共同塑造的。随着物种的演化,环境也不断在演变,环境对物种进行选择的标准也不断变化着。类似地,技术在人文环境中被选择,但所谓的人文环境也并不是固定的东西,而是由其中的每一种技术和相应的生活方式互相关联构成的生态整体,这一环境同样也随着技术的演化而不断演变,因此不存在一个超越于演化之外的"人性"或"人类"能够作为确定的演化方向。

莱文森说:"媒介的存活的核心原理可以这样来表述,相对于其竞争对手而言,一种信息技术存活的几率在于它满足人类需要的优势。"[2]但福特或乔布斯都会反驳,是技术创造需求,而非反

---

[1] 〔加〕马歇尔·麦克卢汉:《理解媒介——论人的延伸》,第17页。
[2] 〔美〕保罗·莱文森:《软利器》,第153页。

之。埃吕尔也指出:"手段先于目的建立起来"。① 并没有一种先于一切技术的,作为原型的"人类需要",而只有在历史中不停地被新技术重新塑造的人类需要。技术史家巴萨拉在其名著《技术的进化》中也指出,技术的发展并非是出于所谓"人类的普遍需求",而恰恰是技术的发展创造了新的需求,如"同汽车的情形一样,对卡车的需求并不是它被发明之前,而是在此之后。换句话说,以内燃发动机为动力的车辆的发明创造了对汽车运输的需求"②。

解释在技术的"生存竞争"中某些技术何以优胜或淘汰时,莱文森就试图援引这个原型的"自然人"。例如,关于"为何无声片被(有声电影)猎杀而广播(在电视之后)还能兴旺",莱文森解释说,这是因为"人自然生活中经常只听不看但极少只看不听的固有特征"③。因为"原始人"经常只听不看,但极少只看不听,所以现代人抛弃了无声电影而保留了广播。

事实上,这一现象更适合用生物进化论中的"生态位"概念来解释。只有当两个物种处于相同的生态位时,才构成你死我活的生存竞争,否则就可能相互妥协,重新划分各自的生存空间。无声片和有声片在当时的社会环境中可能占据的位置几乎完全重叠——能够播放无声片的场合也能播放有声片,反之亦然。而广播和电视的生存空间不完全重叠,虽然电视侵占了不少原先被广

---

① 吴国盛:《技术哲学经典读本》,第 120 页。
② 〔美〕乔治·巴萨拉:《技术发展简史》,周光发译,复旦大学出版社 2000 年版,第 7 页。
③ 〔美〕保罗·莱文森:《软利器》,第 85 页。

播占据的空间，但仍有一些场合（比如轿车中）被广播独占，因此不至于灭绝。而这种"生态位"的关系取决于实际的环境条件，而非理想中的原始状态。而最近出现的一些新条件可能激起新的变化。例如，轻巧的液晶屏幕被置于嘈杂的公交车和地铁车厢之中，我们已经注意到一些准无声的动画片更多地出现在这种环境中。另一方面，随着自动驾驶系统、智能手机等技术的成熟，以至于开车时根本不需要再盯着前方的道路，广播残存的小生境也会被剥夺掉，到时候人们也许宁愿在智能手机上"只看不听"地刷网页打游戏，也不再需要听广播了。

麦克卢汉也认为在原始部落中听觉和触觉更占优势，而"拼音文字是视觉功能的强化和放大，它削弱听觉、触觉、味觉和嗅觉的作用"①。在麦克卢汉看来，电子媒介时代也的确是向原始的听觉—触觉世界的某种回归。但是莱文森生硬地把这种回归认定为一个当然的趋势。那么，他又如何解释回归之前的背离呢？莱文森本人并未明言，但如果再次借用黑格尔式的"正—反—合"的辩证法思路，倒是容易理解了。莱文森的辩证法还有待细究。一方面是"知识"在技术中的外化和回归，另一方面是"人性"在技术中的背离和回归，这两条历史线索的背后都是黑格尔式的辩证逻辑，但这两个方面之间的关系是什么还不甚明晰。

事实上，所谓技术的悲观论者往往认为，技术发展的逻辑是"自主"的。也就是说，技术按照自身的逻辑——具体而言，就是单向度的效率标准——优胜劣汰，因此技术的演化不是造成人性的

---

① 〔加〕马歇尔·麦克卢汉：《麦克卢汉精粹》，第365页[241]。

回归,而是造成人性日益被单调的效率逻辑所支配。莱文森也承认"效率"的确是技术被选择的直接标准,他说:"一般地说,技术发展本身和人的自恋没有多少关系。相反,其目的是让完成任务的效率尽可能高,效果尽可能好,和其性能像不像人并没有多大的关系。然而,我们发挥功能的自然方式必然是十分有效的——否则这些方式或人类自身就不可能存活下来了。因此,我们对技术效率的追求实际上就等于对自然的追求。"①

关键是,如果说人的"需求"是不断地被技术重新构建的,那么这些"需求"就有可能越来越偏离莱文森所谓的自然状态,最终被马尔库塞所说的"虚假的需求"填满。那么,如何确定某种需求是自然的而非虚假的呢?仅仅是因为这种需求在进化中"存活下来了",就证明这种需求是真实的吗?这显然是一个循环论证,前提是莱文森已经认定进化的趋向是好的。而如果我认定演化的趋向是坏的,那么在演化中存活下来的就理应是越来越糟的东西了。

于是,接下来的问题是,除了反复地说"胜出的就是自然的,自然的所以会存活的"之外,还有什么方式来评估被选择的技术之好坏呢?

四 用什么评估技术?

很明显,莱文森是波普尔的拥趸,并受到波普尔过多的影响,特别强调知识和技术通过批评和淘汰不断进步的观点。但他的肤

---

① 〔美〕保罗·莱文森:《思想无羁》,第234页。

浅处也与波普尔一脉相承,那就是忽视了整体的"范式变革"。

库恩用范式革命反驳了波普尔的知识进化论,而范式革命的涵义取自政治革命,库恩指出:"政治革命的目的,是要以现有政治制度本身所不允许的方式,来改变现有政治制度。"而不同的政治制度意味着"不相容的社会生活方式"①。

这种不相容性,或者说"不可通约性"尤其体现在,无法在不同的范式之间找到一个公共的衡量标准,来评估事物的好坏。

波斯曼强调:"技术变革不是数量上增减损益的变革,而是整体的生态变革。"②"媒介即环境",要从整体的生态出发考察媒介,这又是"媒介环境学"的立身之本,作为媒介环境学家,莱文森理应深知这一点,但当他思及知识和技术的进步时,似乎把这一原则抛诸脑后了。

莱文森也提到:"在前进、行动和生活的过程中,有机体必然影响并改变其环境——而且要影响并改变选择它们的进化力量。"③在说这句话的时候,他主要是试图强调人改造技术环境的主动性。但反过来说,当技术被当作进化的主体时,作为环境的人类文化也同样必然会受到技术的改变。在这个"文化环境"之中,也包含着对好坏进行评估的理论词汇和价值观念。

波斯曼指出:"新事物需要新词汇,但新事物也可能修正旧词汇的意义……电报和廉价的便士报改变了我们所谓'信息'的意思……文字改变了'真理'和'法律'原来的意义……技术重新

---

① 〔美〕托马斯·库恩:《科学革命的结构》,第86页。
② 〔美〕尼尔·波斯曼:《技术垄断——文化向技术投降》,第9页。
③ 〔美〕保罗·莱文森:《思想无羁》,第70页。

界定'自由''真理''事实''智慧''记忆''历史'等词汇的意义……"①特别是,"数字技术改变我们看待世界的方式……对手握成绩单的人而言,一切都像是数字"②。对于一切事物的好坏,现代人越来越倾向于用某种单向的、量化的态度来评估。事实上,甚至"价值"一词本身也是货币制度和市场经济成熟之后的近代产物,体现着量化和均质化的逻辑,而古代人根本不会像现代人这样评估事物的好坏。这种在现代技术环境下形成的单向度的价值观恰恰是技术批评家们着重警示的东西。

波斯曼引用了一个案例,"火柴引进一个非洲部落造成习俗的改变",他们每次房事之后都要重新生火,原本他们需要到邻居家借火,因此性事是一个公开事件,那么火柴的引入"是否改变了人们对性事的价值评判呢"③?随后波斯曼提起法利·莫瓦特(Farley Mowat)的《驯鹿人》(The People of the Deer)所描述的"来复枪取代弓箭后造成一种文化的灭绝"这样一种更为剧烈的情况,我们还可以联想到马克思那句著名的话——"火药把骑士阶级炸得粉碎",因为火药的引入使得城堡过时,造成了骑士的消亡,而骑士阶级还负载着贵族文化、骑士道等一系列价值观念。

而莱文森所争辩的事情完全是南辕北辙,他认为:"波斯曼等大多数批评电子媒介的人错了,他们的错误不在于批评电子媒介与理性和文化素养的联系,而是在于这样一个观点:电能及借用电能的媒介是书籍、杂志和报纸不共戴天的死对头,即文化素养的死

---

① 〔美〕尼尔·波斯曼:《技术垄断——文化向技术投降》,第 4 页。
② 同上书,第 7 页。
③ 同上书,第 15 页。

敌。事实刚好相反,电子传播滥觞时,电报传递书面词的速度和距离都胜过以前的其他媒介,而且电报大大有助于报纸和新闻报道。"①

关键在于,波斯曼他们所关心的压根就不是印刷媒介和电子媒介之间是否此消彼长,而是在关切作为整体的印刷文化与电子文化之间的对立。就好比说火柴引入部落之后的意义并不在于火柴是增多了还是减少了生火的次数,而是在于它从根本上改变了生火和性事的意义。诚然,印刷术传递《圣经》的"速度和距离都胜过以前的其他媒介",但媒介环境学派的前辈们关心的根本不是这个问题,更重要的是印刷术改变了《圣经》的意义。

至此,我们可以认为,莱文森遗弃或者回避了媒介环境学学派的一些最核心的洞见,太急于为技术辩护,因此他对悲观主义的前辈们的批评基本上是不着边际的。但莱文森的学说毫无意思吗?当然也并非如此。我们注意到,莱文森坚持技术演化史的视角,努力为这一视角引入完整的哲学基础,这是难能可贵的。遗憾的是,莱文森没有充分自觉并推进其思想中蕴含的黑格尔主义的思路,在哲学方面止步于波普尔的深度,也未能充分地贯彻媒介环境学的立场和思路。

对莱文森思想进行推进的方式至少有两条。第一种方式是对莱文森思想中的黑格尔主义加以提炼并推演,完善并发展他的"媒介辩证法"。第二种方式可以暂时排除黑格尔主义的玄思元素,从"媒介进化论"着手阐发,引入生物学的理论考察人与技术之间的

---

① 〔美〕保罗·莱文森:《软利器》,第57页。

驯化、共生或寄生关系，从有机体的繁衍与生态环境之间的互相决定和互相重塑的关系出发理解技术的演化史与人类思想史之间的关系。

五 技术的生灭

莱文森用进化论来说明技术的"生成（变异）—批评（淘汰）—传播（繁衍）"这三个阶段时，没有注意到一个困难，那就是如果按照达尔文版本的进化论，变异和繁衍是同一回事，每一个物种都是经过一代一代的繁衍和逐渐积累的微小变异进化而来的，因此很难说某一物种的"初生阶段"。而莱文森一方面强调技术在初生阶段是盲目的，另一方面认为技术到了在社会环境下竞争和传播的阶段则是被"人"所选择的。但这样一来，如何区分技术的"初生"阶段就是一个问题。

在生物学上，古尔德（Stephen Jay Gould，1941—2002）的"间断平衡"理论和马古利斯（Lynn Margulies，1938—2011）的"共生进化论"对达尔文版的进化论进行了补充。

间断平衡理论指出，大多数物种在大部分时间的进化都是相对缓慢的，整个生态圈处于平衡状态；但在一些时期会发生剧烈的变化，原有的生态平衡被打破，几乎所有的物种都受到巨大的生存压力，全面的物种更替在很短的地质时期内发生。因此，从大尺度来看，物种的进化史呈现台阶式的形态。

引用到技术的进化史来看，在大部分时间技术的改进都是微不足道的，效率的提高或成本的降低都是技术的"变异"，但整个生态环境仍然保持平稳。但在一些时候，某些重大的技术突变引起了整个生态环境的变化，而生态环境的变化又迫使其他技术竞相更新，整个生态系统需要寻求新的平衡，不仅有大量新物种突然产生，环境也迈入了一个新的时代。例如，文字的出现、印刷术的发明、蒸汽机和电力、互联网等，都称得上是间断性的技术革命。

只有在这种情况下，我们才说得清技术的"初生阶段"，尽管从小尺度看，间断平衡也仍然是累积渐变的结果，新技术也不是天外来客，但是从一定的时代分期来说，我们可以分辨出某些技术与其时代相伴而生的起点。在这个初生阶段，旧的生态系统摇摇欲坠，但新的生态系统尚未形成。因此，根本没有一个稳定的环境来检验该技术的"适应力"，新技术在初生阶段也显得更为"盲目"，因为只有在一个稳定的生态环境之下才谈得上确定的"方向"。

而共生进化论指出，进化的图景并不只会不断分叉，有时某两支物种会合在一起，共生而结合为一个新物种。这种现象在生物学方面比较罕见，被公认的例子主要是古细菌吞噬细菌后形成动物细胞，细菌退化为线粒体而成为细胞内的一个器官。植物细胞与叶绿体也是类似的关系。但这种情形在技术进化史中更为多见，新技术往往由多条演化分支汇合而成。例如，由电话分化而来的移动电话，吞并了由电报演化而来的寻呼机后，就有了手机短信这一功能。

基于这一经过补充的进化论图景，我们可以勾勒出具体技术从诞生到消亡的历程。新生的技术往往偏离既有的标准，在其旧环境下难以找到定位。而衰亡的技术也未必会完全淘汰，而是可能以某些退化的形式或作为某种功能性的部分存活于新技术之内。

第十章 媒介的进化史——莱文森的批评

莱文森强调,技术在诞生之后可能会朝着初生时完全不同的面相进化,因此批判技术不能只注意技术初生时的恶,还要看到技术如何在人的选择下变得越来越人性化。上面我们已经讨论了莱文森对人性的理解有肤浅之处。但反过来说,既然技术在诞生之初可能呈现出不同的面相,那么,当技术的发展偏向歧途之时,对技术史的追究也许有可能为我们打开新的可能性。

正如巴萨拉所言:"我们很难想象出一种不同的技术世界,更难想象出一个比我们已有的技术世界还优越的别的技术世界的存在。长期以来,欧美那些鼓吹进步论的人士就宣扬西方现今的技术比别人都优越,将来技术进步也只能靠西方来推动。这种看法的可靠性是经不住历史分析检验的,只需要看看印刷术、运河和铁路、各种互相竞争的汽车动力装置就可以知道了。"[①]

由于在一场技术革命之后,新的生态环境本身是由新技术共同塑造起来的,因此这些新技术的生存与发展在这一环境下就显得理所当然,非之莫属。但如果回到新技术滥觞的源头出,我们能看到更多的可能性,夭折了的可能性未必不可能发展起来,因为它们也可能塑造起一个完全不同的新环境来。如果这些古老的或过时的技术能够以某种方式复兴,或者被吸收进现有的某些技术之内,就有可能开辟出新的未来。因此,与莱文森的焦点相反,技术的"初生阶段"在某种意义上是更值得去追究的。

[①] 〔美〕乔治·巴萨拉:《技术发展简史》,第228页。

六　玩具—镜子—艺术

对技术的初生、成熟到蜕变的过程,其实在莱文森的学术生涯之初就有所考虑,他公开发表的第一篇论文"玩具、镜子和艺术"就是试图讨论技术发展的三个阶段。在后来的著作中莱文森似乎没有沿着这里继续阐发,特别是关于技术初生阶段的玩具面相。

莱文森指出,新技术出现之初,既不是追求实用也不是追求美,而就是"炫技"本身:"观众的乐趣存在与技术的工艺流程中,不在工艺的结果,而在工艺本身……新技术像初生牛犊一样急忙亮相,炫耀力量和新的手法,具有超越的力量,技术本身实际上就成为内容。"[1]

在此,莱文森对麦克卢汉有所补充,麦克卢汉认为新媒介让旧媒介成为内容,而新媒介本身成为背景。但这只是新媒介已然发展成熟,新的生态环境业已建立起来之后的情况。但在新媒介问世之初,当总体的背景还是旧环境之时,新媒介往往是自我炫示的新奇玩意。

莱文森举的例子是电影,当爱迪生设计出第一台电影放映机时,它完全是被作为新奇的玩具被传播的。游客投上几个硬币凑过头去观看几秒钟到几分钟的影像,为的并不是影片的内容,而是看一看能动的影像本身。

诸如火车、电、无线电等,新技术在最初被当作玩具问世的例

---

[1] 〔美〕保罗·莱文森:《莱文森精粹》,第4页。

子还有不少。即便是一些问世之初就有明显实用指向的技术，如汽车，在最初也同样是被当作新奇的、时尚的玩物而传播开来的。这不难理解，事实上一种革命性的新技术往往只有在与之相配的一整个生态环境下，才能真正发挥其实用性。例如，火车在缺乏铁轨和车站的地方毫无用处，汽车如果不能随处找到加油站和停车场恐怕也不如马车方便。而在新技术问世之初，与之适应的外部环境尚未成型，因此促使它传播开来的最初动力往往就是作为玩具的新鲜感，而非作为用具的实用性。当然，如果相应的环境迟迟没有成型，技术也可能停留于玩具阶段，如古罗马的蒸汽机、印加人的轮子等。莱文森说："点燃技术发展的烈火往往来自技术之外，社会、经济、媒介甚至是物质条件汇合成为辅助技术发展的外部条件。接踵而至的结论是，玩具阶段可能是后续阶段的前提条件，但决不保证继后的技术发展。在缺乏一定的环境条件下，技术的'玩具'可能会长期'定格'在初始阶段。"[①]

虽然在玩具阶段，技术的效力和实用性尚未充分展露，但其蕴含着的可能性却被逐渐开发出来。人们逐渐把更多的"内容"扩展和充填进来。例如，从爱迪生的放映机到卢米埃尔兄弟的《火车进站》，就是一次飞跃。《火车进站》虽然仍然偏重于对新奇的放映技术进行"炫技"，但观众的注意力已经开始指向影片的内容——观众们被逼真的火车吓倒，此时观众忘记了"电影放映"这件事情，没有把火车当作影片，而是当作真的火车来经验了。

当电影达到如此逼真的效果时，既是电影作为炫技的高峰，又

---

① 〔美〕保罗·莱文森:《莱文森精粹》，第6页。

是电影转向现实的标志。莱文森认为技术的第二个阶段是"作为现实的镜子"。人们透过技术看到了现实的世界,技术本身便退隐幕后了。

而到了第三个阶段,技术升华为艺术,"不但要复制现实,还要以富有想象力的方式重组现实"[①]。

事实上,与其说升华,不如说也是某种蜕变。麦克卢汉指出,过时的媒介将成为艺术,因为相比新的媒介,旧的媒介在呈现真实世界方面显得有所阻滞,人们不再依赖它去映照现实,那么,它的呈现就需要一些新的意义。过时的技术在某种意义上回归为玩具,它本身又重新显示出来,但人们也不再把它当作一个未曾探索的新鲜玩意,而是已然打开了它的内容空间。那么,接下来能够做的就是进一步探索它的余地,一旦摆脱现实的束缚和实用的要求,技术原本作为阻滞和缺陷的部分反而成为探索新意义的入口。

例如,当摄影术取代了肖像画而成为映照现实的工具时,绘画艺术摆脱了束缚,获得了独立性,开始构建属于绘画的超现实的艺术世界。

传统的技术史与技术哲学往往只关注技术的第二个阶段,亦即作为"用具"或作为呈现真实世界的媒介的技术。而这个阶段的技术发展史往往是单调乏味、效率至上的。而在玩具与艺术的阶段,技术呈现出更多的可能性。

---

① 〔美〕保罗·莱文森:《莱文森精粹》,第 15 页。

第十一章 反身考察——本书的媒介环境

一 反身性的自我应用

本书写到这里，正文部分已经完成了。前四章是哲学和编史学方面的宏观导论，后六章由对七位代表性学者的评述或阐发组成，从各个侧面演示了媒介环境学作为"媒介史强纲领"的基本形象。在这些评述中，我们也时时回到前半部分的哲学阐述，不断强调媒介环境学对于知识何以可能、人是什么等问题的独特视角。虽然从表面上看，各章目之间的关联略显松散，但也不太必要额外增加一个总结部分把它们归并在一起。

事实上，在某个纲领的指引下所开展的实际工作，往往会呈现出多样的形式，不同的人有不同的侧重，也有不同的偏废，甚至开辟出各自迥异的进路来。因此，我们没有必要在演示了许多范例之后，再把他们在归并为一个标准的形式来。

因此，我本来不想再加一章"结语"，但当时写博士论文时，由于结语和致谢似乎是一种惯例，因而我还是补上了这一篇独特的"结语"。有趣的是，在修改出版时，图书编辑又希望我把"结语"去掉,改成正文的章节,"因为这是图书,不是研究论文"。

这本身就是一个媒介环境学的现象——同样的"内容"可以同时作为论文发表或作为图书出版,但是论文和图书反过来对内容提出不同的要求。

于是,在这作为总结的最后一章中,我就在媒介环境学的启发下,进行一番"反身考察"。

我们记得,"反身性"是媒介史强纲领的一大原则。也就是说,在自己考察自己时,我们仍然能够把自己的纲领贯彻到底并用于自身。于是,我也可以对本书的媒介环境进行考察。

本书当然并非凭空出现,它的完成有着诸般背景和条件。而在媒介环境学看来,包括技术条件在内的媒介环境,都并非中性,它们本身就是"讯息",它们的偏向影响着被传达的"内容"本身。

下面我列数一些与本书相关的媒介环境,讨论它们的偏向和影响。

二 网络时代

在第四章中我们提到,把现时代称作"网络时代""信息时代",就已经带有了某种媒介史的视角了。也就是说,我们用这一时代的支配性的媒介技术来界定这一时代的特征。

诸如文艺复兴、现代、启蒙时代、工业时代等,也都是一些对时代的界定。但惟独今天,我们用网络或信息这些媒介概念来标识自己,这本身也是相应媒介环境的结果。

尽管每一个时代都有其相应的传播媒介,也都有传达信息的

第十一章 反身考察——本书的媒介环境

问题。"媒介"（中介）与"信息"这两个概念都古已有之，但它们像现在这样被特别关注，则是在报纸、电报、电视等"大众媒介"不断兴起之后的事情。

我们提到，在印刷术的兴起之下，整个现代思想"发现了媒介"，把"步骤""过程""工具"这些中介性的东西放到了舞台中央。然而，把媒介置于中心的后果恰恰是媒介性的遮蔽，即环境变成了内容、媒介变成了对象。与此同时，人脱离了他们生活世界的中心，而成为世界的"旁观者"，像上帝那样俯瞰万物。

而随着大众媒介、计算机，一直到互联网的兴起，媒介环境又悄然发生着变化。在人们的生活世界中，媒介的层次变得越来越丰富，以至于人们经常会在不同的媒介之间来回切换。对于同一件事情的了解，我们往往同时通过电视、报纸、书刊、网络等媒介进行，而同样在网络中又同时有门户网站、论坛、微博、即时聊天等不同的途径。

这种"多媒介"的媒介环境，把我们的生活世界变得碎片化。例如，在等车间隙的哪怕两分钟，我也可能通过智能手机在网上论坛上看到了一则新闻或发动了一次辩论。在上网的时候，我们往往一边打开这个网站，一边浏览那些信息，同时还挂着即时聊天随时和各个不同的群体交流。哪怕是我一边写着论文，我的QQ、电邮和微博上的更新也会被随时留意到。

这种媒介的多元化造成生活的碎片化，究竟是好是坏，我在这里暂不讨论。但我们对于媒介的意识确实发生了相应的变化。

在第二章，我提到与媒介打交道的三种形式。第一是媒介趋于透明，我只是单纯地使用它，"透过它看"；第二是媒介成为对象，我把眼镜摘下,拿在手中细细观审;第三种才是把媒介作为媒介的方式,亦即悬置媒介的内容,而注意媒介本身的影响。我提到,这是一种动态的、来回切换的状态。例如,打电话时第一句"喂喂喂",就标志着向电话世界的切换。在这些切换中,媒介作为媒介的角色才显示出来。

而现今的多元媒介环境,恰恰就要求人们频繁地进行"切换",在不同的媒介所打开的不同的世界中来回切换,成了类似家常便饭的事情。

从古代人身在媒介之内而不自觉,到近代人发现媒介而客观化,最后到当代人在媒介间往来穿梭,这似乎正应了某种"正—反—合"的历史趋势。而相应地,思想和哲学也随之变化,从本体论,到方法论,再(回)到存在论。

多元媒介的环境,特别是计算机和互联网媒介中,"一种媒介作为另一种媒介的内容"这一实情表现得日益明显,而且媒介的自我呈现,或者说"反身性"的现象也尤为突出。图灵计算机的核心思想就是反身性:一段数字,同时既是运算的结果,也是运算的工具。

计算机把媒介作为"界面"的形象表现出来,互联网更是把媒介作为无形的环境这一特点充分表现出来。在这些媒介环境的影响下,相应的媒介哲学将发扬起来,也是自然而然的事情了。

因此,麦克卢汉等人的思想,尤其到了网络时代,才特别能够引发共鸣。而我,生于1985年,恰好是随着个人电脑和互联网的普及一道成长起来的,我的成长和生活的环境与我对媒介问题的反思大有关系。

三　汉语写作

本书以汉语思考、汉字写作，中文这一语言媒介的影响当然也不能回避。

一方面，许多核心概念，包括媒介、环境、哲学等都已经是受西方语言影响之下的新词汇。但这些词汇在翻译过程中总有些走样。例如，"哲学"在希腊是"爱—智慧"之意，正好是要与"掌握和传授智慧"的"智者"划清界限。但翻译过来却成了"智慧之学"。这一错失恰好是缘于"媒介"之颠倒。我们提到近代人把媒介置于中心从而遮蔽了媒介，"哲学"也是类似，理论的建构、逻辑的演绎，本来是属于"爱智慧"，即追求智慧之途径的，但到了现代却变成了智慧本身。命题的表述被当作真实本身，逻辑演绎的过程被当作真理本身，对学说教条的掌握被当作智慧本身。这种错位正巧通过哲学一词的中译方式显示了出来。当然，这一错位在西方世界也已然存在，只是通过语言的翻译，通过在不同语言之间的比较，这些问题更容易被揭示出来。正文中提到的"自然史"与"博物学"这两种译名，也有类似的问题。

在我的文章中，当然也带有许多西方语言的烙印，但同时，也保留有汉语的许多特征。这些差异特别在一些难以翻译的地方体现出来。

比较典型的就是标题《媒介史强纲领》，我提到本书的标题不是《媒介史的强纲领》(A Strong Programme of Media History)，而是说《媒介史强纲领》(Media History as a Strong Programme)。

然而《媒介史强纲领》难道真的不包含《媒介史的强纲领》的意思吗？那样的话《媒介史作为强纲领》也许更加精确。但我的标题本来就试图表达这双关的含义，即一方面是"媒介史"的一种编史纲领，另一方面，进一步地，才是"媒介史"本身作为强纲领。这就好比说一种媒介总是一方面作为背景，但另一方面也能作为对象而谈论。"媒介史"既是历史学的一门对象，也同时是历史学（和哲学）的一种纲领。并不是说我把媒介史升华为"第一哲学"之后，它就不再能作为一门史学部门来看待了。

英语的特点就是清晰而死板，一句话说出来，往往要求一个确定的语法结构，时态、词性、逻辑层次都非常清楚。而中文往往连名词还是动词都模棱两可，更容易表达多义性。当然，这种多义性往往被认作缺陷，有时候当发现我的一些语句难以被翻译为英文时，有人会指责我没有想清楚问题，这的确是很有可能的，因为一个模糊不清的表达很可能是一个假问题。但如果我对于中文的暧昧性已有充分的自觉，那么这种情况反而有助于打开思想的空间。毕竟，中文的多义往往并非偶然，而是这些不同的意义之间确实有所关联。而哲学本来就是一种发现和厘清"关系"的事业，在多义和两可之处最容易揭示事物之间的隐秘关联。

当然，这也需要一种"正—反—合"的自我超越。如果仅仅是单纯地沉浸于汉语的环境，我们很难反身自觉。我们需要放下而后拿起，在远近之距的调节和媒介之间的切换中，才能够揭示原有媒介的特性。因此，充分接触外文资料，再返回中文的环境之后，才能更深刻地发挥出中文的特色来。

四　书籍与专著

本书在形式上具有多重面相。它最初是一篇博士学位论文，以电子文本完成但又奠基于大学课堂的交流环境，最后又以图书的形式出版。这几重面相互相交叠，共同左右着本书的形态。

首先，回到本章最初提到的问题：论文和图书有何不同，为什么论文需要结语，而图书不太需要？

这可能是因为同样是阅读这么多文字，但读者的态度和预期并不一样。学者读论文时，往往并不是每一篇论文都从头读到尾，大量的工作其实都花在检索和浏览上面。他们要通过摘要、关键词、导言、结语等环节，尽可能迅速地把握论文的要旨，判断该论文是否与我的研究有关，以决定是否再进一步深入阅读。

但在图书方面，图书营销的策略完全不同。例如，中英文摘要这种能够极大方便论文读者检索的环节，在图书营销的环境下反而更容易让人敬而远之。

一旦图书的读者决定阅读一本书，那么他更在意的可能也是流畅性和完整性，而不是在其中摘取有用的内容。

"书"的一大特征是"自足性"——从封面到封底，一本书是一个完成了的、独立的、自给自足的作品。当然，我们可以把论文结集成书，可以把演讲抄录成书，可以把博客打印成书，但这些不是典型的图书。至少所谓"专著"这种形式是专属于书的。一本专著，又好比说一部小说，构成了一个独立的、完整的世界。一部书搭建了一个自圆其说的完整叙事，起承转合，有始有终。读者可以沉浸在整个叙事之中,在这部书所展现的世界中游历一番。

书所呈现的世界是自足的,或者说,是闭合的。虽然可以引发无限的遐想和无尽的评论,但叙事总是有始有终。即便我们在阅读一个尚未看到尾声的长篇连载,我们仍然相信这是一篇未完待续的大作,或者一篇烂尾的作品,而非一个永远不会完成的作品。无论如何,作者的生命是有限的,书总会作为一个完成了的独立之物呈现在我们眼前。

口语或网络日志等媒介都具有强烈的开放性,学术论文在某种意义上也是一个独立的作品。但它并不足够充实以至于能构成一个自足的思想空间,而是必须在一个已有的学术空间中占据它的位置。因此,写论文总是要考虑哪些是学界常识,哪些是学界前沿,必须通过引注来标明自己在这个公共的学术空间中所处的位置。当然写书也得考虑这些,但在某种意义上确实又脱离了这些,而独自开辟出一个自说自话的空间。演讲和博客当然也是自说自话,但那些自说自话却更具语境性和开放性,博客不断更新,其文字是不停流动的,也始终没有与作者切断联系。但书籍却可以完满地摆在那里,一旦写成,甚至就脱离了作者本人的解释,成为一个独立的乃至顽固的东西。

这种自足的、独立的、让人沉浸的书籍形式是印刷时代的产物,抄本时代的书籍尚未获得如此的独立性,正如古代人也尚未充分形成"私人空间"的概念那样。

当然,古代思想家也有许多"专著"传世,但这多少出于后人的重新整理。他们的著作不仅通常没有纲目和结构体系,往往也没有书名,只是按照"论题"松散地组织起来。在抄本时代,读者们似乎也并不特别关心思想家的体系性和整体性,经典的古代著述更多被当作展开辩论的材料,而不是当作一个封闭的思想空间去探索。

印刷时代之后,个人的、沉浸的、与世隔绝的默读(而非朗读)才开始变得普遍,私人空间、隐私、个人自由等观念也随之流行起来。网络时代大大改造了人们互相交流的方式,但只要"私人空间"仍然存在,书籍就还有它的根基。

对于哲学而言更是如此。哲学作品是极度个人性的一种创作,是哲学家个人的独白,每个哲学家都在创造着只属于自己的哲学体系或思想空间,虽然这个世界毕竟扎根于公共空间和日常生活,但它也超乎其上,获得了某种独立自足的特性。这种独立性究竟有多强,其构造的独特空间有多么深邃,展开的世界有多么广阔,这正是一个哲学家究竟有多高成就的衡量方式。

在这个意义上,哲学家必须写专著,必须在无边无际的公共空间中开辟出一个属于自己的花园或城堡。这当然不是说要造一个脱离大地的空中楼阁,也不是要造一个与世隔绝的防空洞,虽然保有开放的门径,但也不得不以某种方式完成"自我闭合",与"常人"划清界线。

当然,一个哲学家会写许多本书,就好比一座城堡或花园也总会有好多相对独立的房间或格局,每一个相对独立的小区域都可以让游客沉浸其中,但也不至于就此窒息。演讲、论文、博客等可以构成城堡中的广场、回廊、平台、牌匾、门径等,起到沟通和开放的作用,但有开也要有合,有沟通也要有隔阂,有漫步也要有驻足。如果没有专著构成的一个个独立而封闭的自足空间,就好比一座没有一个房间的城堡,顶多只能吸引一些匆匆过客,却不能让人驻足流连的。

五 论文与期刊

不过,本书并不完全是一部自我闭合的专著,它最初是一部学位论文,其中的每一个章节也像是一篇一篇的小论文。

论文当然也要求融贯自洽,但一般并不会展开一个自足的思想空间,而是依附于某个现成的学术共同体,在一个公共的空间中展开交流。论文的目的是在前人的基础上,在一些业已取得的共识和成果之上增添一些新的进展。

与"自说自话"的专著不同,论文并不是一种独白,而必须是一种对话。而学术共同体的交流环境,正是对话得以展开的条件。

因此,论文的各种形式要求都指向学术共同体的交流需要。例如,引用和注释的规范为的是方便学术同行进行求证和批评。但是如果遗忘了交流的需要,而单纯地保留着形式规范,这就偏离了论文的本来意义了。

例如,现在的许多期刊仍然在作者信息中标注单位和邮编。标出单位当然是合理的,相当于作者对自己身份的一个介绍。但为什么要标邮编呢?如果是为了收取样书或稿费的话,用这个单位地址是很难收信的,还得另外附上私人的通讯地址。再说,为了收稿费也不必把地址贴在公开发表的论文上。事实上,这是邮寄时代遗留下来的风俗。在电讯时代之前,学者们非常依赖书信交往,许多思想都是在各种书信中迸发的,而学术杂志的根源也正是

"公共邮箱"。最早的学术杂志之一,皇家学会的《哲学汇刊》就是在一个学者通信网的基础上成立的。

公开的发表文章(进行独白)并不是学术杂志的意义,而由这些"公开信"为中心组织起来的学者们的通信网才是更重要的东西。但是在现今的学术界,特别是中国学界,"发表"本身所代表的"业绩"早已经掩盖了"交流"这一学术论文的真正意义。

基于邮政信箱的书信传统也已经被电子媒介的新环境所取代。学者们很少再依赖邮政通信,而是更多地使用电子邮件和个人主页,进行更广泛和更迅捷的交流。但问题是,学者们似乎不再重视交流了。证据就是各种学术期刊宁可形式主义地继续标记收不到信的单位邮编,也愿意印上电子邮件地址。我在投稿的每一篇论文中都会在作者简介中留下电邮地址(hyl510@gmail.com)和个人主页(yilinhut.com),但在发表时几乎全部都会被删除。期刊编辑们认为邮编是必需的,而电邮是多余的,这就是本末倒置了。

电子媒介提供的海量数据库和便利的检索系统,是今天研究生们写作的基本条件——即便是到图书馆借实体书的行为,也仍然在很大程度上依赖于电子媒介的检索平台。但即便如此,许多期刊和编辑对于电子媒介环境的适应是极其滞后的。这并不是对学术传统的坚守,而是一种背弃,因为他们遗忘了期刊论文的形式本来就是在邮政环境下学术共同体促进交流的产物。在媒介环境剧烈改变的今天,如果要保守学术界的交流传统,就不得不努力适应电子媒介的新环境。

六 书写到"字处理"

虽然我们仍然在说论文之"写作",但实际上敲打键盘早已取代了用笔书写的活动,成为今天研究生们的主要著述方式。我的整篇论文当然也是通过键盘在电脑中的 Word 字处理软件中打出来的,其中一些部分在我的个人博客中贴出过(一些部分在纸媒上发表过,还有一些部分则在课堂上报告过,这两部分稍后再谈)。

要考察计算机文字处理与用笔书写之间的变化,并不容易。专注于文章的内容本身很难有所发现,因为凡是能用电脑打出来的文章,用笔也能写出来。这就好比去考察火车拉来的煤块与马车拉来的煤块之间有什么变化那样,很难发现火车造成的改变。

事实上,电脑和网络改变了"文章"本身,扩展了"文字"的概念本身。我们如果以旧的观念,拿印刷时代关于何谓文章、何谓文字的概念来理解,那当然就很难看出电脑究竟带来了怎样的不同。因为我通过电脑来写文章时,还是以印刷时代关于"文章"的标准来约束自己,来制定自己的目标,那么我的"成果"(电脑媒介的产品)自然会尽可能地接近于我的"目标"(印刷时代的观念)。要真正进行对比,我们就不能把概念理解为现成的东西。

本书就是如此,它仍然被一些更接近于印刷时代的标准约束着,最终还是从印刷书的角度被衡量,因此它并不是体现电子时代新的"文章"形式的最佳例子。更典型的例子是那些在印刷时代找不到对应物,或者虽然有名义上的对应物,但实质早已偷天换日的行为。

比如说，同样去写一篇"日志"，我可以用笔写在日记本上，也可以用电脑写在磁盘里。你要说我用电脑写在磁盘里的日志和用笔写在日记本上的日志有啥区别？那么，如果我就是把键盘当作笔的替代物，把磁盘当作纸的替代物，那么我写出来的东西恐怕确实没多大区别。但问题在于，熟悉了电子媒介之后，我们根本不再是按照传统的模式来写日志了，"日志"逐渐被赋予了新的意义，变成了"网志"，log 变成了 blog（博客），然后又出现了"微博"和"脸书"。在传统用笔写作的所有行为中，并没有哪一种能够与在推特上发一篇"微日志"这样的行为相对应的，传统的书信纸条的传递活动也没有能够与在"脸书"上发一条状态或贴一篇分享这样的行为对应的事情。而传统的在簿子上写日记的习惯，在网络时代则大大减退了，仍然坚持手写的文本则被赋予了更多怀旧的、浪漫的或特别的意味。究竟什么是对应于传统的"日志"概念的活动？是把笔记本电脑当作笔记本的替代品来保存每天的私密日记的行为，还是以"日志"为名义的博客发布行为？事实也许是二者皆非，传统的日志概念完全被打破并搅浑了。

然而，即便本书仍然被印刷文化所约束，但也总是难以避免地受到了新写作方式的影响。

我们所用的写作工具一般被称作"文字处理"（word processing）软件，最著名的文字处理软件就是大名鼎鼎的"Word"，我现在的博客系统则叫作 WordPress，（文字印刷）。我们注意到，"字"凸显了出来。而在传统中，"字"往往并不在我们的创作过程中凸显为主角（书法艺术除外），作者写作的是"文章"，然后出书。而印刷工的工作才是"码字",但这个"码字"的环节与之前和之后的"写书""出书"的环节是分离的,这几个环节线性地顺序排列着。但是在电脑媒介中,"码字"不仅仅是一个创作与出版之间的独立的中间环节,而同时成了创作和出版的一部分。从 Word Processing 到 WordPress,从"字处理"到"字印刷",我们一直在和文字或言词打交道。这是因为在整个流程中,文字从来不会完全凝固下来,但是又不像口语那样无处把捉,而总是能够紧紧拿捏着文字进行安排。

"文字处理"不仅仅是"通过文字处理事务",而是以文字作为处理的事务。使用文字与处置文字成为一体,文字既是媒介,也成了显明的对象。"文字"的境遇是电脑时代的媒介状况的一个示例。

按照媒介环境学的思路,我们应悬置写作之"对象""内容""结果",而对写作过程本身,对其中的媒介和形式进行考察。但问题在于,写作的过程及其结果如何分界呢?这个问题看起来很奇怪,但的确是一个大问题。事实上,表达过程与表达的产物能够如此分明,是书写的特性。在口语时代,表达的过程就是表达的内容,表达、表达者、被表达者是一体的。"言说"是过程也是产物,或者说,根本就没有什么产物,口语始终处在流动之中,没有定型的结果。

书写文化带来了二分的状况——"表"与"达"分开了,"读"与"写"分开了,"作者"与"作品"分开了。

也只有在写作作为"过程"能够独立地被分辨开来时,我们才会以为这一过程——居间的媒介——是可替换的。我们可以设想

第十一章　反身考察——本书的媒介环境

用键盘替换钢笔，用磁盘替换纸张，然后我们再去对比它们的结果（产物）有何不同。但是问题在于，这里的置换究竟有多么合法？

那么，通过电脑来表达的行为，究竟是如书写那样，有着与过程相分别的固定的结果呢？还是如言说那样，根本就没有什么成型的"结果"而始终在流动的过程之中呢？这并不是一件理所当然的事情。事实上，通过电脑的表达似乎介于二者之间——言说就像流水，流过之后会给你带来触动和印记，但是却并不留下固定的产品；书写则像雕塑（印刷术则是印模），刻印完之后就成为硬邦邦的成果，虽然仍然能够修饰，但毕竟显得坚实稳固。而电子文本的输入则介于液体与固体之间，好像是捏泥巴那样，比起固体而言泥巴在塑造的时候有着更强的可塑性，任何时候都可以重新软化来轻便地修整；而比起液体而言泥巴又明显更具实在感，在固定之时可以和石头一样坚固紧致，随时可以被客观地观审，但随时又可以变得柔软乃至流动。

在电子技术之前，铅笔算是一种可擦写的书写技术，它顶多也只是意味着这种雕刻的素材比较容易擦拭。但是像揉捏一块橡皮泥那样，随时把一块块文本剪切、粘贴、移动、拆解，随时在文章的任何位置嵌入大块大块的文字，这些活动是铅笔根本无法想象的。对本书而言，这使得大量的引文变得容易编排和安插，使得一边写作一边不断调整和回溯更为频繁。

另外，铅笔始终被认为是最低等的书写工具，是专供小学生使用的，从蜡笔到铅笔到圆珠笔到水笔到钢笔，"层次"越是高的书写工具，就越是难以擦除，写出来的东西就越是坚固。可见，坚固的成品是书写文化的基本旨趣。而电脑的文本，一方面具有坚固性，但另一方面也始终保持着高度的可塑性。

一个书写文本何时"完成"呢？书写文本的完成取决于（可能性）空间的耗尽。一张纸写满了，一本日记本记满了，它就完成了。"页边空白"的意义在印刷时代开始体现出来，它给读者留下了一点点的空间，让他们参与到作品的最终完成中来。然而这种留出的空间毕竟是非常微小的。那么，一部电子文本何时完结呢？电子文本的"页边空白"是无限的，无论一篇文本写得多么紧凑或完满，它总是拥有充足的余地。当它被"贴出"或者说公布于网络之时，可以说是"告一段落"了，但从此读者将可以无止境地参与到这一文本中来，作者也可以随时再去修补它的文本。特别是在现在的博客或微博上，贴出第一段文字经常不是标示着一段表达的结果，反而是预示着一段表达的开启。作者可根据读者的反馈，一点一点地进行创作。

电子技术对创作的过程与结果的分明界限之打破，并不是简单地回到了口语时代，让一切回到混沌的流动状态可事实上，"过程"中的种种环节反而是更加明晰了，媒介中的层次和结构更加显明了。只是这些环节并不是呈现为单向线性的结构，而是互相嵌套关联，呈现出难以二分的多元结构。

另外，以文字处理为主的一系列技术最初被归入"办公自动化"的范畴。这典型地是拿旧的概念去理解新事物的结果。因为在印刷机的时代，或者说机械的时代，机器的应用就意味着"自动化"，就意味着"去人化"。机器越是中心，人就越是边缘，机器的广泛使用将把人排除到生产的"过程"之外。于是，计算机在办公过程中的运用，就被想当然地理解为"自动化"。但事实上，情况似乎并非如此。电脑的应用的确代替了许多人的工作，但也给人创造了更多的空间，也可能让人在办公过程中扮演一个更主动的、更人化的角色。当然，技术的发展并非单向的，有很多可能的路径。如果按照机械的逻辑去安置网络，例如让电脑用于全盘地、精确地制定和监控流水线式的节奏和秩序，那么前景可能就真是"办公自动化"了。但如果安装网络的逻辑去布置机械，网络的显媒介、去中心化等特点将可能带来一种完全不同于机械化的发展趋势。当然，这些主要涉及社交的问题，这里不多谈了。

七　大学与口语传统

无论如何依赖各种书籍和电子媒介，但必须承认的是，本书的写作更得益于在北京大学的校园环境，特别是课堂学习的环境。本书的立意、构思和许多灵感，都来自于许多课堂上的交流经历，特别是吴国盛老师门下的讨论班。

在讨论班上，我们交流着用电子媒介写成并印刷于纸上的文章，但无论如何，讨论班提供了一个偏向口语的环境。在面对面交流中，每个人都作为鲜活的自我卷入到交流环境之内，每个参与者都是言说的中心，每一个自我都是向外敞开的，每一句言论都是开放的，随时会被他人打断或补充。

这种自我的敞开和卷入的状态是书面交流所难以企及的，在网络交流中也许能够得到部分实现，但终究不如口头交流的环境那样活泼。

书面交流倾向于疏离和冷漠，例如在本书的正文部分，我很少使用"我"字,而不得不替换为"笔者"或"本书",仿佛在这里进行表达的并不是我自己。对我导师的引述必须不能称他为"吴老师",而不得不冷冰冰地喊一句"吴国盛",仿佛他与我没什么关系。这些形式上的要求恐怕并不只是为了表达的严谨考虑,而更多地只是某种"氛围"的感觉。在书面文本中称呼"老师"是令人奇怪的,正如在课堂中对老师指名道姓也是令人不适的。由此可见,"老师"仍然是一种口语环境下的角色。"我"也类似,在书面文本中用"笔者"避讳"我"的习俗,恐怕也不只是出于表述严谨之考虑,这同样是一种氛围,是媒介环境的感觉偏向。在书面文本中,"自我感觉"被淡化,我自己的言论也显得像客观摆在面前的"对象",而不是主观这一侧的"我说"。

这一疏离和客观化的过程是必要的,毕竟只有拉开距离,才能求得切近。通过书面化这一自我疏离的过程,自我反省的深入追思才得以展开。但好的反思需要不断运动,切换媒介,调节远近之距。在埋首文本世界的同时,不断回到口语世界的切身交流,是保持思想活力的最好方式。